« LA FONTAINE DES SCIENCES »
Collection dirigée par Gérard Klein

OUVRAGES DU MÊME AUTEUR

La dynamique des phonèmes dans le lexique français contemporain, Droz, Genève, 1976.

La phonologie du français, P.U.F., Paris, 1977.

Enquête phonologique et variétés régionales du français, P.U.F., Paris, 1982.

Cours de gallo, ministère de l'Éducation nationale, C.N.E.D., Rennes, 1985-1987.

Des mots sans-culottes, Robert Laffont, Paris, 1989.

Les Mauges. Présentation de la région et étude de la prononciation (sous la dir. d'Henriette WALTER), Centre de recherches en littérature et en linguistique sur l'Anjou et le Bocage, Angers, 1980.

Diversité du français (sous la dir. d'Henriette WALTER), École pratique des Hautes Études (4e section), Paris, 1982.

Phonologie des usages du français. Langue française n° 60 (sous la dir. d'Henriette WALTER), Larousse, Paris, 1983.

Graphie - Phonie (sous la dir. d'Henriette WALTER), École pratique des Hautes Études (4e section), Paris, 1985.

Mots nouveaux du français (sous la dir. d'Henriette WALTER), École pratique des Hautes Études (4e section), Paris, 1985.

André MARTINET et Henriette WALTER :
Dictionnaire de la prononciation française dans son usage réel, Droz, Genève, 1973.

HENRIETTE WALTER

LE FRANÇAIS
DANS TOUS LES SENS

Préface d'André Martinet

ROBERT LAFFONT

© Éditions Robert Laffont, S.A., Paris, 1988
ISBN 2-221-05254-4

REMERCIEMENTS

Il a fallu de longues années d'écoute attentive, indiscrète et délicieuse, de centaines de personnes, proches ou anonymes, pour que ce livre puisse en réalité très lentement s'élaborer. Pourtant, sans l'initiative de Laurent Laffont, qui en a eu l'idée et qui a été le premier à y croire, il n'aurait jamais vu le jour.

Tel qu'il existe aujourd'hui, il doit son originalité à mes deux enfants : à mon fils qui a joué un rôle déterminant dans la conception même de l'ouvrage et à ma fille qui a constamment contribué à sa réalisation. Chacun à sa manière, ils m'ont aidée à trouver les raccourcis d'une communication mieux adaptée à un large public, à la fois plus pédagogique et moins professorale.

Pour le fond, on retrouvera à chaque ligne la pensée d'André Martinet, à l'ombre de qui j'ai la chance de m'instruire depuis vingt-cinq ans, et qui m'a fait l'honneur et l'amitié d'une lecture critique de ce travail à ses diverses étapes.

Enfin, passionnément discuté en famille, ce livre est aussi en grande partie l'œuvre de mon mari, collaborateur infatigable et exigeant, désormais irrémédiablement contaminé par le virus de la linguistique.

SOMMAIRE

Préface d'André Martinet

PRÉAMBULE

1.

D'OÙ VIENT LE FRANÇAIS ?
Dix points de repère pour une histoire du français

2.

DIALECTES ET PATOIS
Les langues régionales

3.

LE FRANÇAIS EN FRANCE
Variétés régionales

4.

LE FRANÇAIS HORS DE FRANCE
Statut du français et diversité internationale

5.

QU'EST-CE QUE LE FRANÇAIS ?
Spécificité et structure

6.

OÙ VA LE FRANÇAIS ?
Les mouvements actuels

(voir table des matières détaillée en fin de volume)

PRÉFACE

Les rapports de l'homme avec sa langue sont d'une nature très particulière. Il l'a apprise sans le vouloir. Elle s'est imposée à lui par simple contact avec son entourage. Elle a coïncidé pour lui avec la prise de conscience du monde dans lequel il vit. Comment pourrait-il, dans ces conditions, ne pas identifier le mot et la chose ? Si la chose fait peur, le mot fait peur : qui n'a eu un recul devant le mot cancer, cette « longue maladie » à l'issue de laquelle on trépasse. Il y a, à l'inverse, des mots qui transportent de joie parce qu'ils s'identifient avec le plaisir, le bonheur, l'amour, la tendresse. Que signifie « de bon augure », « de mauvais augure », sinon que ce qui est ainsi qualifié va, à un moment donné, correspondre à une réalité ? Sans doute n'y a-t-il plus ici, où intervient déjà la réflexion, coïncidence du mot et de la chose. Mais rien de tel dans la vie de tous les jours, où nous sommes confrontés à des réalités concrètes. Pourquoi dissocierions-nous l'objet arbre et les sons qui le désignent ? Ce serait déjà ratiociner, faire de la « philosophie », perdre contact avec la réalité, et le bon sens nous convainc qu'un arbre est un arbre, tout comme un chat est un chat.

Ce n'est guère qu'au moment où nous apprenons à lire qu'une distanciation va s'établir. Jusqu'alors, un arbre n'était pour nous que la vision d'un tronc surmonté d'un feuillage. On nous offre désormais un équivalent visuellement perceptible sous la forme d'arbre, cinq lettres successives que l'on perçoit vite comme un tout. C'est alors que, pour certains d'entre nous, la langue peut prendre une existence distincte de celle du monde tel que nous le vivons. On ne s'étonnera donc pas que, pour beaucoup — ou devrais-je dire tout le monde, quelques originaux mis à part ? — la langue fran-

çaise s'identifie avec sa forme écrite. Cette langue dont, au cours de vos années d'école, vous avez tenté, non sans peine, de maîtriser l'orthographe, ne peut, bien sûr, s'identifier avec les écrits informes de débutants, voire les griffonnages des adultes. Elle n'a trouvé de forme respectable que dans les ouvrages des grands auteurs. Elle représente donc un idéal vers lequel nous devons tendre et qui restera, pour la plupart d'entre nous, inaccessible.

C'est là qu'interviennent les linguistes, ces trouble-fête, qui vont chercher à vous convaincre que la langue existe avant qu'on l'écrive, qu'il y a donc une forme parlée de cette langue dont la forme écrite n'était, au départ, qu'un décalque. Mais ils vont plus loin. Avant de servir à penser, vous disent-ils, la langue vise à communiquer à autrui ce que nous ressentons et percevons, nos besoins, nos désirs, nos exigences. Mais, alors, que devient cet idéal qu'on nous invitait à retrouver dans les monuments de la littérature ?

Qu'on se tranquillise ! Une langue, et la langue française comme toute autre, c'est, tout ensemble, les balbutiements de l'enfant, les audaces lexicales de l'adolescent, les échanges parlés de la ménagère et de son crémier, les discussions entre chercheurs ou philosophes, les prix littéraires de l'année. Tous ces emplois, même les plus humbles, ont des chances de laisser des traces dans son devenir. Elle est, d'autre part, tout ce que l'ont faite des siècles d'usages de tout ordre, des travaux des champs à la littérature, de la vie dans les camps à la diplomatie. Si l'on veut faire plus que la pratiquer, si l'on veut la connaître, la comprendre, il faut l'imaginer dans sa dynamique, celle d'hier et celle d'aujourd'hui, qui peut faire présager de son avenir.

Hormis la somme des ouvrages qu'il faudrait consulter pour satisfaire sa curiosité en la matière, il n'existe, jusqu'à présent, que le livre que nous offre ici Henriette Walter. Pour réussir un panorama si varié, il fallait avoir, comme elle, enquêté auprès d'usagers de tous états, à Paris, à travers la France et la francophonie. Il fallait aussi savoir se renseigner aux meilleures sources, coordonner harmonieusement une foule de données éparses et en donner, pour les non-spécialistes, une présentation à la fois simple et fidèle. Cet ouvrage, si riche, si informatif, n'est pas d'un accès difficile, et, pourtant, quiconque l'aura lu avec la confiance qu'il mérite saura désormais ce qu'est une langue sous tous ses aspects, *dans sa structure, dans son fonctionnement, dans ses variétés, ses antécédents et son devenir.*

André MARTINET.

PRÉAMBULE

Le français observé par les linguistes

Le français suscite, de la part des Français, les jugements les plus contradictoires : tantôt on le donne en exemple pour ce qu'il a été, tantôt on lui met le bonnet d'âne pour ce qu'il est. Avec beaucoup de passion, on l'encense, on le corrige, on le plaint, on le réprimande. On oublie de le regarder vivre. Derrière ces attitudes excessives, comment redécouvrir le français tel qu'on le parle, tel qu'on l'écrit, tel qu'on l'aime ?

Pour vraiment observer le français dans sa réalité, examinons-le avec l'œil du linguiste. Ou plutôt servons-nous, comme lui, de nos oreilles. Car le linguiste écoute plus qu'il ne s'exprime. Ne lui reproche-t-on pas de s'intéresser davantage à la façon dont les gens parlent qu'à ce qu'ils disent ? A ses interlocuteurs, que cette attitude gêne parfois, ce professionnel du langage apparaît la plupart du temps comme un personnage déconcertant et même un peu inquiétant : il ne laisse rien échapper de ce que vous dites, il a l'air d'en savoir plus long que vous sur votre propre langue et, pourtant, il paraît toujours ravi de ce qu'il entend. Lorsque vous vous rendez compte que son premier souci n'est pas de voir respecter les formes lexicales ou grammaticales, son attitude en quelque sorte amorale de simple observateur vous déconcerte.

Sans nous laisser impressionner par la sévérité à peine exagérée de ces jugements, c'est bien le point de vue du linguiste que nous adopterons dans cet ouvrage : celui de « l'amateur » de langues (comme on dit qu'on est amateur de musique ou de peinture). Le linguiste s'intéresse à toutes les langues sous tous leurs aspects, et lorsque son examen porte sur une langue particulière, il cherche essentiellement à préciser en quoi cette langue est différente de toutes les autres langues, comment elle fonctionne et comment elle évolue.

Le but de cet ouvrage est donc surtout de montrer par quels traits historiques, géographiques et structuraux se caractérise le français. Mais tant d'idées reçues circulent sur notre langue qu'on ne pourra pas y voir clair si, auparavant, on ne fait pas un sort à quelques-unes d'entre elles, qui ont la vie dure. Citons pêle-mêle : « le français, c'est du gaulois », « le français, c'est du latin », « le patois, c'est du français déformé », ou « le français le plus pur se parle en Touraine ». Dans tout cela, il y a à prendre et à laisser.

Le français, du gaulois ? Certainement pas

Que les Gaulois soient nos aïeux et que la langue gauloise soit l'ancêtre du français, c'est une idée qui a fait les beaux jours de l'école primaire mais qui mérite d'être examinée de plus près.

En fait la Gaule, conquise par les Romains, a adopté la langue de ses conquérants et, en dehors de quelques dizaines de mots d'origine gauloise conservés dans le français d'aujourd'hui et d'un certain nombre de noms de lieux qu'on peut retrouver sur le territoire, le gaulois lui-même est peu et mal connu : les druides transmettaient leur savoir par voie orale et les rares inscriptions parvenues jusqu'à nous sont brèves et répétitives.

Du latin ? Oui, mais quel latin ?

On dit aussi que le *latin* est l'ancêtre du français, et cela apparaît clairement si l'on compare entre elles les langues romanes, c'est-à-dire les langues qui le perpétuent : italien, français, espagnol, etc. Il faut simplement se rappeler que le parler qui est à la source des langues romanes, ce n'est pas le *latin* dit *classique,* qui est la langue écrite des grands auteurs du Ier siècle avant J.-C. (Cicéron, César, Tite-Live, Virgile...), mais le *latin* dit *vulgaire,* celui que parlaient les Romains dans leur vie quotidienne [1]. Parmi ces langues romanes, le français se définit comme un idiome issu du latin vulgaire importé en Gaule par les conquérants romains.

Pour dire les choses plus exactement, il convient d'insister sur un événement très important survenu ultérieurement. Tous les livres d'histoire enseignent en effet que Jules César a conquis la Gaule vers le milieu du Iᵉʳ siècle avant J.-C., mais seuls les traités d'histoire de la langue nous informent que cette langue des conquérants, apprise par les Gaulois au contact des légionnaires, des colons et des marchands romains, a ensuite subi l'influence de nouveaux envahisseurs germaniques, et en particulier celle des Francs.

En parlant le latin avec leur « accent » germanique, les Francs de la région parisienne ont, en fait, modifié l'apparence de cette langue et contribué à donner son allure générale au parler de l'Ile-de-France, qui est à la source du français actuel. Mais ce n'était à l'époque qu'un parler parmi tant d'autres, qui se distinguait seulement par quelques traits des parlers romans voisins, le normand, le picard ou le berrichon.

Le français : un patois qui a réussi

Lorsqu'une langue se divise en variétés différentes, on a coutume d'utiliser les termes de *dialectes* ou de *patois*. C'est ainsi qu'on parle de dialectes et de patois *romans* pour désigner les différents parlers, locaux ou régionaux, qui proviennent tous du latin de Rome. Ces patois *romans* étaient issus de la langue que parlaient les envahisseurs *romains*. Malheureusement le terme de patois en est arrivé progressivement à évoquer dans l'esprit des gens l'idée trop souvent répétée d'un langage rudimentaire et dont certains vont même jusqu'à dire que « ce n'est pas une langue ». Nous voilà loin de la définition des linguistes, pour qui un patois (roman) est au départ l'une des formes prises par le latin parlé dans une région donnée, sans y attacher le moindre jugement de valeur : *un patois, c'est une langue.*

Le latin parlé en Gaule n'a pas abouti à une forme unique, mais s'est diversifié au cours des siècles en parlers différents. Il s'est fragmenté en variétés régionales, les *dialectes* : on dit qu'il s'est dialectalisé. Lorsque cette diversification a été telle que le parler d'un village ne s'est plus confondu avec celui du village voisin, les linguistes parlent plus précisément de *patois*. Mais, à leurs yeux, il n'y a aucune hiérarchie de valeur à établir entre langue, dialecte et patois. Un patois et un dialecte ne sont pas moins dignes d'intérêt sur le plan linguistique, mais leur emploi est le plus souvent limité à un usage restreint et ils ne sont généralement parlés que sur des territoires peu étendus.

C'est pourquoi l'idée reçue selon laquelle le patois serait du français déformé doit être vivement combattue et démentie. En réalité, le français, en tant que forme particulière prise par le latin parlé en Ile-de-France, était lui-même à l'origine un patois du latin. Et si l'on constate que cette variété s'est par la suite répandue dans les autres régions pour finalement s'imposer comme la langue du royaume de France, c'est uniquement pour des raisons liées aux institutions et à l'importance prise par la capitale sur les plans politique, économique et administratif. Les autres patois ont simplement eu moins de chance, en restant la langue d'une seule région, voire d'un seul village. Il faut donc bien comprendre que non seulement les patois ne sont pas du français déformé, mais que *le français n'est qu'un patois qui a réussi.*

Dans la première partie de cet ouvrage, on survolera l'histoire du français, en montrant comment se sont développées les variétés dialectales au cours du temps et pourquoi elles sont souvent aujourd'hui en voie de disparition.

Les trois parties suivantes, consacrées à la diversité géographique, apporteront des précisions sur la localisation de ces variétés dialectales et sur leur plus ou moins grande vitalité à la fois en France et hors de France.

Les deux dernières répondront aux questions : « Qu'est-ce que le français ? » et « Où va le français ? » On y présentera la structure de la langue telle qu'elle apparaît dans la prononciation, dans la grammaire et dans le vocabulaire, en mettant en lumière les mouvements qui les animent.

Le français de Touraine, ou l'enfant chéri des étrangers

Il existe enfin une tradition selon laquelle le français « le plus pur » serait celui que l'on parle en Touraine. Cette idée reçue est d'autant plus inattendue que tous les ouvrages de prononciation française ont au contraire toujours été unanimes pour désigner comme modèle du bon français non pas l'usage des habitants du Val de Loire, mais celui des Parisiens cultivés. Des recherches récentes [2] ont montré que l'origine du prestige attribué au français de Touraine semble se trouver dans les textes écrits par des étrangers, et tout d'abord chez le grammairien Palsgrave qui, au début du XVIᵉ siècle, a écrit en anglais la première grammaire française. Mais ce sont surtout des guides de voyage allemands, hollandais et anglais qui semblent avoir conseillé aux voyageurs de se rendre à Tours, Saumur, Blois ou Orléans pour être sûrs d'y entendre et d'y apprendre le bon français. Cette tradition garde encore quelques échos dans la région, qui conserve et transmet de génération en génération le souvenir des fréquents séjours de la Cour et du roi dans les châteaux de la Loire. Elle a probablement été entretenue aussi par la réputation des écrivains de la Pléiade qui, comme Ronsard, du Bellay, étaient pour la plupart originaires de la région.

Il reste à comprendre pour quelles raisons, au XVIᵉ et au XVIIᵉ siècle, les étrangers ont été amenés à formuler une telle appréciation. La situation linguistique de la France à cette époque peut fournir des éléments de réponse à ce mystère : en effet chaque région parlait à cette époque son propre patois, et le français ne s'était alors encore généralisé qu'en tant que langue écrite. Lorsqu'ils arrivaient en France, les étrangers, qui avaient appris le français dans des livres, ne comprenaient généralement pas les patois que parlaient les habitants des villes et des campagnes. La Touraine constituait une exception : proche de l'Ile-de-France et soumise aux influences parisiennes par les séjours répétés de la Cour dans cette région, on y parlait probablement un patois déjà très francisé. La langue des Tourangeaux ne leur posant pas de problèmes, les étrangers ont donc pu en arriver à la conclusion qu'elle était la plus pure, puisqu'elle était étonnamment proche de celle qu'ils avaient apprise dans les livres.

En opposition à cette tradition, encore vivante chez les étrangers, toutes les enquêtes sur la prononciation qui ont été effectuées depuis le début du siècle, ainsi que toutes les recherches sur des époques plus lointaines à partir des affirmations des grammairiens, établissent que la forme de français qui tend depuis des générations à se répandre est celle qui s'élabore dans le creuset parisien : elle accueille généreusement des éléments de diverses provenances, pour aboutir à un compromis toujours en mouvement entre les divers usages provinciaux et les usages proprement parisiens. Cette tendance est confirmée par les enquêtes sur le terrain qui seront décrites dans la dernière partie de cet ouvrage, intitulée : « Où va le français ? »

Le français : un mythe et des réalités

De nos jours, c'est notre propre attitude devant notre langue qui étonne les étrangers lorsqu'ils nous entendent ajouter, après certains mots que nous venons de prononcer : « Je ne sais pas si c'est français », ou même : « Excusez-moi, ce n'est pas français. » Cette phrase est si courante chez nous qu'elle n'étonne que les étrangers, surpris, par exemple, qu'un Français se demande si *taciturnité* ou *cohabitateur* sont des mots français. En effet, dans les langues voisines, les usagers fabriquent des mots à volonté sans que personne y trouve rien à redire, à condition qu'ils se fassent comprendre. Le Français au contraire ne considère pas sa langue comme un instrument malléable, mis à sa disposition pour s'exprimer et pour communiquer. Il la regarde comme une institution immuable, corsetée dans ses traditions et quasiment intouchable. Nous avons en effet été trop bien dressés à n'admettre un mot que s'il figure déjà dans le dictionnaire. Si nous ne l'y trouvons pas, nous déclarons avec la plus grande conviction, mais contre toute évidence, puisque nous venons de l'employer en étant compris, que ce mot n'est pas français et que, tout simplement, il n'existe pas. *Taciturnité* et *cohabitateur* sont deux mots parfaitement conformes aux structures du français et aux règles traditionnelles de formation des mots dans cette langue. Et pourtant, l'auteur du premier, Gabriel Garran, fondateur du théâtre d'Aubervilliers, entendu au cours d'un colloque à Villetaneuse le 14 mai 1986, et celui du deuxième, le fantaisiste Coluche, interviewé à la radio peu de temps avant sa mort en 1986, se sont l'un et l'autre excusés de les avoir employés, en ajoutant qu'ils n'étaient pas français. J'ai cité ces deux cas parce qu'ils ont été récemment cueillis sur le vif, mais ce comportement est absolument général chez tous les Français.

Sur le plan de la prononciation, notre attitude n'est pas moins irrationnelle. Quelle que soit la personne qui parle, c'est toujours l'autre qui a un « accent », qu'on l'appelle accent « pointu » ou accent « méridional », accent « chtimi » ou accent « pied-noir », « suisse », « belge » ou « canadien ». Et celui qui parle de ces accents pense que lui-même n'a pas d'accent : c'est toujours l'autre qui est hors norme et qui a tort. Cependant la prise de conscience de cette diversité, quand il ne s'agit que de prononciation, provoque plus souvent le sourire que la réprobation.

Les choses en vont autrement avec la grammaire, et des formes comme « il s'est rappelé *de* son enfance » ou « il a pallié *aux* inconvénients » sont immédiatement rejetées par les puristes comme inadmissibles. Ceux qui les remarquent ne sont pas loin d'accuser ceux qui les emploient soit d'être des individus primaires et incultes, soit d'être responsables de la dégradation sinon de l'assassinat de la langue française : « France, ton français fout le camp ! » devient un cri d'alarme et un appel au secours.

Les gens dont le français est la langue maternelle joignent ainsi de façon paradoxale un sens aigu de l'observation (puisqu'ils repèrent sans cesse les écarts vis-à-vis des formes traditionnellement admises) à un refus plus ou moins conscient de reconnaître l'existence de la diversité d'emploi de cette langue. Tout en comprenant parfaitement le sens de telle expression *française,* à leurs yeux incorrecte, ils n'hésitent pas à déclarer contre toute logique qu'elle n'*est pas* française.

Comment expliquer cette attitude irrationnelle chez des gens qui se réclament de Descartes ?

Il semble qu'il existe dans l'esprit de tout francophone une dualité qui brouille le paysage. Il a d'une part la conception de cette belle langue française transmise par la tradition à travers les œuvres des grands écrivains et qui prend figure de mythe : n'y touchons pas, on pourrait l'abîmer ! Et, à côté de cette langue idéale, pure, achevée, parfaite, nous avons tous un peu conscience que se développe une autre langue française, que chacun utilise tous les jours sans ménagements, une langue multiple et changeante, s'adaptant au monde moderne et aux situations familières. Il est difficile de l'accepter comme du français, comme « *le* français » — et pourtant elle s'intègre parfaitement dans la tradition de la langue classique tout en ayant sa propre dynamique : ce qui choque aujourd'hui ne choquera plus demain.

Le mythe est parfaitement entretenu dans les grammaires et les dictionnaires qui enseignent le bon usage : ce sont des points fixes auxquels il est rassurant de se référer en cas de doute. On vérifie, après l'avoir entendue ou employée, si telle tournure ou telle expression est correcte, mais, dans le feu de la conversation ou la hâte d'écrire, on se laisse porter par le génie propre de la langue et on crée les formes nouvelles que la langue autorise mais que l'usage n'a pas consacrées. On s'exprime plus complètement mais on garde mauvaise conscience. Et ces deux conceptions sont si imbriquées dans l'esprit de chacun que, lorsqu'on entend parler de la langue française, on ne sait jamais exactement de laquelle il s'agit.

Dans les pages qui suivent, cette dualité sera toujours présente : on y verra comment a pu naître et se renforcer la conception d'une langue française mythique, réputée belle, claire et achevée, en même temps que se développait et se diversifiait la langue française de tous les jours, avec les qualités et les défauts d'une langue qui fonctionne.

1.

D'OÙ VIENT LE FRANÇAIS ?

*Dix points de repère
pour une histoire du français*

CONVENTIONS GRAPHIQUES

Suivant la tradition, les mots latins sont en petites capitales (Ex. : VILLA).

Dans les formes du latin et du vieux français, on distingue *u* de *v* et *i* de *j* pour la commodité des lecteurs, mais *u* et *v* étaient jusqu'au XVIᵉ siècle une seule et même lettre, ainsi que *i* et *j*.

Les formes citées en *italique* renvoient aux mots sous leur forme orthographique (Ex. : *ville*).

Lorsqu'elles sont entre crochets carrés [   ], elles correspondent à une notation phonétique, c'est-à-dire à ce que l'on entend (Ex. : [vil]).

Le sens des mots est toujours indiqué entre guillemets (Ex. : VILLA « maison de campagne, ferme »).

Le signe > indique le résultat de l'évolution (Ex. : VILLA > *ville*).

DIX POINTS DE REPÈRE

A la recherche des origines

Le français n'a pas toujours existé, comme la France n'a pas toujours eu les mêmes frontières, mais la date de naissance de cet enfant du latin reste entourée de mystère. C'est seulement vers le IXe siècle, mille ans après la conquête de la Gaule en 51 avant J.-C., que nos ancêtres se sont aperçus que ce latin qu'ils croyaient parler était, à leur insu, devenu du français.

Mais depuis quand ?

Il est difficile de le savoir. Ce qui est sûr, c'est que pendant des siècles nos ancêtres ont été contraints de vivre avec leurs voisins romains, francs, burgondes, wisigoths ou normands, et ils ont bien dû, entre deux affrontements, discuter avec eux, partager leurs repas et, éventuellement, courtiser leurs filles. Tout cela avec des problèmes d'intercommunication, car, à l'origine, ces gens ne parlaient pas tous la même langue.

Le français résulte en partie de toutes ces rencontres et de tous ces contacts.

Les mots ne se prononcent plus de la même façon

Les mots qu'employaient nos ancêtres sont venus jusqu'à nous, mais ils ont subi les outrages du temps et nous avons quelquefois du mal à les reconnaître. Le mot *muer* français ne ressemble plus beaucoup au mot latin MUTARE d'où il est issu. Mais, si on analyse les anciens manuscrits, on peut reconstituer les étapes par lesquelles le mot a pu passer. Au VIIIe siècle [3], l'usage de la graphie *dh* pour représenter un *t* latin entre deux voyelles (mutare > mu*dh*are) montre que cette consonne s'est affaiblie. Elle se prononçait probablement comme le *d* de *nada* en espagnol contemporain. Au cours des siècles suivants, cette consonne, déjà faiblement articulée, s'est encore atténuée pour disparaître complètement, au plus tard vers le XIe siècle :

MUTARE → *mudhare* → *mudher* → *muer*

Ainsi de *mutare* on est passé à *muer*, mais, jusqu'au XIVe siècle, cet infinitif *muer* se prononçait en faisant sonner la consonne finale, comme aujourd'hui dans le mot *fer*. Cette consonne finale, à son tour, commence à connaître des faiblesses pendant le XIVe et le XVe siècle, pour aboutir à la prononciation d'aujourd'hui, sans *r* final prononcé : *muer* à l'infinitif se prononce dès lors comme *mué* au participe passé. Nous reparlerons plus loin des avatars de cette consonne finale au XVIe siècle. (*Cf.* p. 89-92.)

Dans ce cas, l'évolution a modifié la **forme** du mot ; dans d'autres cas, c'est le **sens** qui a changé.

Les mots n'ont plus le même sens

Les Romains avaient deux mots pour désigner la « tête » :
— un mot noble, CAPUT, qui a évolué phonétiquement pour donner le mot français *chef*, d'abord avec le sens de « tête », en ancien français, ensuite avec celui de « la personne qui est à la tête, le dirigeant » ;
— un mot familier, TESTA, qui à l'origine signifiait « pot de terre ».

Les Romains parlaient en plaisantant de leur *testa* (leur « pot de terre »), un peu comme nous disons *vous vous payez ma fiole* (Courteline) ou *il a pris un coup sur la cafetière*. Aujourd'hui le sens de « pot de terre » a complètement disparu dans le mot français *tête* (venant de TESTA). En revanche, *tête* a gardé tous les sens du mot CAPUT, à la fois « tête » et « celui qui est à la tête ».

Quant au mot *chef*, représentant formel du latin CAPUT « tête », il survit encore avec ce sens dans quelques expressions comme *couvre-chef* ou *opiner du chef*.

Dans la langue, comme dans la nature, rien ne se perd jamais complètement, et l'histoire d'une langue est faite de tous ces mouvements, qui modifient parfois les sons, parfois les sens et parfois les sons et les sens.

Les linguistes parlent d'évolution **phonétique** quand il s'agit des *sons* (MUTARE devenu *muer*) et d'évolution **sémantique** quand il s'agit des *sens* (en latin : « pot de terre » devenu « tête »). Certaines de ces évolutions seront exposées, à titre d'exemples, dans la partie historique de cet ouvrage.

L'histoire de la langue

C'est à travers l'histoire des populations qui ont parlé le français que quelques-unes de ces évolutions seront évoquées. Car l'histoire d'une langue dépend avant tout de l'histoire des gens qui la parlent ou qui ont choisi de la parler. Parmi tous les faits qui ont marqué l'histoire de la France, seuls certains événements, en nombre volontairement réduit, serviront de points de repère. Ils donneront l'occasion d'apporter quelques informations sur les changements linguistiques survenus aux différentes époques et ils aideront à expliquer l'origine de certains de ces changements. Si ces points de repère sont parfois très espacés dans le temps, c'est que, lorsqu'on parle d'évolution linguistique, il faut le plus souvent compter par siècles, si ce n'est par millénaires.

Dix points de repère

Dans la longue histoire des populations qui ont vécu et parlé sur notre territoire, nous ne retiendrons que les événements qui ont eu des conséquences sur la langue.

Nous commencerons par quelques rapides indications sur les langues d'origines diverses qui étaient parlées sur le territoire avant la conquête romaine (AVANT LES INDO-EUROPÉENS), et en particulier sur le *gaulois* (LE TEMPS DES GAULOIS).

Après l'adoption du latin par les habitants de la Gaule, cette langue se trouvera influencée par les parlers *germaniques* des envahisseurs (LE TEMPS DES « BARBARES »), tandis que le *christianisme* naissant deviendra l'un des meilleurs agents de propagation de cette langue latine commune (LE TEMPS DES CHRÉTIENS).

C'est à l'époque de Charlemagne que les gens prennent brutalement conscience du fait que la langue qu'ils parlaient depuis toujours n'était plus du latin mais une autre langue, que vont aussi apprendre les envahisseurs normands (L'INTERMÈDE DES VIKINGS).

Pendant tout le Moyen Age, la vie féodale favorisera l'éclosion de parlers régionaux (LE TEMPS DES DIALECTES).

Au XVIe siècle, François Ier donnera à la « langue françoise » ses lettres de noblesse : dès lors, elle remplacera le latin comme langue écrite, tandis qu'on continuera à parler patois dans la vie quotidienne (L'AFFIRMATION DU FRANÇAIS).

Mais les grammairiens veillent et, à la fin du XVIe siècle, ils forgent les règles du « bon usage », en prenant modèle sur la langue parlée à la Cour. Ce sont les débuts de la langue « classique » (LE TEMPS DU BON USAGE).

Laissons s'écouler encore un siècle, et ce sera l'époque de la Révolution : la Convention, éprise de centralisation jacobine, portera le premier coup à la vitalité des patois, jugés néfastes pour la République « une et indivisible ». Entre-temps, la langue française a aussi voyagé et s'est transportée au-delà des mers (Canada, colonies). Nous en reparlerons dans la partie géographique. (*Cf. Le français hors de France*, p. 179-218.)

Enfin, au XXe siècle, l'instruction publique obligatoire et la Première Guerre mondiale, d'une part (LE TEMPS DE L'ÉCOLE), la communication de masse (LE TEMPS DES MÉDIAS), d'autre part, joueront un rôle déterminant dans l'élaboration de la physionomie du français d'aujourd'hui.

Les pages qui suivent exposeront plus en détail les événements que nous venons d'évoquer (*voir encadré*, p. 27) et feront entrevoir, de loin en loin, les métamorphoses de la langue. Ces rappels historiques seront rapides et volontairement superficiels, leur seule raison d'être consistant à montrer l'influence que les événements et les hommes ont pu exercer sur la langue. Ils seront surtout l'occasion de présenter pour chaque époque considérée un ou deux aspects du français sur les plans de la prononciation, de la grammaire et du vocabulaire.

LES DIX POINTS DE REPÈRE

Idée directrice	Époque	Événements
AVANT LES « INDO-EUROPÉENS »	Avant – 800	Les habitants de la Gaule parlaient des langues diverses avant l'arrivée des Gaulois de langue indo-européenne.
LE TEMPS DES GAULOIS	– 800 à 500 ap. J.-C.	Après la conquête de Jules César au Ier siècle avant J.-C., le latin devient progressivement la langue de la Gaule.
LE TEMPS DES « BARBARES »	IIe - VIe	Ce latin parlé par les Gaulois est influencé par les envahisseurs germaniques, en particulier par les Francs.
LE TEMPS DES CHRÉTIENS	IIe - IXe	Diffusion du christianisme et naissance de « l'ancien français ». Charlemagne restaure l'enseignement du latin.
L'INTERMÈDE DES VIKINGS	IXe - Xe	L'installation des Normands entraîne peu de changements dans la langue.
LE TEMPS DES DIALECTES	Ve - XIIe	La vie féodale favorise la fragmentation dialectale.
L'AFFIRMATION DU FRANÇAIS	XIIe - XVIe	Diffusion du français. Ordonnance de Villers-Cotterêts, François Ier impose le français écrit, qui détrône le latin.
LE TEMPS DU « BON USAGE »	XVIIe - XVIIIe	Les grammairiens interviennent pour codifier la langue. Prestige du français à l'étranger.
LE TEMPS DE L'ÉCOLE	XIXe - XXe	Rapport de l'abbé Grégoire à la Convention sur la nécessité absolue d'abolir les patois. Tous les Français apprennent le français à l'école. La Grande Guerre et le déclin des patois.
LE TEMPS DES MÉDIAS	XXe	L'action uniformisatrice des médias.

AVANT LES « INDO-EUROPÉENS »

La grande famille des « Indo-Européens »

Parmi les événements qui ont pesé sur le destin du français, la priorité chronologique revient sans conteste à l'abandon du gaulois au moment de la conquête romaine. Mais ce gaulois lui-même, d'où venait-il ? Que sait-on de lui ?

Des populations celtes, venues de la région où se situe l'Allemagne actuelle, avaient franchi le Rhin à partir du début du Ier millénaire avant J.-C. : elles parlaient une langue celtique aujourd'hui disparue, le *gaulois*.

Cette langue appartient à la grande famille des langues indo-européennes [4], qui a aussi donné naissance au français. Environ six mille ans avant notre ère, des populations parlant des langues dites indo-européennes occupaient les régions du Caucase et de la mer Noire : une partie de ces populations s'est dirigée plus tard vers l'Inde tandis qu'une autre partie déferlait sur la presque totalité de l'Europe. C'est ainsi que les Celtes (nos Gaulois) sont arrivés dans la région qui allait devenir la Gaule au cours du Ier millénaire avant J.-C.

Après des milliers d'années d'évolution et des siècles entiers dont il ne reste aucune trace écrite, il est difficile de dresser un véritable arbre généalogique de ces langues, mais les linguistes ont mis au point une méthode qui, à partir des concordances entre les formes de certains mots ayant le même sens, permet d'effectuer des groupements entre des langues apparemment peu semblables et dont on parvient ainsi à établir la parenté (*voir encadré,* p. 29).

Comme ces concordances se vérifient par de nombreux recoupements, on peut exclure l'hypothèse de coïncidences qui seraient dues au hasard. C'est ainsi qu'a pu être établi le tableau des langues indo-européennes présenté ci-dessous (*voir encadré*, p. 30-31).

COMMENT ÉTABLIT-ON LA PARENTÉ DES LANGUES ?

A titre d'exemple, examinons les mots correspondant à « poisson », « père » et « pied » dans sept langues parlées en Europe :

	poisson	*père*	*pied*	
italien	PESCE	PADRE	PIEDE	
espagnol	PEZ	PADRE	PIE	*p* à l'initiale
portugais	PEIXE	PAI	PE	
français	POISSON	PÈRE	PIED	
anglais	FISH	FATHER	FOOT	
allemand	FISCH	VATER (prononcé avec *f*)	FUSS	*f* à l'initiale
suédois	FISK	FADER	FOT	

Nous pouvons formuler quelques hypothèses :

1° Les quatre langues à *p* initial appartiennent probablement à un même groupe et les trois langues à *f* initial appartiennent à un autre groupe, de pareilles coïncidences ne pouvant être le fait du hasard.

2° Toutes les langues du premier groupe dérivent d'une même langue mère ayant un *p* initial pour ces mots, et celles du deuxième groupe proviennent d'une autre langue mère, à *f* initial.

3° Grâce à d'autres rapprochements avec des langues telles que le russe, le persan, l'irlandais, le grec, etc., les linguistes ont réussi, après des recherches longues et délicates, à établir de nouveaux groupements qui, à leur tour, ont permis d'envisager une parenté entre toutes ces langues. C'est ainsi qu'ils ont pu reconstruire un ancêtre commun à de nombreuses langues d'Europe et de l'Inde, ancêtre qu'ils ont appelé l'***indo-européen.***

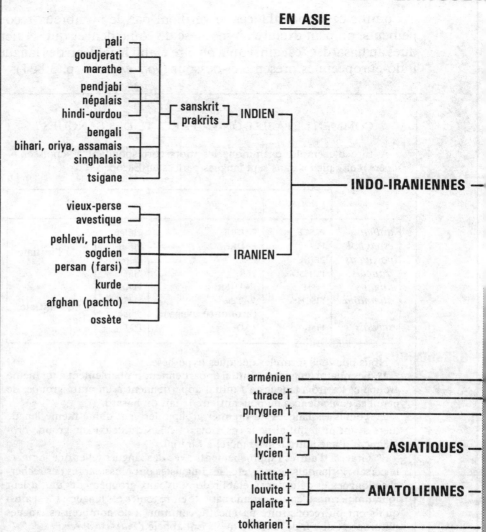

EN ASIE

Toutes les langues parlées en Europe sont des langues indo-européennes à l'exception du *basque,* du *finnois,* du *hongrois,* de *l'estonien,* du *turc* et de quelques autres langues parlées en Russie.

On remarquera :

— que le *gaulois* fait partie du groupe *celtique* (gallois, breton, etc.) ;
— que le *français* est classé parmi les langues du groupe *italique* par l'intermédiaire du *latin* ;
— que les langues *germaniques* constituent un autre groupe de la famille indo-européenne.

† : langue aujourd'hui disparue, sans descendance.

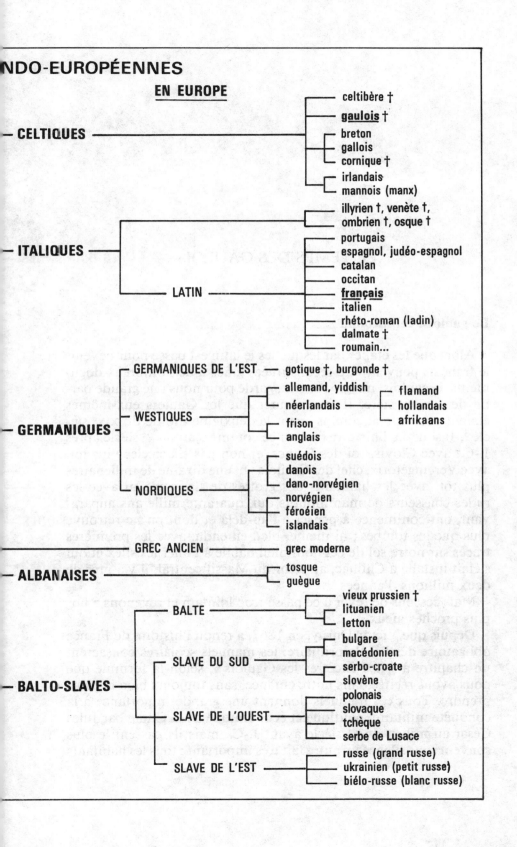

NDO-EUROPÉENNES

EN EUROPE

— **CELTIQUES** ─────────────
- celtibère †
- **gaulois** †
- breton
- gallois
- cornique †
- irlandais
- mannois (manx)

— **ITALIQUES** ───────────
- illyrien †, venète †, ombrien †, osque †

LATIN ──────
- portugais
- espagnol, judéo-espagnol
- catalan
- occitan
- **français**
- italien
- rhéto-roman (ladin)
- dalmate †
- roumain...

— **GERMANIQUES** ─

GERMANIQUES DE L'EST ── gotique †, burgonde †

WESTIQUES ──
- allemand, yiddish
- néerlandais ──
  - flamand
  - hollandais
  - afrikaans
- frison
- anglais

NORDIQUES ──
- suédois
- danois
- dano-norvégien
- norvégien
- féroéien
- islandais

───────── GREC ANCIEN ───────── grec moderne

— **ALBANAISES** ─────────
- tosque
- guègue

— **BALTO-SLAVES** ──

BALTE ─────
- vieux prussien †
- lituanien
- letton

SLAVE DU SUD ───
- bulgare
- macédonien
- serbo-croate
- slovène

SLAVE DE L'OUEST───
- polonais
- slovaque
- tchèque
- serbe de Lusace

SLAVE DE L'EST ───
- russe (grand russe)
- ukrainien (petit russe)
- biélo-russe (blanc russe)

LE TEMPS DES GAULOIS

Le gaulois, cet inconnu

Alors que les étapes par lesquelles le latin est passé pour devenir le français peuvent être reconstituées grâce à de nombreux documents, le gaulois, malgré Astérix, garde pour nous une grande partie de son mystère. Il faut ajouter que les Gaulois eux-mêmes étaient peu ou mal connus avant la deuxième moitié du XIXe siècle [5]. Jusque-là, l'histoire de France commençait au Ve siècle après J.-C., avec Clovis, roi des Francs, et non pas six siècles plus tôt, avec Vercingétorix, chef des Gaulois ; ni une dizaine de millénaires plus tôt, avec les habitants des grottes de Lascaux ; ni avec les rudes chasseurs de mammouths qui, quarante mille ans auparavant, ont commencé à penser à l'au-delà et dont on ne retrouve plus que les tombes ; ni même, bien entendu, avec les premières traces sur notre sol de cet hominien habile à tailler les silex et qui s'était installé à Chilhac, au cœur du Massif central, il y a près de deux millions d'années [6].

Mais cessons de rêver à ce passé trop lointain et revenons à nos plus proches aïeux.

Depuis que Victor Duruy, en 1867, a rendu l'histoire de France obligatoire dès l'école primaire, les manuels scolaires consacrent un chapitre à « nos ancêtres les Gaulois », selon la formule que nous avons récitée dans notre enfance, sans toujours bien la comprendre. Tous ces manuels donnent une grande importance à la conquête militaire, politique et économique de la Gaule par Jules César au milieu du Ier siècle avant J.-C., mais ils passent le plus souvent sous silence un autre fait très important : tous les habitants

CELTES = GAULOIS

Le témoignage de Jules César

Dans ses *Commentaires de la guerre des Gaules,* Jules César atteste, contrairement à ce que croient certains :
— que le gaulois n'était pas la seule langue parlée en Gaule ;
— que les termes de *Gaulois* et de *Celtes* désignent le même peuple.

BELLVM GALLICVM

GUERRE DES GAULES

LIBER PRIMVS

I. Gallia est omnis diuisa in partes tres, quarum unam incolunt Belgae, aliam Aquitani, tertiam qui ipsorum lingua Celtae, nostra Galli appellantur. Hi omnes lingua, institutis, legibus inter se differunt.

LIVRE PREMIER

I. L'ensemble de la Gaule est divisé en trois parties : l'une est habitée par les Belges, l'autre par les Aquitains, la troisième par ceux qui, dans leur langue, se nomment des Celtes et, dans la nôtre, des Gaulois. Tous ceux-ci diffèrent les uns des autres par la langue, les institutions et les lois.

de la Gaule avaient commencé à apprendre le latin. Le résultat, c'est qu'aujourd'hui nous parlons français, c'est-à-dire une langue romane, issue du latin, et non pas une langue celtique, venue du gaulois.

Avant les Gaulois

Il ne faudrait pas croire que les Celtes (nos Gaulois) qui avaient envahi notre pays entre 700 et 500 avant J.-C. s'étaient installés dans un territoire inoccupé. D'autres populations les y avaient précédés et avaient continué à y vivre longtemps après leur arrivée. C'étaient les *Ligures* dans ce que nous appelons la Provence, les *Ibères* dans les plaines du Languedoc, les *Aquitains* dans le Sud-Ouest. Ces populations n'étaient vraisemblablement pas de langue indo-européenne. Pour l'ibère et le ligure, il est difficile d'en identifier les vestiges, car ces langues n'ont pas survécu, mais le basque (*cf.* Le basque, p. 127), encore parlé dans l'extrême sud-ouest du territoire, perpétue la langue des Aquitains qui occupaient le terrain au moment de l'arrivée des Celtes. A l'époque de Jules César, les Gaulois n'avaient soumis que les marges du pays des Aquitains : quelques têtes de pont au-delà de la Garonne [7].

Les Gaulois écrivaient peu

Si nous connaissons mal le gaulois, c'est en particulier parce qu'il a laissé peu de témoignages écrits : les druides, gardiens de la religion, se refusaient à transmettre leur savoir par écrit. La soixantaine d'inscriptions, en caractères grecs ou latins, qui ont été retrouvées sur le territoire de l'ancienne Gaule sont brèves et apportent peu d'informations sur la structure de cette langue. Parmi les plus longues se trouve un calendrier, gravé sur une table de bronze, découvert en 1897 à Coligny (Ain) [8]. Malheureusement, il comporte surtout des noms de personnes et de lieux, et seulement quelques mots de la langue, dont certains sont abrégés et posent encore des problèmes d'interprétation.

Tout cela ne nous permet pas de connaître réellement le gaulois.

Un cousin à la mode de Bretagne

En l'absence de données écrites sur la langue disparue qu'est le gaulois, si l'on veut se faire une idée plus précise de la structure de cette langue, c'est aujourd'hui vers la langue vivante qu'est le breton qu'il faut se tourner, car, comme le suggère le tableau des langues indo-européennes (*cf.* p. 30-31), le gaulois est un proche parent du breton. Cependant, on ne peut pas faire du breton le descendant direct du gaulois, pour la bonne raison que la Bretagne a été repeuplée aux Ve et VIe siècles après J.-C. par d'autres Celtes.

Chassées de Britannia, l'actuelle Grande-Bretagne, par des envahisseurs germaniques (les Anglo-Frisons et les Saxons) [9], ces populations celtes se sont alors installées dans le nord-ouest de la Gaule, en Armorique (*Are morica* devant signifier en gaulois « (pays) près de la mer »).

D'après les dernières recherches [10], on tend à penser aujourd'hui qu'au moment de l'arrivée des Bretons de Grande-Bretagne, les rares populations qui occupaient alors l'Armorique n'avaient pas cessé de parler gaulois, malgré la pression exercée par le latin des légions romaines de Jules César. C'est cette situation que les auteurs d'*Astérix le Gaulois* ont voulu illustrer en mettant en scène un petit village de résistants gaulois [11].

Le breton d'aujourd'hui serait alors le résultat de l'évolution commune du celtique insulaire (venu de Grande-Bretagne) et du celtique continental (parlé en « Petite » Bretagne, notre Bretagne française actuelle). Mais c'est aussi au contact du latin parlé par les populations devenues bilingues que l'évolution ultérieure de cette langue bretonne a donné sa physionomie aux quatre variétés de breton parlées dans la Bretagne « bretonnante » actuelle : cornouaillais, léonais et trégorrois d'une part, vannetais d'autre part, ce dernier plus influencé par le gaulois local. (*Cf. carte,* p. 131.)

D'abord les nobles et les marchands

Dater avec précision le moment où la langue gauloise n'a plus du tout été parlée en Gaule est pratiquement impossible, mais on sait par des textes latins que le droit d'accession des Gaulois aux magistratures impériales avait incité très tôt les nobles à envoyer leurs enfants dans les écoles romaines. Tacite raconte qu'en 21 après J.-C. les fils des plus grands personnages de la Gaule fréquentaient déjà l'école romaine d'Autun. Avec les nobles, les marchands ont sans doute été les premiers à apprendre le latin, qui était la langue du commerce. Il ne faut pourtant pas s'imaginer que les Gaulois ont remplacé du jour au lendemain leur langue celtique par du latin. Seule une partie de l'aristocratie a dû très vite apprendre la langue de Rome, et, par exemple, ce n'est que quatre cents ans plus tard (au Vᵉ siècle après J.-C.) que, selon le poète Sidoine Apollinaire, la noblesse arverne (l'un des peuples gaulois qui occupait l'Auvergne actuelle) s'est enfin débarrassée de la « gangue de la langue celtique [12] ».

Changer de langue, c'est un peu renoncer à soi-même

Il faut en effet toujours plusieurs générations, sinon plusieurs siècles, pour que s'accomplisse un pareil bouleversement dans l'ensemble d'une population. Ce principe général, qui peut apparaître comme une affirmation gratuite lorsqu'il s'agit de périodes anciennes, où rien ne peut être vérifié, trouve de nombreuses confirmations dans l'histoire des langues *.

En Gaule, la romanisation (c'est-à-dire la latinisation) ne touche tout d'abord, pour des raisons de promotion sociale et d'intérêt économique, que le monde des nobles et des marchands, essentiellement dans les centres urbains. Longtemps encore le gaulois a dû rester la langue du foyer, surtout dans le peuple et à la campagne. Des textes de l'époque témoignent d'ailleurs que, plus de deux cents ans après la conquête romaine, lorsque les premières communautés chrétiennes ont cherché à convertir les Gaulois au christianisme, les évêques étaient encore obligés de prêcher en celte aux populations qu'ils voulaient convaincre [13].

Les « gauloiseries » du français

Ce dont on est à peu près sûr, c'est qu'à la fin du VIᵉ siècle le gaulois avait cessé d'exister, sauf dans quelques cantons marginaux. Cependant, une langue ne meurt pas sans laisser derrière elle quelques vestiges de sa vie antérieure, dont on retrouve des traces dans le vocabulaire des langues qui lui ont succédé.

Ce qui reste du gaulois dans le français d'aujourd'hui, ce sont environ soixante-dix mots, dont certains, comme *bec, boue, chemin* ou *mouton,* sont d'usage courant tandis que d'autres,

---

* Tout récemment, une étude sur l'acquisition du grec par la minorité musulmane turcophone de la Grèce orientale montre, sur un exemple contemporain, la lenteur avec laquelle se font les progrès d'une langue dominante (ici, le grec moderne) sur la langue première de ces populations (ici, le turc). Dans cette communauté, les gens les plus scolarisés, surtout ceux des villes, apprennent très vite le grec. Et pourtant, deux générations plus tard, la langue du foyer reste le turc pour tous, jeunes et vieux, à la ville comme à la campagne, car cette langue conserve à leurs yeux sa valeur symbolique d'appartenance à une religion et à une culture [Hélène Sella, *Le grec parlé par les turcophones du nord-est de la Grèce,* thèse de doctorat d'État, université René Descartes (Paris-V), Paris, 1986, non publiée].

Le fait que, dès la première génération, les émigrés aux États-Unis ont tous adopté l'anglais ne constitue pas, malgré les apparences, un contre-exemple. En effet, s'ils ont été contraints d'apprendre l'anglais pour pouvoir travailler et s'adapter à leur pays d'adoption, la langue de la maison et des relations familiales reste bien la langue de leur pays d'origine, et cela même après plusieurs générations.

comme *saie, bièvre* ou *mègue,* n'évoquent plus rien à nos contemporains. (*Voir encadré* ci-dessous.)

LA POIGNÉE DE MOTS D'ORIGINE GAULOISE

Contrairement à ce que l'on pourrait penser, le vocabulaire français compte peu de mots d'origine gauloise et la liste suivante n'est pas loin d'être exhaustive.

L'origine de certains mots, comme *auvent, chemise, savon, quatre-vingts, quinze-vingts,* etc., étant contestée, on n'a retenu que ceux dont l'origine gauloise était confirmée [14]. Le sens de certains mots a été précisé dans les seuls cas d'ambiguïté (entre parenthèses) ou de changement de sens (entre guillemets).

alose (le poisson)	changer	lie
alouette	char	lieue
arpent	charpente	lotte (le poisson)
balai	charrue	marne
banne (ou benne)	chemin	mègue « petit-lait »
barde	chêne	mine (dans la terre)
bec	claie	mouton
bercer	cloche	orteil
bief	combe	pièce « morceau »
bièvre « castor »	craindre	quai
boisseau	dartre	raie « sillon »
bonde	dru	ruche « écorce »
bouc	druide	saie « casaque »
boue	dune	sapin
bouge « besace »	galet	sillon « bande de terrain »
bouleau	glaise	soc
bourbier	glaner	suie
braies	gobelet	talus
bran « excrément »	if	tanche (le poisson)
brasser	jante	tanière
breuil « champ »	jarret	tonne « outre, vase »
briser	javelle	valet
bruyère	lande	vassal
cervoise	landier « chenêt »	

Certains mots de cette liste, comme *breuil, landier* ou *mègue,* peuvent poser des problèmes de sens à nos contemporains. Pourtant le mot *breuil* « champ, petit bois » a donné beaucoup de noms de lieux : *Le Breuil, Bruel,* etc. Beaucoup plus fréquent, malgré les apparences, le mot *mègue* survit encore aujourd'hui dans le dérivé *mégot,* formé au XIXᵉ siècle, probablement à partir d'un terme dialectal de Touraine, *mégauder* « sucer » [15].

La lieue gauloise, c'est comme les anciens francs

Ces 71 mots gaulois, parvenus jusqu'à nous après plus de deux millénaires de vicissitudes, concernent surtout le monde agricole et reflètent le mode d'existence de populations vivant des produits de la culture, de la pêche et de la chasse. Parmi ces mots qui nous parlent de leur vie familière, il en est un qui mérite une attention particulière : la *lieue*.

A la réflexion, il est en effet assez curieux que ce peuple, qui avait complètement adopté la civilisation romaine, ait réussi à conserver et à transmettre de génération en génération, et cela pendant des siècles, sa propre unité de longueur, la *lieue gauloise* (2 222 mètres), à la place du *mille romain* (1 485 mètres). Or, les Romains avaient installé des bornes *milliaires* [16] sur tout le territoire, le long des voies qu'ils construisaient, et les Gallo-Romains les avaient tous les jours sous les yeux. Mais ils ont continué à évaluer les distances en *lieues,* se refusant à employer la nouvelle unité de longueur, le *mille.* La *lieue* a encore survécu pendant des siècles, et ce n'est que bien après l'adoption officielle, en 1795, du système métrique, qu'elle a finalement cédé la place au *kilomètre.*

Ce terme de *lieue* n'était pas uniquement réservé à la langue parlée et il a continué, pendant tout le XIXᵉ siècle, une brillante carrière littéraire. On le trouve chez Stendhal, chez Balzac, chez Jules Verne ou chez Anatole France. Aujourd'hui, il nous arrive encore de parler de lieues, mais uniquement dans quelques expressions figées comme « les bottes de sept lieues », « à vingt lieues à la ronde » ou « être à cent lieues de penser que... ».

Et c'est peut-être, toutes proportions gardées, le même type de résistance au changement qui se manifeste dans notre pays lorsque certains d'entre nous continuent, aujourd'hui encore, à compter en anciens francs, près de trente ans après l'introduction officielle des nouveaux francs.

Dis-moi le nom de ta ville, et je te dirai ce qu'elle était

Autres vestiges de cette langue disparue : les noms des villes. Nous en prononçons tous les jours sans nous douter qu'ils sont gaulois. Les noms de villes d'origine gauloise sont innombrables

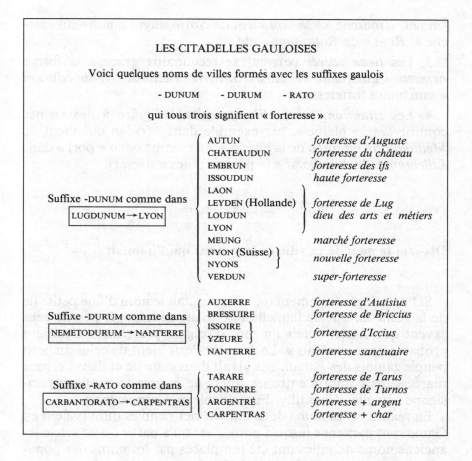

LES CITADELLES GAULOISES

Voici quelques noms de villes formés avec les suffixes gaulois

- DUNUM   - DURUM   - RATO

qui tous trois signifient « forteresse »

	AUTUN	*forteresse d'Auguste*
	CHATEAUDUN	*forteresse du château*
	EMBRUN	*forteresse des ifs*
	ISSOUDUN	*haute forteresse*
Suffixe -DUNUM comme dans	LAON	
	LEYDEN (Hollande)	*forteresse de Lug*
LUGDUNUM → LYON	LOUDUN	*dieu des arts et métiers*
	LYON	
	MEUNG	*marché forteresse*
	NYON (Suisse)	*nouvelle forteresse*
	NYONS	
	VERDUN	*super-forteresse*
	AUXERRE	*forteresse d'Autisius*
Suffixe -DURUM comme dans	BRESSUIRE	*forteresse de Briccius*
	ISSOIRE	*forteresse d'Iccius*
NEMETODURUM → NANTERRE	YZEURE	
	NANTERRE	*forteresse sanctuaire*
	TARARE	*forteresse de Tarus*
Suffixe -RATO comme dans	TONNERRE	*forteresse de Turnos*
	ARGENTRÉ	*forteresse + argent*
CARBANTORATO → CARPENTRAS	CARPENTRAS	*forteresse + char*

et ils constituent en fait notre source d'information la plus vivante à la fois sur la langue et sur la vie des Gaulois.

Grâce à la toponymie, qui est l'étude des noms de lieux, on peut préciser les quatre principaux types de villes que connaissaient les Gaulois [17] : les *lieux défensifs,* les *villes de marché,* les *lieux sacrés* et les *situations particulières.*

1. Les ***lieux défensifs :*** on les reconnaît aisément grâce aux suffixes -*dunum,* -*durum* ou -*rato* « forteresse, place forte », mais à condition de savoir que l'évolution phonétique a généralement effacé une partie des syllabes d'origine : on retrouve ainsi les suffixes -*dunum* dans *Verdun,* -*durum* dans Nanterre et -*rato* dans *Carpentras* [18]. (*Voir encadré ci-dessus.*)

2. Les ***lieux de marché*** peuvent être identifiés grâce à leur suffixe

-magus « marché » : *Noyon* vient de *Noviomagus* « nouveau marché », *Rouen* de *Rotomagus,* etc.

3. Les **lieux sacrés** peuvent se reconnaître grâce à la forme *nemeto* « sanctuaire » : ainsi *Nanterre* vient de *Nemetodurum* « sanctuaire forteresse ».

4. Les **situations particulières,** repérables grâce à des termes comme *lano* « plaine », par exemple dans *Meulan* qui vient de *Mediolanum* « milieu de la plaine », ou comme *bona* « port » dans *Lillebonne,* de *Juliobona* « le port de Jules » (César).

Dis-moi le nom de ta ville et je te dirai qui l'habitait

Si l'on sait généralement que *Lutetia* était le nom d'une petite île de la Seine autour de laquelle Paris s'est développé, peu de gens savent que *Lutetia* était un mot d'origine préceltique signifiant probablement « marais ». Le nom de *Paris* vient de celui du petit peuple gaulois des *Parisii,* qui vivait dans cette île et dans l'espace marécageux compris entre les forêts de la grande banlieue parisienne actuelle : Chantilly, Fontainebleau, Compiègne.

En réalité, si les noms de la plupart des peuples qui vivaient en Gaule sont parvenus jusqu'à nous, c'est qu'à partir du IVᵉ siècle les anciens noms de villes ont été remplacés par les noms des populations qui les occupaient, probablement en raison des destructions systématiques des villes fortifiées par les envahisseurs barbares.

Ainsi, de même que le peuple des *Parisii* a donné son nom à *Paris* (en 360 après J.-C.), celui des *Senones* « les vénérables » a donné son nom à *Sens,* celui des *Pictavi* « les rusés » à Poitiers, celui des Bituriges « les rois du monde » à Bourges, etc. [19]. (*Cf. l'encadré,* p. 43, *et la carte correspondante,* p. 42.)

Certains noms de peuples ont d'ailleurs donné des noms différents selon qu'ils étaient prononcés à la gauloise ou à la latine. Tel est, entre autres, le cas de *Nîmes* et de *Nemours,* qui proviennent du même mot. (*Cf. encadré,* p. 41.)

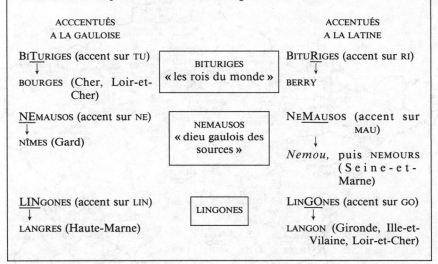

NOMS DE VILLES PRONONCÉS
A LA GAULOISE OU A LA LATINE

Selon que le nom était prononcé à la façon gauloise ou à la façon latine, c'est-à-dire en accentuant des syllabes différentes, on a aujourd'hui deux noms différents pour le même mot d'origine.

ACCCENTUÉS A LA GAULOISE | | ACCENTUÉS A LA LATINE

BiTuriges (accent sur TU) → BOURGES (Cher, Loir-et-Cher)

BITURIGES « les rois du monde »

BituRiges (accent sur RI) → BERRY

NEmausos (accent sur NE) → NÎMES (Gard)

NEMAUSOS « dieu gaulois des sources »

NeMausos (accent sur MAU) → Nemou, puis NEMOURS (Seine-et-Marne)

LINgones (accent sur LIN) → LANGRES (Haute-Marne)

LINGONES

LinGOnes (accent sur GO) → LANGON (Gironde, Ille-et-Vilaine, Loir-et-Cher)

La *Provincia* fait bande à part

Ce chapitre se termine par une liste regroupant les 40 villes dont l'ancien nom a été abandonné pour être remplacé au IVe siècle par celui du peuple gaulois qui habitait la région.

Ces noms ont été reportés sur une carte, où l'on constate en particulier un grand vide dans la région du Sud-Est, celle qui correspond à l'ancienne *Provincia Narbonensis,* notre actuelle Provence.

La quasi-absence de noms de lieux représentant des noms de peuples gaulois dans cette région s'explique peut-être par le fait que les Gaulois y avaient eux-mêmes pénétré assez tard et d'une façon très superficielle. De plus, la *Provincia* avait été très tôt — soixante ans avant le reste de la Gaule — et très profondément latinisée, et les Grecs y avaient fondé des colonies dès le VIIe siècle avant J.-C. Les noms des villes y sont donc souvent de composition

LES VILLES ONT CHANGÉ DE NOM

Lutetia	:	ancien nom
PARISII	:	nom du peuple gaulois
Paris	:	nom actuel

On remarquera que les villes ayant changé de nom pour prendre celui des peuples qui les habitaient sont plus nombreuses dans le Nord et quasi inexistantes en Provence.

LES VILLES ONT CHANGÉ DE NOM

Nom ancien	Nom du peuple gaulois	Nom actuel
Samarobriva	AMBIANI	Amiens
Juliomagus	ANDECAVI	Angers
Nemetacum	ATREBATES	Arras
Igena	ABRINCATES	Avranches
Augustodurum	BAIOCASSES	Bayeux
Cossium	VASATES	Bazas (Gironde)
Cesaromagus	BELLOVACI	Beauvais
Avaricum	BITURIGES	Bourges, Berry
Divona	CADURCI	Cahors
Durotalannum	CATALAUNI	Châlons-sur-Marne
Autricum	CARNUTES	Chartres
Lugdunum	CONVENAE	(St-Bertrand-de-) Comminges
Mediolanum	EBUROVICES	Évreux
Anderitum	GABALI	Javols (Lozère)
Noviodunum	DIABLINTI	Jublains (Mayenne)
Andematunnum	LINGONES	Langres, Langon
Vindunum	CENOMANNI	Le Mans
Augustoritum	LEMOVICES	Limoges
Noviomagus	LEXOVII	Lisieux
Iatinon	MELDI	Meaux
Divodurum	MEDIOMATRICES	Metz
Condevincum	NAMNETES	Nantes
Lutetia	PARISII	Paris
Vesonna	PETROCORII	Périgueux
Limonum	PICTAVI	Poitiers
Condate	REDONES	Rennes
Durocortorum	REMI	Reims
Segodunum	RUTENI	Rodez, Rouergue
Mediolanum	SANTONES	Saintes
Noviodunum	SAGII	Sées
Augustomagus	SILVANECTES	Senlis
Agedincum	SENONES	Sens
Augusta	SUESSIONES	Soissons
Cesarodunum	TURONES	Tours
Augustobona	TRICASSES	Troyes
Noviomagus	TRICASTINI	(St-Paul-) Trois-Châteaux
Darioritum	VENETI	Vannes
Augusta	VIROMANDUI	Vermand (Aisne)
Argenue	VIDUCASSES	Vieux (Calvados)

grecque (*Marseille, Nice, Antibes, Agde*) et surtout latine : *Fréjus* vient de *Forum Julii,* en mémoire de Jules César, *Aix* de *Aquae Sextiae,* en souvenir de Sextius Calvinus qui avait fait la conquête de la *Provincia* vers 120 avant J.-C.

Ainsi s'établit, au risque de faire de la peine à certains, le bilan de ce que nos ancêtres les Gaulois nous ont laissé de leur langue : en dehors de quelques milliers de noms de lieux, à peine quelques dizaines de mots d'usage plus ou moins courant.

LE TEMPS DES « BARBARES »

Du latin au français

L'occupation romaine de la Gaule avait, pendant plus de cinq cents ans, apporté aux habitants de ce pays une nouvelle langue, en même temps qu'une autre civilisation. Le pays avait été organisé, l'économie s'était développée, des routes avaient été construites et tout aurait été pour le mieux dans le meilleur des mondes si ne s'était produit le grand bouleversement des invasions. Entre la chute de l'Empire romain (476) et l'apparition de ce qu'on a appelé le premier « monument » de la langue française, le texte des *Serments de Strasbourg* (842), ce sont près de quatre siècles d'obscurantisme pour les populations, qui sont pour nous quatre siècles d'obscurité, faute de documents.

C'est pourtant une période décisive pour l'histoire du français, car c'est celle où s'est développé le processus de différenciation et de dialectalisation, trop rapidement esquissé dans le préambule, et sur lequel il convient à présent de revenir.

Malgré la rareté des documents relatifs à cette période, nous allons chercher à utiliser les maigres données historiques que nous pouvons réunir, pour tenter de reconstituer la situation linguistique des populations et nous efforcer de comprendre comment ont pu se produire les changements dont nous constatons l'aboutissement au début du IXᵉ siècle.

Deux faits historiques attestés nous serviront de points d'appui : les *invasions germaniques,* et en particulier celle des Francs, parce que la langue de ces envahisseurs a eu des effets particulièrement sensibles sur ce qui est devenu plus tard le français, et, en contrepoint, la *diffusion du christianisme,* dont la langue liturgique était devenue officiellement le latin au IVe siècle [20].

La Provence, première province romaine

Pour se rendre compte de l'ensemble de la situation, il faut tout d'abord se rappeler qu'au moment de l'arrivée de Jules César, en 58 avant J.-C., les Romains étaient déjà installés au sud de la Gaule depuis une soixantaine d'années. Vers 120 avant J.-C., ils y avaient fondé une province, appelée *Provincia Narbonensis,* la *Narbonnaise,* qui recouvrait les régions actuelles de la Provence, du Languedoc, du Dauphiné et de la Savoie (à l'exception des hautes vallées). La romanisation y avait été rapide, profonde et durable [21].

Cette région, qui avait été une des zones où les Gaulois avaient eu le moins d'influence [22] sur les populations ligures qui occupaient le pays avant eux, est aussi celle qui subira le moins l'influence germanique. Cela explique en partie le fait que les dialectes provençaux sont restés très proches du latin.

Les invasions germaniques

En mettant donc à part la zone correspondant à l'ancienne *Provincia,* qui semble avoir particulièrement bien résisté à toutes les influences ultérieures, les seuls envahisseurs qui entrent en ligne de compte pour l'histoire générale de la langue aux alentours du Ve siècle sont des populations germaniques :

— les Francs ;
— les Wisigoths ;
— les Burgondes. (*Cf. carte,* p. 47.)

Pour la variété linguistique qui a abouti au français, ce sont les Francs qui ont joué le rôle le plus important, et on peut le comprendre si on se rappelle que leur implantation en Gaule s'est prolongée pendant des siècles. En effet, bien avant les invasions du Ve siècle, les Francs avaient déjà été constamment présents sur le sol gaulois. On en trouve très tôt dans les rangs de l'armée romaine, dans laquelle ils s'étaient enrôlés comme mercenaires. De plus, au IIe siècle après J.-C., le sentiment général d'insécurité avait fait fuir

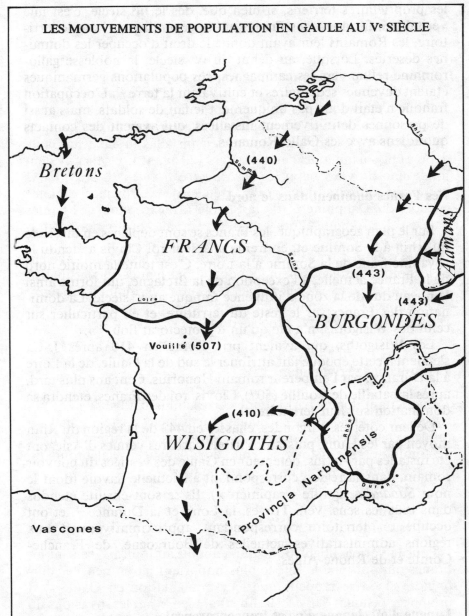

LES MOUVEMENTS DE POPULATION EN GAULE AU Vᵉ SIÈCLE

Bretons

FRANCS

(440)

(443)

BURGONDES

(443)

Alamans

Loire

Vouillé (507)

WISIGOTHS

(410)

Provincia Narbonensis

Vascones

Francs, Alamans, Burgondes et Wisigoths parlaient tous des langues germaniques, mais c'est l'influence franque qui a été dominante pour la variété de langue qui est devenue le *français*.

les propriétaires terriens, si bien que, dès le IIIe siècle, c'est une véritable infiltration des Francs qui se généralise sur tout le territoire, les Romains leur ayant donné le droit d'occuper les domaines désertés. Lorsque, au début du IVe siècle, la noblesse gallo-romaine reflue vers les campagnes, ces populations germaniques étaient devenues sédentaires et cultivaient la terre [23]. L'occupation franque n'était donc pas uniquement le fait de soldats, mais aussi de personnes définitivement installées, qui avaient des contacts quotidiens avec les Gallo-Romains.

Les Francs dominent dans le nord

Sur le plan géographique, les Francs se sont déplacés en un siècle du Rhin à la Somme et, en trente ans, leur roi Clovis a étendu le royaume franc de la Somme à la Loire. C'est toute la moitié nord de la France actuelle, à l'exception de la Bretagne, qui forme ainsi le noyau dur de la zone d'influence franque au Ve siècle. La domination des Francs sur le reste du territoire, et en particulier sur celui des Wisigoths, n'a été qu'un « protectorat flou [24] ».

Les Wisigoths, qui avaient pris Rome en 410 après J.-C., s'étaient à cette époque fait attribuer le sud de la Gaule, de la Loire à la Durance, par l'empereur romain Honorius. Cent ans plus tard, après la bataille de Vouillé (507), Clovis, roi des Francs, étendra sa domination sur leur territoire.

De leur côté, les Burgondes, chassés en 443 de la région du Rhin moyen par les Huns, puissantes tribus barbares venues d'Asie, ont été installés par Aetius, détenteur en Gaule des vestiges du pouvoir romain, dans la région correspondant à l'actuelle Savoie (dont le nom *Sapaudia* signifie « sapinière »). Ils se sont ensuite étendus dans tous les sens, vers Troyes, la Loire et la Durance [25], et ont occupé un territoire correspondant approximativement aux régions administratives actuelles de Bourgogne, de Franche-Comté et de Rhône-Alpes.

Langue d'oïl, langue d'oc et francoprovençal

Sur le plan linguistique, cette occupation du territoire par des populations d'origines diverses semble être en partie responsable

LES GRANDES DIVISIONS DIALECTALES ROMANES

Domaine d'oïl

(oïl = oui)

Domaine franco-provençal

Saintonge

Domaine d'oc

(oc = oui)

Catalan

Domaine toscan

Il faut remarquer que ces grandes divisions dialectales ne concernent que la différenciation du latin en dialectes gallo-romans et que le *catalan* se rattache à l'ibéro-roman et les parlers de *Corse* aux dialectes italiens.

De plus, à l'origine, le domaine d'oc se prolongeait au nord de Bordeaux en incluant la Saintonge.

des grandes divisions dialectales (*cf.* carte p. 49) qui partagent encore aujourd'hui notre pays :

— dialectes d'*oïl* au nord du territoire (appelés ainsi parce que « oui » se disait *oïl* dans ces parlers) ;

— dialectes d'*oc* au sud (où « oui » se disait *oc*) ;

— dialectes *francoprovençaux* dans une zone intermédiaire, qui recouvre le bassin moyen du Rhône et s'ouvre en branches de ciseaux à partir de Châteldon, au sud de Vichy (Allier), en englobant les régions de Lyon, de Genève et de Grenoble.

Cette différenciation dialectale en deux zones principales et une zone intermédiaire était probablement accomplie à la fin des invasions. Mais à cette date la fragmentation en variétés dialectales plus petites (normand, picard, limousin, savoyard, provençal, gascon, etc.) ne s'était pas encore produite.

La zone des parlers d'oïl correspond approximativement au territoire occupé par les Francs, dont l'influence linguistique sur la langue française a été considérable.

La zone méridionale, très tôt et très profondément romanisée, n'a pratiquement pas été influencée, sur le plan linguistique, par l'installation, d'ailleurs assez brève, des Wisigoths. Ajoutons qu'à l'origine le domaine d'oc se prolongeait au nord de Bordeaux en incluant la Saintonge.

La zone intermédiaire, qui constitue le domaine francoprovençal [26], partage certains traits avec les parlers d'oïl et certains autres avec les parlers d'oc.

Chacun apporte son grain de sel

Si l'on veut essayer de faire le lien entre le latin qu'avaient importé les Romains et les langues romanes que nous connaissons aujourd'hui, il ne faut certainement pas s'imaginer que les Gallo-Romains, c'est-à-dire les Gaulois ayant accepté la civilisation romaine et la langue latine, se sont réveillés un beau matin en parlant picard, normand, poitevin, etc., et non plus latin. En matière de langues, les évolutions vont lentement, très lentement, et c'est pourquoi elles se produisent généralement sans que les utilisateurs s'en aperçoivent, car ils ne cessent jamais de se comprendre.

Pour les variétés issues du latin en territoire gaulois, il faut tout

d'abord partir de l'information donnée par Jules César et confirmée par Strabon [27] que les quelque cent peuples gaulois qui occupaient la Gaule à l'origine ne parlaient pas tous la même variété de
gaulois et que, par conséquent, chacun a pu apporter la touche de
son « accent » dans sa prononciation du latin.

LE FRANÇAIS ET SES ANCÊTRES

Pour parler des influences exercées par d'autres langues sur une langue
donnée, les linguistes utilisent les termes de **substrat** et **superstrat** (*strat*
« couche », *sub* « au-dessous », *super* « au-dessus »).

En Gaule, le latin a subi, entre autres, l'influence du **substrat** gaulois, les
Gaulois ayant parlé latin avec leur « accent » gaulois.

Le contact ultérieur des habitants avec les nouveaux envahisseurs, dont la
langue n'était ni celtique, ni latine, mais germanique, a encore modifié la
forme prise par ce latin parlé par les Gaulois.

Sur le latin parlé en Gaule, d'où sont issus les dialectes gallo-romans, il y a
donc, d'une part, l'action des **substrats** (langues parlées précédemment par
les populations) et, de l'autre, celle du **superstrat** germanique (langue des
nouveaux venus).

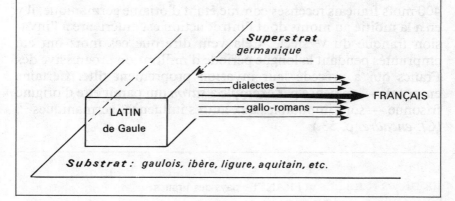

Sous l'effet de ces contacts entre des populations aux usages
linguistiques différents, mais aussi en raison des nouveaux besoins
de communautés qui se transformaient, le latin parlé en Gaule se
modifiait à son tour en se diversifiant et en donnant naissance à
des parlers dont les différences étaient plus ou moins sensibles
selon les régions.

L'influence germanique sur le vocabulaire

L'influence germanique se retrouve tout d'abord dans le vocabulaire, où plusieurs centaines de mots, dont une grande partie
d'origine franque, sont incontestablement germaniques. Cela n'a
rien de surprenant lorsqu'on se rappelle que la grande invasion
franque du Ve siècle avait été précédée par une longue période de
contacts constants entre Romains, Celtes romanisés et populations
germaniques. En effet, si l'on accepte l'idée que le gaulois n'avait
pas encore complètement disparu de l'usage pendant les premiers
siècles de notre ère, les trois langues devaient « cohabiter », dans
les échanges journaliers entre des personnes bilingues, ou même
trilingues, avec comme langue commune une espèce de latin mêlé
de gaulois et de germanique. Une telle situation n'a rien d'exceptionnel, et on en trouverait facilement des exemples aujourd'hui
dans plusieurs régions frontalières d'Europe, ou même en Suisse,
dans les Grisons, dont les populations pratiquent à la fois le rhéto-
roman et les variétés suisses de l'allemand.

La chronologie des emprunts au germanique n'est pas aisée à
reconstruire, mais les dernières recherches [28] ont établi que, sur les
400 mots français recensés comme étant d'origine germanique, il y
en a la moitié au moins dont l'introduction est antérieure à l'invasion franque du Ve siècle. Cela veut dire que ces mots ont été
empruntés pendant la longue période d'infiltration progressive des
Francs qui a précédé leur invasion proprement dite. Certains
emprunts — on pense par exemple à *savon* qui paraît être d'origine
frisonne — sont imputables aux autres influences germaniques [29].
(*Cf. encadré,* p. 53.)

FRANCE : pays des Francs

Le terme même de *Francia* « France », qui n'apparaît dans la littérature qu'au
IIIe siècle (chez Ausone et Ammien Marcellin, pour désigner uniquement la région
occupée par les Francs sur la rive gauche de la basse Meuse), a probablement été créé
dès le IIe siècle. Mais c'est seulement après le VIe siècle qu'il a servi à nommer la Gaule
du Nord [31].

VOCABULAIRE D'ORIGINE GERMANIQUE

La liste qui suit ne contient pas la totalité [30] des 400 mots germaniques recensés dans la langue parlée en Gaule à date ancienne, car beaucoup d'entre eux, attestés en ancien français, ont aujourd'hui disparu et n'évoqueraient plus rien à nos contemporains (*brant* « lame d'épée », *fuere* « fourreau », *rouche* « iris », etc.).

Parmi ceux qui sont parvenus jusqu'à nous (environ un tiers), on trouve des termes relatifs à :

la guerre et la chevalerie : bande, baron « homme brave, mari », bière « cercueil », blason, brandon, convoi, crosse, échanson, éperon, épieu, étrier, félon, fief, flèche, gain, gant, garçon « domestique », gars « soldat, valet, goujat », gonfanon « étendard », guerre, guet, hache, hanap, harangue, heaume, honte, lice, maréchal, marquis, orgueil, rang, sénéchal, trêve ; choisir, éblouir, épargner, fournir, gagner, garder, guetter, haïr, honnir, souiller ;

la vie des champs : blé, bois, bûche, fange, fourrage, fourrure, framboise, gerbe, germe, grappe, haie, hameau, hêtre, houe, houx, jardin, marais, osier, roseau, saule, touffe, trappe, troène ; caille, chouette, crapaud, frelon, hanneton, héron, laie, mésange ;

la vie artisanale : alène, étai, feutre, filtre, houille, maçon, tuyau ; bâtir, broyer, déchirer, gratter, graver, râper ;

la vie maritime : bouée, écume, falaise, flot ;

les couleurs : blanc, bleu, blond, brun, fauve, garance « écarlate », gris, saur « jaune-brun, roux » ;

la vie domestique : banc, beignet, bille, buée, crèche, cruche, écharpe, fard, fauteuil, flacon, froc, housse, lanière, louche, poche, quenotte, soupe ; hanche, flanc, téton ; fluet, frais, gai, laid, long ; broder, danser, guérir, héberger, lécher, regarder, rôtir, téter, trépigner.

L'influence germanique sur la prononciation

C'est aussi sur l'ordre des mots et sur la prononciation de la langue parlée dans le nord de la Gaule que s'est notamment fait sentir l'influence franque. Nous commencerons par la prononciation, sans toutefois entrer dans le détail des évolutions phonétiques subies à cette époque. Pour illustrer cette influence, voici simplement deux exemples, choisis l'un parmi les consonnes, l'autre parmi les voyelles.

Une nouvelle consonne apparaît : *h*

Ce que nous appelons aujourd'hui un *h* aspiré en français n'est en fait ni un /h/, ni aspiré. Un /h/ est en effet une véritable consonne, produite non pas par une *as*piration mais par une forte *ex*piration de l'air, comme celle qu'on entend dans l'anglais *hair* « cheveu » ou dans l'allemand *Hund* « chien ». En français contemporain, il s'agit seulement d'un phénomène d'absence de liaison (comme dans *les hanches* et non *les-z-hanches*) ou d'absence d'élision (comme dans *le hêtre* et non *l'hêtre*).

Mais vous êtes-vous jamais demandé pourquoi l'élision est régulière dans *l'homme* et la liaison obligatoire dans *les honneurs*, alors qu'elles ne se font pas dans *le hêtre* et *les hanches* ?

Les Francs en sont la cause. En effet, si le /h/ de *hêtre* ou de *hanche* n'est pas aujourd'hui traité de la même façon que celui de *homme* ou de *honneur*, cela tient à ce qu'il y a eu une période où des mots comme *hêtre* ou *hanche*, introduits en Gaule par les populations germaniques, se prononçaient avec une vraie consonne /h/, comme dans leur langue, ce qui n'était pas le cas de mots d'origine latine comme *homme* ou *honneur*.

Pour comprendre cette apparente anomalie, il faut savoir que, dans le latin introduit en Gaule au Ier siècle avant J.-C. [32], la consonne latine écrite *h* (comme dans HOMO « homme », HABET « il a », HONOR « honneur »...) n'était plus prononcée par les Romains [33], même si elle s'écrivait encore, et qu'elle n'a donc pas pu être transmise aux populations conquises [34].

Si on dresse la liste de tous les mots commençant par un *h* écrit en français, on constate qu'aujourd'hui l'absence d'élision ou de liaison se produit régulièrement dans les mots empruntés au germanique, tels que : *haïr, hameau, hanap, hanche, harangue, heaume, héron, hêtre, honnir, honte, houe, housse, houx, huche*, etc. En les entendant prononcer par des gens qui avaient un véritable /h/ aspiré dans leur langue, les Gallo-Romains les ont empruntés avec cette prononciation.

On retrouve les mêmes phénomènes en anglais, où les mots *heir, honest, honour* et *hour*, d'origine latine et introduits lors de la conquête normande, se prononcent sans *h*, tandis que *holly, holy, honey, hoof* ou *horse*, d'origine anglo-saxonne, se prononcent avec un /h/, véritable consonne *ex*pirée.

Dans le français d'aujourd'hui, à la place de cette consonne /h/,

nous avons tout autre chose, que nous appelons, contre toute logique, un *h* « aspiré », ce qui brouille complètement les pistes, puisque cet *h* dit « aspiré » ne représente pas une aspiration mais seulement l'absence de quelque chose. Mais comme les évolutions
sont très lentes et qu'elles ne touchent pas toute la population à la
même vitesse, vous pourriez sûrement, en écoutant bien ce qui se
dit autour de vous, entendre des personnes qui prononcent encore
aujourd'hui une véritable consonne /h/ dans des mots tels que
hâbleur, hachoir, haillon, haine, hâlé, etc. [35]. Une enquête effectuée
il y a quelques années a permis de constater l'existence de vestiges
de cette vieille habitude germanique chez certains de nos contemporains [36].

Qu'il s'agisse de cette prononciation, avec une consonne effectivement prononcée, ou du phénomène du *h* « aspiré », qui empêche, devant ces mêmes mots, d'élider l'article (*la hache*) et de faire
la liaison (*les haches*, sans faire entendre le *s* devant *haches*), cette
particularité du français a bien pour cause une influence germanique, et en particulier celle des Francs.

Des voyelles s'évanouissent

Beaucoup plus spectaculaire a été l'effet produit par l'influence
germanique sur certaines voyelles, parce que ces prononciations
ont eu des conséquences d'une beaucoup plus grande portée.

On sait que les langues germaniques sont caractérisées par un
fort accent d'intensité, qui frappe vigoureusement une syllabe du
mot, avec, pour conséquence, un affaiblissement des voyelles voisines. En allemand, par exemple, dans le mot *Abend* « soir », on
entend très bien la première voyelle, mais la deuxième est comme
« avalée ». Ces habitudes articulatoires germaniques ont eu des
effets considérables sur la langue parlée en Gaule et ont affecté tous
les mots de cette langue.

Un seul exemple permettra de se rendre compte des conséquences de cette accentuation. En latin, le mot TĒLA « toile » était accen-
tué sur la première syllabe, dont la voyelle était longue : TĒLA. Si
l'on compare l'italien *tela*, le provençal *telo*, le francoprovençal
tala, l'espagnol *tela* et le français *toile*, on constate que seul le
français (semblable en cela aux autres parlers d'oïl) a perdu
aujourd'hui la voyelle finale (écrite à la fin du mot mais non prononcée). Au contraire, l'italien, le provençal ainsi que les autres

dialectes d'oc ou du francoprovençal et l'espagnol ont conservé la voyelle finale.

Cette façon de prononcer est encore de nos jours ce qui différencie le mieux l'accent dit « pointu », sans voyelle finale dans ce type de mots, de l'accent des gens du Midi qui, eux, ont l'habitude d'articuler les *e* dits « muets ».

Bonnet blanc ou *blanc bonnet* ?

Enfin, un autre vestige de l'influence franque apparaît aussi dans les toponymes, mais d'une façon plus subtile que dans les noms de villes gaulois déjà signalés, car ce ne sont pas les mots eux-mêmes qui ont été empruntés mais la façon de les fabriquer.

En latin, l'adjectif pouvait se placer soit avant, soit après le nom, selon sa fonction d'épithète ou d'attribut. En ancien français, des formes comme les *blancs manteaux* ou les *rouges tabliers* étaient courantes. En français moderne, c'est la position après le nom qui a été, par la suite, favorisée. Or, dans les langues germaniques, contrairement au français moderne, c'est le déterminant qui précède toujours le déterminé : en français, on dit *la langue française,* mais *die französische Sprache* en allemand et *the French language* en anglais. D'ailleurs, les auteurs d'*Astérix chez les Bretons* avaient bien compris tout l'effet comique qu'ils pouvaient tirer de la place, insolite en français, de l'adjectif, dans des expressions comme la *gauloise cuisine*, les *romaines galères* ou la *magique potion*.

L'influence germanique peut encore aujourd'hui se vérifier dans les noms de lieux : c'est la position de l'adjectif devant le nom qui a prévalu dans les régions d'implantation franque, tandis que dans les autres régions l'adjectif se plaçait après le nom. Les toponymes en -*ville* (du latin *villa* « ferme », puis « village ») sont très fréquents dans les régions du Nord, où l'on trouve une majorité de *Neuville, Neuvelle, Neuveville,* tandis que les *Villeneuve* sont plus fréquents dans le Midi.

Il en est de même pour les noms de lieux en -*court* (du latin *cohors* « enclos, cour de ferme », puis « ferme », puis enfin « village »), qui se retrouvent en grand nombre dans le Nord : *Chauvoncourt* (Pas-de-Calais), *Beaudricourt* (Pas-de-Calais), *Billancourt* (Hauts-de-Seine), *Ablancourt* (Somme), *Azincourt* (Pas-de-Calais), etc., et où le premier terme est le plus souvent un nom de personne germanique [37].

L'exemple des *Francheville* et des *Villefranche*

Dans le *Dictionnaire des communes de France*, on trouve 12 *Francheville* (ou *Franqueville*) et 21 *Villefranche* (ou *Villefranque*). Si on les replaçait sur une carte, on verrait qu'une forte majorité des *Francheville* (9 sur 12) se trouve au nord de la ligne d'implantation maximale des Francs, tandis que la quasi-totalité des *Villefranche* (19 sur 21) se groupe au contraire au sud de cette ligne, avec toutefois une exception : le département du Rhône compte à la fois un *Villefranche* et un *Francheville*.

Les *Villefranche* (comme les *Villeneuve*) ayant été créées en grand nombre au XIIIᵉ siècle [38], cela explique qu'on en trouve quelques-unes dans le Nord. Mais, jusqu'à cette époque, c'est-à-dire plusieurs siècles après la fin des invasions, il est remarquable que les habitudes aient été conservées dans le Nord de former les noms de villes à la façon germanique.

Il est toutefois significatif qu'une recherche systématique [39] effectuée à partir de 428 localités formant des couples du type *Francheville-Villefranche* fasse apparaître 100 % de formations selon le modèle *Francheville* au nord de la ligne d'implantation des Francs la plus ancienne (en 440, elle allait jusqu'à la Somme), et 82 % au nord de la ligne correspondant à leur avancée jusqu'au règne de Clovis (en 507, cette ligne passait un peu au-dessous de la Loire, comme on peut le voir sur la carte p. 47).

Bilan des invasions germaniques

Tout ce qui précède montre que c'est essentiellement en zone d'oïl que l'influence germanique, surtout franque, a laissé des traces perceptibles dans la langue qui allait devenir le français. Mais d'autres éléments devaient encore contribuer à sa formation, parmi lesquels la diffusion du christianisme a une place de choix.

ON PEUT JOUER AVEC LA CARTE ROUTIÈRE

Devant une carte routière de la France, vous pourriez vous amuser à rechercher des formations symétriques, où le même nom est précédé ou suivi du même adjectif, comme *Francheville* et *Villefranche, Neufchâteau* et *Châteauneuf, Longchamp* et *Champlong, Bellaigue* et *Aiguebelle,* etc.

Lorsque l'adjectif est placé avant le nom (type *Neufchâteau*), on fait l'hypothèse que la formation est de type germanique, contrairement à *Châteauneuf* où l'adjectif est placé après le nom.

Vous pourriez ensuite chercher à vérifier si les formations du type *Francheville, Neufchâteau,* etc., se trouvent bien en majorité dans la France du nord, où les Francs se sont implantés très tôt... et ensuite compter les exceptions.

Il ne faut effectivement pas s'attendre à trouver une opposition absolument tranchée entre le nord et le sud, car ces villes n'ont pas toutes été créées à la période des invasions germaniques.

A titre d'exemple, sur la carte ci-contre ont été reportés uniquement des noms de villes dont la première attestation dans les textes date d'avant l'an 1000 :

10	*Neuville*	et 6	*Villeneuve*
6	*Chaumont*	et 1	*Moncaup* (formé de *Mont* et de *caup* « chauve »)
2	*Hautmont*	et 1	*Montaut*
1	*Hauterive*	et 1	*Ribaute* (« Rive haute »)
1	*Longeville*	et 1	*Villelongue*

Il ne faudra pas s'étonner de trouver les *Neuville* également sous la forme de *Nouvialle,* les *Hautmont* également sous la forme *Omont* et les *Chaumont* sous celle de *Caumont.*

UN EXEMPLE : NEUVILLE-VILLENEUVE

Voici une carte de toponymes pour cinq couples de villes comme *Neuville* et *Villeneuve, Longeville* et *Villelongue*, etc., dont les noms sont attestés dans les textes avant l'an 1000.

A part un *Nouvialle*, dans le Cantal, et un *Caumont*, dans l'Aveyron, tous les toponymes de type germanique (avec l'adjectif antéposé) se trouvent bien dans la moitié nord du pays, là où l'implantation franque a été la plus durable (18 sur 20), tandis que tous les toponymes avec l'adjectif postposé se trouvent bien dans la partie sud de la France à l'exception d'un Villeneuve en Seine-et-Oise (9 sur 10).

LE TEMPS DES CHRÉTIENS

La diffusion du christianisme

Tandis que l'invasion franque apportait à la langue parlée en Gaule des éléments de diversification, un autre facteur, qui tendait à son unification, semblait devoir agir en sens inverse : la naissance et la propagation du christianisme, dont le latin était devenu l'instrument de diffusion.

Une première communauté chrétienne est signalée à Lyon dès la fin du IIe siècle, mais elle rassemblait, semble-t-il, des fidèles qui n'avaient pas encore une bonne maîtrise du latin : dans son ouvrage contre les hérésies, leur évêque Irénée lui-même s'excuse d'écrire un latin peu châtié, du fait que son activité apostolique le conduisait à vivre au milieu de populations dont la langue était encore le gaulois [40].

Au IIIe siècle, d'autres communautés sont attestées à Autun, Dijon, Langres et Besançon [41], mais c'est au IVe siècle que la nouvelle religion se répand plus largement. A la fin de ce siècle, la plus grande partie de la population des villes est convertie, tandis que commence l'évangélisation des campagnes [42]. Mais cette dernière a dû être lente. C'est l'époque où, avec un sens aigu de l'efficacité, saint Martin de Tours décide de christianiser les fêtes populaires et les anciens lieux de culte [43]. Ainsi ont pu s'amalgamer, dans une espèce de syncrétisme, les traditions celtes, les coutumes religieuses venues de Rome et la nouvelle religion, tout cela dans les mêmes lieux de culte : en fréquentant les mêmes sanctuaires pour y célébrer aux mêmes dates des rites nouveaux, les populations se sont maintenues dans leurs lieux de résidence habituels et donc dans les anciennes divisions administratives. On sait en particulier que les diocèses s'étaient installés dans les cadres mêmes des cités romaines [44].

L'Église bénéficiera très vite de l'appui des grands seigneurs, qui la respectent et lui lèguent souvent leurs biens [45]. Riche et puissante, elle pourra prendre en charge l'organisation des écoles et finalement des universités. Ainsi la langue latine, qui, au plus tard au IVᵉ siècle, avait remplacé le grec en devenant officiellement la langue de la liturgie chrétienne en Occident, a-t-elle probablement dû jouer, dès cette époque, un rôle unificateur parmi les populations, qui se réunissaient à dates régulières dans des centres ecclésiastiques et dans la cité de l'évêque [46].

La conversion spectaculaire de Clovis

Clovis, roi des Francs, avait compris l'importance politique de cette nouvelle religion et, après avoir épousé Clotilde, une princesse burgonde chrétienne, il fait de sa conversion un « événement » : son baptême est célébré en grande pompe par Remi, l'évêque de Reims, le jour même de Noël (probablement en 496) [47]. Dès lors, il devient le protecteur de l'Église, désormais seule autorité morale en Gaule depuis le naufrage de Rome, après la chute de l'Empire romain d'Occident vingt ans plus tôt, en 476.

A sa mort, en 511, Clovis avait fondé un vaste royaume franc, qui cependant ne comprenait ni la Bretagne, ni l'Aquitaine, ni la Provence [48]. Dans ce royaume, où se côtoyaient des populations de langue germanique et de langue romane, l'Église, dont la langue est le latin, devient omniprésente : les monastères se multiplient et, avec leurs ateliers de copistes et leurs écoles, ils constituent des centres de diffusion de la culture gréco-latine.

Le latin parlé n'est plus ce qu'il était

Mais cette même Église n'a pas pu empêcher le latin, parlé, comme on l'a vu, par des bilingues, voire par des trilingues, d'évoluer et de se transformer profondément. Au IXᵉ siècle, cette langue parlée était devenue si différente du latin classique de l'école qu'en 813 le concile de Tours demande que les homélies soient traduites à la fois en *rustica romana lingua* et en *germanique*. Il recommande en outre aux prêtres de prêcher dans ces langues populaires afin de mieux être compris de l'ensemble des fidèles [49].

Or, non seulement les fidèles ne comprenaient plus le latin, mais, à la suite des invasions, l'enseignement s'était tellement dégradé que, même dans les écoles épiscopales, le latin n'était plus enseigné, en dehors des formules liturgiques et des prières [50]. On peut alors comprendre pourquoi le « vrai » latin n'était plus compris en Gaule.

Mais comment en était-on arrivé là ?

Charlemagne et le latin

Hors des contraintes de l'école et des institutions, la langue parlée avait pu se développer librement. Charlemagne, roi franc dont la langue n'était pas un dialecte roman mais un dialecte germanique, avait la plus grande admiration pour le latin et tenait à lui redonner tout son lustre. Devant ce latin méconnaissable, il veut redresser la situation. Il fait alors appel à des moines étrangers, venant pour la plupart de Grande-Bretagne, pour rendre à son peuple la connaissance et le goût de la langue latine que ce dernier avait perdus. Le plus connu est le savant Alcuin : dans le silence de son monastère insulaire, il avait su préserver la connaissance du latin authentique qui était sa lecture quotidienne, loin des altérations qu'il subissait sur le continent dans la bouche de ceux qui le parlaient tous les jours en le déformant depuis des siècles.

Installé par Charlemagne dans l'abbaye de Saint-Martin de Tours, Alcuin [51] avait aussi pour tâche de mettre à la portée des fidèles, qui ne comprenaient plus le « vrai » latin, le texte de la *Vulgate,* version latine de la Bible établie par saint Jérôme, quatre cents ans plus tôt.

Tous ces efforts se sont concrétisés dans ce qu'on a appelé la *renaissance carolingienne,* connue en particulier pour avoir réformé les modes d'écriture des livres en imposant la *caroline,* écriture cursive minuscule, plus claire, aux mots séparés et avec des majuscules au début des phrases. Cette renaissance carolingienne est aussi celle du latin qui, grâce à un enseignement rénové, reprenait vigueur et restait la seule langue écrite. Dans le désir d'éduquer les populations incultes, on reconstituait alors une langue qui ne se manifestait que sous forme écrite : de ce fait, elle redevenait une langue réservée aux lettrés.

En voulant éduquer les foules, on avait recréé une élite.

On croyait parler latin... et c'était déjà du gallo-roman

Ces efforts de Charlemagne avaient eu pour résultat la découverte d'un fait passé jusque-là inaperçu : cette langue que tous parlaient n'était plus du latin comme ils le croyaient. Sans crier gare, elle était devenue une langue différente, une langue romane... et non plus romaine, qui allait au cours des siècles subir encore d'autres transformations, avant de devenir le français que nous connaissons.

Dans le cadre de l'éducation des foules et pour donner accès à la *Vulgate,* écrite dans le latin classique de l'école, il devenait nécessaire d'élaborer des instruments de travail permettant aux populations de la comprendre à nouveau. Les VIIIe et IXe siècles sont l'époque des *glossaires,* qui sont de petits dictionnaires permettant de passer d'une langue à une autre. Le plus important, connu sous le nom de *Gloses de Reichenau,* contient plus de 1 300 mots où, en regard du mot latin, figure son équivalent roman, mais sous une forme latinisée. Un autre document, les *Gloses de Cassel,* donne en germanique le sens de 265 mots romans [52].

Comment parlait-on aux VIIIe et IXe siècles ?

Lorsqu'un linguiste affirme que tel mot avait telle forme à telle époque, qu'il se prononçait de telle façon ou qu'il avait tel sens, différent de celui que nous connaissons, il voit souvent briller dans l'œil de son interlocuteur une lueur d'amusement, où transparaît un rien de scepticisme. Sans l'aide du magnétophone, comment peut-on prétendre connaître la prononciation ou les nuances de sens de mots anciens ? Le linguiste a des moyens d'y parvenir et, pour le haut Moyen Age, il profite des multiples observations linguistiques pieusement recueillies par les moines, dans un tout autre but que de garder une trace de la langue parlée.

Les gloses deviennent alors des mines de renseignements dont la valeur est inestimable.

Les premiers dictionnaires : les *Gloses*

Les *Gloses de Reichenau* [53] se présentent donc comme un dictionnaire latin-roman donnant les équivalents romans de 1 300 mots latins. Pour nous, elles apportent en particulier la preuve écrite de l'existence, dans la langue parlée au VIIIᵉ siècle, de certains des mots que nous connaissons aujourd'hui, mais qui étaient inconnus en latin classique. (*Cf. encadré,* ci-dessous.)

POUR SAVOIR COMMENT ON PARLAIT AU VIIIᵉ SIÈCLE

LES GLOSES DES MOINES DE REICHENAU ET DE CASSEL

Les *Gloses de Reichenau* se présentent comme un dictionnaire latin-roman où les mots romans sont présentés sous une forme latinisée :

LATIN	ROMAN	FRANÇAIS D'AUJOURD'HUI
OVES	*berbices*	*brebis* (anc. fr. *berbis*)
VESPERTILIONES	*calvas sorices*	*chauves-souris*
COTURNIX	*quaccola*	*caille*
GALLIA	*Francia*	*France*
JECUR	*ficato*	*foie*

Les *Gloses de Cassel* [54], qui donnent la traduction d'un certain nombre de mots en germanique, complètent utilement les données des manuscrits de Reichenau.

On y trouve, par exemple, une forme *figido,* correspondant au mot *ficato* des *Gloses de Reichenau,* pour le mot « foie ». Cette forme intermédiaire permet de mieux comprendre les étapes du changement de prononciation entre *ficato,* forme très proche du latin FICATUM, et la forme actuelle *foie.* Située entre deux voyelles, la consonne *c* s'était d'abord affaiblie en *g,* avant de disparaître (*ficato - figido - foie*).

Ce même phénomène s'est produit, par exemple, dans les noms de lieux gaulois en *-magus,* où le *g,* placé entre deux voyelles, a disparu sans laisser de traces dans le français moderne. De même que *Rotomagus* a donné *Rouen, figido* est devenu *foie,* où le *g* n'est plus prononcé.

Ces données soulèvent un pan du voile, mais l'histoire des mots est encore plus difficile à reconstruire que l'histoire des populations, et des documents comme ceux des moines de Reichenau ou de Cassel ne sont qu'un des éléments nous permettant de retrouver les divers stades de l'évolution. Bien d'autres indices doivent être réunis pour expliquer, par exemple, pourquoi, pour désigner le « foie », ce n'est pas le mot JECUR (latin venu du grec) qui s'est transmis jusqu'à nous, mais le mot roman *ficato* qui est devenu en français *foie.* Le mot *ficato* est formé sur le mot latin FICUS « figue », et n'a apparemment rien à voir avec le « foie », si ce n'est que les Grecs, puis les Romains engraissaient leurs oies avec des figues, ce qui leur permettait d'obtenir des foies particulièrement charnus et savoureux. Le FICATUM JECUR ou « foie d'oie engraissée aux figues », très recherché, a dû devenir une expression si fréquente qu'elle a pu s'abréger en FICATUM (de même que nous disons aujourd'hui des *frites* par abréviation de *pommes de terre frites*). Le mot FICATUM a sans doute d'abord désigné uniquement le foie comestible des animaux. Son emploi s'est étendu par la suite à l'organe du corps humain [55].

Tous les mots glosés — c'est-à-dire traduits, expliqués — appartiennent au vocabulaire de la vie quotidienne, ce qui montre que c'est surtout dans ce domaine que la langue romane s'était différenciée du latin. Aujourd'hui, cependant, les anciennes formes latines ne sont pas absentes du français : c'est ainsi qu'on retrouve OVES « mouton » dans *ovin*, VESPER « soir » dans *vespéral* et dans *vêpres*, EQUUS « cheval » dans *équestre*, etc. Mais c'est beaucoup plus tard que, sous l'influence des lettrés qui connaissaient bien le latin classique, toutes ces formes ont été réintroduites en français.

Comment un nom devient un suffixe

Les *Gloses de Reichenau*, qui sont des témoignages très précieux pour le vocabulaire de l'ancien français, apportent aussi des indications sur les nouveaux modes de formation des mots. En lisant, par exemple, le mot latin SINGULARITER « individuellement », traduit en roman par le mot *solamente*, devenu *seulement* en français moderne, on peut constater que les adverbes de manière se formaient déjà à cette époque au moyen d'une périphrase avec -*mente*. Or, ce mot latin était, à l'origine, uniquement un substantif signifiant « esprit, manière d'être » et ne permettait pas, en latin classique, de former des adverbes qui, eux, se formaient grâce au suffixe -*iter* : *suaviter* « de façon agréable », *fortiter* « fortement, de façon énergique ». A ce propos, on raconte que Talleyrand, qui connaissait bien son latin classique, aurait un jour tenté de séduire une jeune femme qui semblait douter de ses charmes vieillissants, en lui déclarant : « *Non fortiter in re*, Madame, *sed suaviter in modo* » (mot à mot : « Non pas énergiquement dans l'acte, mais délicieusement dans la manière »).

La forme *solamente* dans les *Gloses de Reichenau* atteste l'existence au VIIIe siècle d'un suffixe devenu l'un des plus productifs des

SERMENTS DE STRASBOURG
(Extrait et traduction)

Prononcé en 842, ce texte est considéré
comme le premier témoignage écrit de la langue française.

Pro deo amur et pro christian poblo et nostro commun saluament d'ist di en auant, in quant Deus sauir et podir me dunat, si saluarai eo cist meon fradre Karlo, et in aiudha et in cadhuna cosa, si cum om per dreit son fradra saluar dift, in o quid il mi altresi fazet, et ab Ludher nul plaid nunquam prindrai qui meon uol cist meon fradre Karle in damno sit.

Pour l'amour de Dieu et pour le salut commun du peuple chrétien et le nôtre, à partir de ce jour, autant que Dieu m'en donne le savoir et le pouvoir, je soutiendrai mon frère Charles de mon aide et en toute chose, comme on doit justement soutenir son frère, à condition qu'il m'en fasse autant, et je ne prendrai jamais aucun arrangement avec Lothaire, qui, à ma volonté, soit au détriment de mondit frère Charles.

Si Lodhuuigs sagrament, que son fradre Karlo iurat, conseruat, et Karlus meos sendra de suo part non lo suon tanit, si io returnar non l'int pois, ne io ne neüls cui eo returnar int pois, in nulla aiudha contra Lodhuuig non li iu er.

Si Louis tient le serment qu'il a juré à son frère Charles, et que Charles, mon seigneur, de son côté n'observe pas le sien, au cas où je ne l'en pourrais détourner, je ne lui prêterai en cela aucun appui, ni moi ni nul que j'en pourrais détourner.

(Traduction de Ferdinand BRUNOT, *Histoire de la langue française,* Paris, 1966, tome I, p. 144.)

langues romanes, puisqu'il sert à former tous les adverbes en -*ment* en français [56], et ceux en -*mente* en italien, en espagnol ou en portugais.

Le premier « monument » de la langue française

Les *Serments de Strasbourg,* échangés en 842 entre deux des petits-fils de Charlemagne, Louis le Germanique et Charles le Chauve, pour se jurer, par serment, assistance et fidélité contre leur frère Lothaire, sont généralement considérés comme le premier « monument » de la langue française. Ces textes juridiques de quelques lignes seulement, écrits en langue romane et en langue germanique, parvenus jusqu'à nous dans une copie postérieure de plus d'un siècle à l'événement, sont importants pour l'histoire de la langue, car ils contiennent de nombreux indices d'évolution dont les textes ultérieurs montrent l'aboutissement.

Ainsi, par exemple, le copiste semble avoir hésité sur la forme écrite à donner aux voyelles finales inaccentuées. Il les a notées :

— par *a*, à la finale des féminins comme *aiudha* « aide », *cadhuna* « chacune »,

— soit par *a*, soit par *e*, dans *fradra, fradre* « frère » (où l'on attendrait un *e*, attesté en latin classique),

— soit par *e*, soit par *o*, dans *Karle, Karlo* « Charles » (où l'on attendrait un *o*),

— soit *o* dans *nostro* « notre », *poblo* « peuple ».

Ces hésitations graphiques pourraient être des indices de prononciations incertaines, faiblement articulées et mal identifiables à l'oreille. Cette hypothèse se trouve confirmée par des textes ultérieurs, où la graphie est uniformément *e* dans tous les cas. Les *Serments de Strasbourg* (*cf. encadré*, p. 66) apportent ainsi des éléments pour l'histoire de toutes ces voyelles inaccentuées qui, après une période d'incertitude, se sont finalement confondues en un seul timbre *e*. Ce texte permet par la même occasion de constater que, dans des mots comme *chacune, aide, frère, Charles, notre, peuple*, la chute des voyelles finales du latin, qui est effective dans la prononciation d'aujourd'hui, n'avait pas encore eu lieu à cette date. L'articulation de ces voyelles devait seulement être affaiblie.

Un nouveau futur

Malgré sa brièveté, ce texte nous renseigne non seulement sur la prononciation et le vocabulaire, mais aussi sur certaines formes grammaticales.

Le futur des verbes se formait en latin classique en ajoutant au radical du verbe la désinence *-bo, -bis,* etc. Sur LAVARE « laver », on formait LAVA-BO « je laverai », LAVA-BIS « tu laveras », etc. Ce type de formation a été abandonné dans toutes les langues romanes, qui ont innové en formant le futur de leurs verbes au moyen de l'infinitif suivi des formes conjuguées du verbe *avoir :* je *laver-ai,* tu *laver-as,* etc. (*Cf. encadré*, p. 68.)

Dans ce court texte des *Serments de Strasbourg*, nous avons la chance de trouver deux de ces nouvelles formations du futur, typi-

---

FORMATION D'UN NOUVEAU FUTUR

JE LAVERAI = LAVER + AI

Parce qu'elles s'écrivent en un seul mot, les formes du futur nous font oublier qu'elles se composent de deux éléments : l'**infinitif** du verbe et le présent de l'auxiliaire **avoir**.

En ce qui concerne le sens, on a pu passer de la notion d'obligation, d'un acte qu'on a à faire, à la notion de futur. Ainsi, dans la vie courante, il arrive qu'on dise : « Qu'avez-vous à faire ce matin ? » dans le sens de « Que ferez-vous ce matin ? »

INFINITIF	+	avoir	=	FUTUR
laver	+	ai	=	laverai
laver	+	as	=	laveras
laver	+	a	=	lavera
laver	+	(av)ons	=	laverons
laver	+	(av)ez	=	laverez
laver	+	ont	=	laveront

On constate une réduction de la forme finale de l'auxiliaire aux 1re et 2e personnes du pluriel, où l'on n'a pas *laver-avons*, ni *laver-avez*, mais *lave-rons, laverez*.

---

quement romanes : *salvarai* « je sauverai » (*salvar* « sauver » + 1re personne de *avoir*) et *prindrai* « je prendrai ». Cette attestation permet d'établir que ce type de futur, formé au moyen de l'auxiliaire *avoir,* existait déjà dans la langue de la seconde moitié du IXe siècle. En fait, elle est probablement plus ancienne, puisque cette formation du futur est commune à la majorité des langues romanes.

Des exemples de changements linguistiques

Les changements qui se sont produits depuis les premières invasions, pour aboutir, près de dix siècles plus tard, à la naissance d'un français écrit, sont trop nombreux et trop complexes pour qu'il soit possible de les décrire ici, ou même seulement d'en énumérer les différentes phases. Des ouvrages d'érudition [57] fort bien documentés et très détaillés, ainsi que des présentations à la portée des non-spécialistes et des étudiants débutants [58], pourront être consultés pour une vue plus complète de la question.

Rappelons qu'à chacune des époques ce sont seulement quelques exemples de l'histoire de la langue qui sont exposés ici à titre d'illustrations, sans que l'élément choisi soit forcément le plus important ni le plus significatif. C'est souvent une particularité de la langue d'aujourd'hui, reliquat d'un état de langue passé, qui sert de point de départ à la présentation.

Comment *chevals* a pu devenir *chevaux*

La formation des pluriels du type *chevaux,* par exemple, est très ancienne, et peut-être a-t-elle commencé dès le VIIᵉ siècle, mais la question est controversée (VIIᵉ, VIIIᵉ ou IXᵉ siècle ?). Elle semble en tout cas achevée avant le milieu du XIIᵉ siècle [59].

Pour comprendre par quels stades on a pu passer de la succession -*als* (pluriel de *cheval*), où la voyelle *a* et les deux consonnes *l* et *s* étaient prononcées, à ce que nous écrivons -*aux* et que nous prononçons *o,* il faut tout d'abord savoir que la consonne *l* ne se prononçait pas en latin, puis en ancien français, comme elle se prononce aujourd'hui. On peut se faire une idée de cette ancienne prononciation en écoutant un Portugais prononcer le nom de son pays, le Portuga*l*. On y perçoit, après le *l*, comme un écho vocalique proche de la voyelle que nous écrivons *ou,* un peu à la manière dont Georges Marchais, secrétaire du parti communiste français, prononce aujourd'hui la fin du mot *scandale.*

A l'époque de la formation de la langue française, l'articulation du *l* restait devant une voyelle à peine teintée de la coloration *ou,* tandis que, devant une consonne de la même syllabe, elle aboutissait au son qui commence le mot *oui* en français (le même son que celui qui termine le mot *cow* en anglais ou le mot *Blau* en allemand). Comme le pluriel se formait en ajoutant un *s* (toujours prononcé) à la fin du mot au singulier, on prononçait donc *cheval, mal* au singulier, mais *chevaouss, maouss* au pluriel. Cette prononciation était de règle non seulement devant un *s* de pluriel, mais aussi devant n'importe quelle autre consonne finale de syllabe à l'intérieur d'un mot : ainsi le mot venant de ALBA « aube » se prononçait *aoube,* celui venant de TALPA « taupe » se prononçait *taoupe,* etc.

De la même façon, on peut expliquer ce qui apparaît aujourd'hui comme des irrégularités dans la conjugaison du verbe *valoir,* où le *l* a pris le timbre de *ou* devant une consonne finale de syllabe : *il vaout* (où le *t* final a été longtemps prononcé), devenu aujourd'hui *il vaut,* tandis qu'il est resté *l* dans *va-lons, va-lez, va-loir,* où il n'était pas en finale de syllabe.

La réduction de la succession *aou* à une voyelle unique prononcée *o,* comme dans *il vaut* en français moderne, s'est produite beaucoup plus tard.

Elle semble acquise à Paris au XVIe siècle.

Sans se mettre martel en tête

Ce même *l* a subi le même sort non seulement après *a* (ALBA > *aoube*), mais aussi après les autres voyelles. C'est ainsi que *beau* remonte à BELL(US) (avec une forme intermédiaire *beaou*), *marteau* à MARTELL(US) et *fou* à FOLL(IS). Étant donné les prononciations actuelles de *beau, marteau, fou* et *nouveau,* il vous est peut-être difficile d'accepter sans discussion la présence ancienne d'un *l* dans ces mots. Et cependant, « sans se mettre **martel** en tête, on peut **bel** et bien donner un **nouvel** élan à cette consonne *l* dans le parler d'aujourd'hui, dans un **fol** amour des formes désuètes ». *Martel* vit donc encore un peu à côté de *marteau,* ainsi que *bel, fol* et *nouvel* en face de *beau, fou* et *nouveau.*

La renaissance carolingienne et le latin

De cette période des IXe et Xe siècles, en dehors des *Gloses,* d'autres textes nous ont été conservés. Le plus connu est une suite de 29 vers, la *Séquence* (ou *Cantilène*) *de sainte Eulalie,* qui raconte la vie exemplaire d'une jeune fille martyrisée au IVe siècle. Un autre texte se présente sous la forme d'un commentaire, en langue romane, au milieu d'un sermon en latin sur Jonas, probablement en application de la décision du concile de Tours, qui enjoignait d'aider les fidèles à mieux comprendre la liturgie. Mais ni les *Serments de Strasbourg,* ni les récits de style épique, ni les sermons commentés ne présentent un intérêt réel sur le plan littéraire. (*Cf.* encadrés, p. 71.)

En revanche, pour l'historien de la langue, quelle aubaine ! Sans être un reflet fidèle de la langue parlée, ces textes constituent néanmoins les seuls témoignages actuellement disponibles, d'un état de langue intermédiaire entre le latin et le français. Sans eux,

LES PREMIERS ÉCRITS EN TRÈS ANCIEN FRANÇAIS

Jusqu'au IXe siècle, toutes les œuvres littéraires étaient rédigées en *latin :*

— au IVe siècle : Ausone (310-385), *Épîtres ;*
— au Ve siècle : Sidoine Apollinaire (430-486), *Lettres ;*
— au VIe siècle : Grégoire de Tours (538-594), *Histoire des Francs.*

On peut ajouter le texte qui vient en commentaire sur la *Tapisserie de Bayeux* (fin du XIe siècle).

Les premières œuvres en *très ancien français* sont rares et très brèves. On peut citer :

— fin IXe : *Cantilène de sainte Eulalie* (29 vers), probablement composée dans l'abbaye de Saint-Amand, près de Valenciennes ;
— fin X^e : *Vie de saint Léger* (240 vers), sans doute écrite par un Bourguignon, mais le manuscrit est attribué à un scribe provençal ;
— fin XIe : *Vie de saint Alexis* (625 vers), peut-être écrite en Normandie.

Un peu de très ancien français

Buona pulcella fut Eulalia,
Bel avret corps bellezour anima.
....
Enz enl fou la getterent, com arde tost ;
Elle colpes non avret, por o no's coist.

    Eulalie était une jeune fille vertueuse
    Elle avait un beau corps et une âme encore plus belle
    ....
    Dans le feu ils la jetèrent, afin qu'elle brûlât vite
    Elle n'avait pas commis de fautes, pour cela, elle ne brûla pas.

Cantilène de sainte Eulalie (vers 1-2 et 19-20)

---

comment comprendre la présence côte à côte, dans les premiers textes littéraires du XIIe siècle, de formes dont l'évolution semble normale, comme *frère,* et de formes qui ne semblent pas avoir subi d'évolution, comme *fraternel* ? Dans le mot *frère,* tel que nous le connaissons aujourd'hui, on constate en effet la disparition du *t* du latin FRATREM (dont on a vu, dans les *Serments de Strasbourg,* une forme intermédiaire avec un *d : fradre*), alors que ce *t* est encore présent dans *fraternel.* La règle, selon laquelle un *t* (ou *tr*) latin, situé entre deux voyelles, a évolué en *d,* puis s'est affaibli au point de disparaître, serait-elle donc fausse, puisqu'on trouve, au XIIe siècle, *fraternel* avec un *t* ?

Il existe pourtant des centaines d'exemples confirmant cette évolution du latin au français :

ESPATHA > *espethe* > *épée* (la graphie *th* se trouve dans les manuscrits écrits en Angleterre)

VENUTA > *venude* > *venue,* ainsi que tous les participes passés latin en *-tus, -ta, -tum,* qui ont évolué de la même manière

MATURUM > *madhur* > *meür* > *mûr*

(A)QUITANIA > *Guyenne* (prononcé *Ghienne*).

Et nous avons déjà vu :

ROTOMAGUS > *Rouen*

MUTARE > *mudhare* > *mudher* > *muer.*

Nous sommes tous des latinistes

Si donc cette règle est générale, si les mots latins du type *fratrem* doivent « régulièrement » donner des mots français du type *frère,* d'où viennent alors des formes comme *fraternel,* qui semblent avoir échappé au laminage de l'évolution ?

Ce grand désordre que l'on constate dans les formes du français moderne date de Charlemagne. La renaissance carolingienne, qui cherchait à améliorer la connaissance du latin, réintroduisait peu à peu des quantités de mots latins dont elle réglementait la prononciation. De ce fait, elle réprimait les habitudes de prononciation acquises au cours des siècles précédents et, par contrecoup, en voulant agir en faveur du latin, c'est sur la langue vulgaire qu'elle agissait. Ces emprunts au latin n'ont pris des proportions considérables qu'aux XIIe et XIIIe siècles, lorsque les mesures prises par la réforme carolingienne dans les écoles ont porté leurs fruits.

Mais, en tout état de cause, le IXe siècle marque le début d'une nouvelle attitude, qui s'est poursuivie jusqu'à nos jours. A partir de Charlemagne, l'histoire de notre langue n'est plus seulement celle d'un idiome qui vit et se modifie au rythme des besoins de ses usagers : des instances supérieures, ecclésiastiques ou nationales, dans le dessein de l'améliorer, de la protéger et de l'enrichir, vont chercher à prendre son destin en main. Charlemagne préfigure ainsi les gardiens du « bon usage » que seront par la suite l'Académie française, le grammairien Vaugelas, le Haut Comité de la langue française ou notre actuel Commissariat général à la langue française.

C'est parce que l'habitude a été prise, depuis plus d'un millénaire, de puiser dans le vocabulaire latin ou grec pour renouveler le vocabulaire français que des formes savantes comme *fragile, hôpital* ou *fraternel* côtoient aujourd'hui dans nos conversations des formes populaires comme *frêle, hôtel* ou *frère*. Nous voilà donc tous des latinistes sans le savoir, puisque nous employons les mots « latins » : *fragile* (de FRAGILIS), *hôpital* (de HOSPITALIS) et *fraternel* (de FRATERNALIS), mais sans nous en rendre compte, comme M. Jourdain faisait de la prose sans le savoir. Et si des gens cultivés ne savent pas toujours eux-mêmes que *fragile* est un latinisme (du latin FRAGILIS), tandis que *frêle* est la forme populaire issue du même latin FRA(GI)LEM, c'est que, depuis des siècles, formes savantes et formes populaires se mêlent dans notre langue sans choquer personne. Il y a longtemps que les francophones ne s'étonnent plus que le substantif correspondant à *aigu* soit *acuité* (c'est-à-dire qu'il soit formé sur le latin ACUTUS et non pas sur le français *aigu*) ou que l'adjectif correspondant à *père* soit *paternel* (construit sur PATER et non pas sur *père*).

Les formes du français sont contraignantes

Plaignons seulement ceux qui veulent apprendre notre langue et qui doivent alors mémoriser à la fois *entier* et *intégrité, vide* et *vacuité, proche* et *proximité,* ou, pis encore, *aveugle* et *cécité* (et si *aveuglement* existe aussi, il n'a plus aujourd'hui le même sens que *cécité* et ne peut donc pas le remplacer).

Il peut être instructif de comparer les structures rigides du vocabulaire français à la liberté d'action qui existe chez certains de nos voisins. En anglais, par exemple, avec le suffixe -*ness,* on peut, presque sans restriction, former des séries de substantifs : *empty, emptiness ; blind, blindness,* etc. En français, l'adjectif et le substantif correspondant ont rarement une base commune. On comprend alors pourquoi la langue française a la réputation d'être si difficile à apprendre. Mais n'est-ce pas là, pour certains, une partie de son charme ?

L'INTERMÈDE VIKING

Les Vikings, des Germains venus du froid

Alors que notre langue s'engageait dans la voie d'une re-latinisation partielle, de nouveaux envahisseurs, venus du froid, allaient abandonner leur propre langue pour adopter la nôtre.

C'est tout au début du IXe siècle que les Vikings, ces grands hommes blonds descendus de Scandinavie, font leurs premiers raids sur les côtes de la Manche et poussent leurs incursions à l'intérieur des terres, parfois jusqu'à Paris et même jusqu'en Bourgogne [60]. En 911, le roi Charles le Simple finit par leur céder une partie du littoral de la Manche, celle qui deviendra le duché de Normandie. A partir de ce moment, ces Normands (ou « hommes du nord »), installés sur leurs propres terres, renoncent définitivement au pillage et s'intègrent à la population. Comme ils étaient venus sans femmes, ils épousent les belles indigènes et leurs coutumes, et finissent par adopter leur langue. Leurs enfants apprennent donc à parler la langue romane de leur mère, si bien qu'après 940, aucun document écrit ne permet de confirmer que la langue scandinave vivait encore sur le territoire [61].

Au bout de trois générations, l'intégration des Normands est définitive, et c'est même grâce à eux que notre langue va traverser la Manche. En effet, Guillaume le Normand conquiert l'Angleterre en 1066, partage le pays entre ses barons, et le français y devient la langue de l'aristocratie, de la Cour, des tribunaux et de la religion. On retrouve d'ailleurs facilement dans le vocabulaire anglais l'origine française de toute une série de termes introduits en anglais à cette époque, dans le domaine politique (*crown, council, count, court, duke, justice, obedience...*), dans le domaine ecclésiastique (*abbot, cardinal, charity, grace, mercy, pilgrim, sacrament...*) ou dans celui de la vie courante (*catch, county, pay, peace, poor, poverty, rich, treasure, wait...*) [62].

Richard Cœur de Lion, roi d'Angleterre à la fin du XIIe siècle, pour qui combattait son contemporain légendaire Robin des Bois, parlait français. Il est vrai qu'il était le fils d'Aliénor d'Aquitaine, devenue reine d'Angleterre après son divorce d'avec le roi de France Louis VII. Il faut attendre le début du XVe siècle pour trouver en Angleterre un roi, Henri IV de Lancastre, qui pratique l'anglais comme langue maternelle [63]. Aujourd'hui encore, les armoiries de la Grande-Bretagne portent, en français, l'inscription : « Dieu et mon droit ». De même, la plus haute distinction de la noblesse anglaise, l'ordre de la Jarretière, conserve respectueusement comme devise l'exclamation du roi Édouard III, renouant, au cours d'un bal, la jarretière de sa maîtresse : « Honni soit qui mal y pense ». On était en 1347, en plein XIVe siècle, et le roi d'Angleterre, comme toute sa cour, ne parlait pas moins français que son cousin le roi de France Philippe VI qu'il venait de battre à Crécy.

De plus, c'est en Angleterre que Palsgrave fait paraître en 1530 la première grammaire française, rédigée bien entendu en anglais, pour les habitants de cette Angleterre où l'on continuera à rendre la justice en français jusqu'au milieu du XVIIIe siècle (1731) [64].

On peut se demander ce qu'il serait advenu de la situation linguistique de la France et de l'Angleterre si Jeanne d'Arc n'avait pas réussi à « bouter les Anglois hors de France » et si les Anglais avaient finalement triomphé. Dans ce cas, le roi d'Angleterre serait devenu légalement le roi de France et le français aurait eu de grandes chances de devenir la langue officielle des deux royaumes. Mais ne peut-on pas aussi imaginer un conflit prolongé entre les deux langues qui aurait pu aboutir à la situation présente ?

Le français enrichit l'anglais (ou le *franglais* à rebours)

Les Normands ont en tout cas marqué d'une forte empreinte française la langue anglaise, dont le lexique porte encore aujourd'hui la marque de leur passage.

D'une manière générale, les mots d'origine française (normande) correspondent à des usages plus recherchés, souvent plus spécialisés ; ceux d'origine anglo-saxonne, à des usages plus familiers, plus adaptés aux réalités pratiques. Il suffit de comparer, par exemple :

to combat et to fight	to finish et to end
to conceal et to hide	to gain et to win
cordial et hearty	to mount et to go up
economy et thrift	to perish et to die
egotism et selfishness	to retard et to keep back
to expectorate et to spit	to tolerate et to put up with

De même, pour la fleur cultivée, c'est le mot *fleur* qui est à l'origine de *flower*, tandis que *bloom* et *blossom*, d'origine germa-

---

LE « FRANGLAIS » À REBOURS

C'est notamment à partir de la conquête normande (1066) que des centaines de mots français ont été introduits dans la langue anglaise. Le français, en Angleterre, est pendant quelques siècles la langue de la classe dirigeante et, en 1298, on affirme encore qu'en Angleterre, « à moins de connaître le français, on n'est guère considéré ».

Certains mots empruntés à l'ancien français sont aujourd'hui méconnaissables :

— *caterpillar* « chenille », de l'ancien français *chatepelose* « chatte poilue »
— *duty* « devoir », de *dueté*, ancien dérivé de *devoir*
— *parson* « curé », de *personne* (de rang important)
— *match* « allumette », de l'ancien français *meiche* « mèche »
— *mushroom* « champignon », de *mousseron*
— *plenty* « beaucoup », de l'ancien français *a plente* « à foison »
— *toast* « tranche de pain grillé », de l'ancien français *toster* « rôtir »
— *fuel* « combustible », de l'ancien français *fouaille* « ce qui alimente le foyer ».

Les emprunts au français dans les mots suivants sont plus aisés à reconnaître. Ils ne font généralement pas double emploi avec le vocabulaire d'origine anglo-saxonne.

origine française	origine anglo-saxonne
meagre « maigre », de peu d'importance	lean « maigre, sans graisse »
to demand « exiger »	to ask for « demander »
to abandon « abandonner, renoncer »	to give up « laisser tomber »
to labour « peine, se donner du mal »	to work « travailler »

nique, désignent les fleurs des arbres. Pour les préparations culinaires élaborées, on trouve *veal, mutton* et *beef* (du français *veau, mouton* et *bœuf*), en opposition aux formes traditionnelles germaniques *calf, sheep* et *ox*, qui désignent les animaux sur pied.

Les emprunts ont continué jusqu'à ce jour. Aux XIIIe et XIVe siècles, à l'époque où les classes supérieures étaient effectivement bilingues, ils ont été considérables. Parmi beaucoup d'autres, on peut citer :

— *bachelor* (vx fr. *bachelier* « aspirant chevalier », puis « célibataire ») ;

— *bargain* (vx fr. *bargaignier* « commercer, hésiter » > *barguigner*) ;

— *constable* (vx fr. *cunestable* > *connétable*) ;

— *foreign* (vx fr. *forain*) ;

— *purchase* (vx fr. *pourchacier* « tenter d'obtenir ») ;

— *squire* (vx fr. *esquier* > *écuyer*), etc.

Voici encore, avec leur orthographe anglaise, au milieu de milliers d'autres, des mots passés du français en anglais :

au XVIe s. — *promenade, colonel, portmanteau, moustache, scene, vogue*, etc.

au XVIIe s. — *dishabille, liaison, repartee, burlesque, bureau, brunette, cabaret, concierge, fiacre, double entendre, nom-de-plume, faux pas...*

au XVIIIe s. — *bouquet, boulevard, connoisseur, liqueur, envelope, nuance, souvenir, carte blanche, fauteuil, brochure, picnic...*

au XIXe s. — *format, cliché, chef* (de cuisine), *menu, restaurant, gourmet, secretaire, entente, parvenu, blasé, bête noire...*

au XXe s. — *garage, crêpe, dressage, existentialism...* [65]

Aujourd'hui encore se manifestent donc quotidiennement dans la langue anglaise les effets de cette langue française transportée en Angleterre par les Normands, il y a plus de neuf cents ans. (*Cf. encadré*, p. 76 et également p. 186.)

QUELQUES TOPONYMES D'ORIGINE SCANDINAVE

Des noms de villes aux sonorités aussi françaises que *Honfleur, Harfleur* ou *Barfleur* n'ont rien à voir avec les fleurs, car leur élément final provient d'un mot scandinave signifiant « baie, crique ».

Dans le toponyme *Le Houlme,* on retrouve le même suffixe *-holm* « rivage, île » que dans *Stockholm,* et dans *Le Torp Mesnil, torp* signifie « village ».

Un autre mot, *toft,* signifiant « ferme », puis « village », a servi à former un grand nombre de noms de lieux normands :

Esquetot (Eure), « la ferme du frêne » (*cf.* anglais *ashtree* « frêne »).

Appetot (Eure), « la ferme du pommier » (*cf.* anglais *apple* « pomme »).

(On trouve d'ailleurs le même toponyme au Danemark, sous la forme *Æbeltoft* « la ferme du pommier », dans le Jutland.)

Lintot (Seine-Mar.), « la ferme du tilleul » (*cf.* allem. *Linden* « tilleul »).

Robertot (Seine-Mar.), « la ferme de Robert », de même *Yvetot,* etc.[66]

Les témoignages de l'invasion normande

Ces pillards normands devenus gentilshommes avaient donc très vite abandonné leur propre langue scandinave, cousine germanique de l'anglais et de l'allemand. Les enfants, élevés par leur mère, d'origine française, ne l'ont pas apprise. Pourtant, cette langue scandinave n'a pas disparu sans laisser quelques vestiges, modestes mais toujours présents, dans le français d'aujourd'hui : quelques dizaines de noms de familles et de lieux (*encadré,* ci-dessus), ainsi que quelques éléments lexicaux, essentiellement dans le domaine maritime.

Balbec, ou la géographie imaginaire de Marcel Proust

Le mot signifiant « ruisseau » apparaît sous la forme *-bec* (*cf.* allemand *Bach* « ruisseau ») dans de nombreux noms de lieux normands : *Caudebec* (Eure), *Annebec* (Calvados), *Bolbec* (S.-M.), *Houlbec* (S.-M.), *Beaubec* (S.-M.), etc. Mais il faut résister à la tentation d'ajouter à cette liste de toponymes le plus célèbre d'entre eux, *Balbec,* qui tient une si grande place dans *A la recherche du temps perdu.* Vous ne le trouverez pas sur la carte, car il n'existe pas.

Seuls, sans doute, les spécialistes de l'œuvre de Proust savent que *Balbec* est une création du romancier : il en a fait une ville où se confondent et s'amalgament de façon impressionniste les paysages et les monuments de *Trouville*, de *Cabourg*, de *Dives*, et peut-être d'autres lieux encore [67].

Les quelques mots français d'origine scandinave

Au contact des Vikings, c'est le vocabulaire de la mer qui s'est enrichi d'une série de mots qu'utilisent aujourd'hui surtout les amateurs de voile : *cingler* « faire voile », *hauban* « cordage maintenant un mât », *hune* « plate-forme reposant sur un mât », (prendre un) *ris* « (diminuer) la surface de la voilure ». Plus largement répandus sont des mots comme le *turbot* (le poisson) et surtout la *vague*. Tels sont les petits cadeaux posthumes que nous ont finalement laissés en héritage ces populations, venues à l'origine pour voler et piller.

LE TEMPS DES DIALECTES

Le morcellement linguistique au Moyen Age

L'influence des envahisseurs germaniques, comme on l'a vu, peut expliquer une partie des différences régionales que l'on constate dans les langues parlées au Moyen Age. (*Cf. Langue d'oïl, langue d'oc et francoprovençal*, p. 48-50.) Elle ne peut les expliquer toutes. Comment concevoir, en effet, qu'à partir du latin venu de Rome, on en soit arrivé quelques siècles plus tard à un morcellement linguistique tel que chaque région avait son dialecte ? Car, au Moyen Age, l'habitant du Limousin ne comprenait pas grand-chose à la langue parlée en Bourgogne, et aucun des deux ne comprenait ce que disait un Parisien. Chacun d'entre eux pratiquait une seule langue, le parler de sa région, et seuls les clercs savaient le latin, qui était, de plus, la seule langue écrite.

Pour essayer de s'expliquer comment s'est produite cette différenciation en dialectes divers, il faut se rappeler les conditions de vie sous le régime féodal. Fondée sur les relations de vassal à suzerain, la vie s'organisait sur la terre du seigneur, autour du château. Le seigneur était ainsi amené à avoir de multiples rapports avec les paysans, dont il devait pouvoir se faire comprendre, mais il ne fréquentait guère ses pairs, sinon à de rares occasions. C'est donc à l'intérieur des limites d'un fief qu'ont dû naître et se développer des divergences, d'abord minimes, mais qui ont pu s'accentuer lorsque les conditions géographiques augmentaient l'isolement de deux domaines contigus. Inversement, dans le cas où des contacts entre deux communautés voisines pouvaient s'établir et se multiplier, chaque communauté adaptait son parler au parler de l'autre, empêchant ainsi les différences de se creuser. Les villes de marché, avec leurs foires, qui drainaient à certaines périodes des gens de divers domaines, agissaient aussi dans le sens de l'uniformisation.

Il y a donc des différences, plus ou moins accidentelles, entre des aires dialectales voisines, telles qu'on peut les reconstituer pour le Moyen Age. Leurs limites exactes ne peuvent pas être précisées : elles dépendent à la fois des conditions géographiques naturelles et des voies de communication, mais aussi des frontières ecclésiastiques et des relations politiques entre les seigneurs.

Paris s'éveille

La survivance dans la France contemporaine de ces divers parlers, surtout dans les milieux ruraux, ne donne qu'une idée très approximative de ce qu'était le pays au Moyen Age, car aujourd'hui le français règne partout, alors qu'à cette époque il n'était qu'un des dialectes parmi d'autres.

La langue commune ne serait peut-être pas aujourd'hui le français s'il ne s'était produit à la fin du Xe siècle un événement capital pour l'histoire de ce dialecte : en 987, Hugues Capet est *élu* roi par les grands du royaume, soutenus par les représentants de l'Église. Or, Hugues Capet était duc de France, c'est-à-dire de ce qu'on appelle aujourd'hui l'Ile-de-France, et son duché, qui deviendra le domaine royal, est très réduit. On peut voir sur la carte (*cf. encadré*, p. 83) qu'il se limite à Paris et à ses alentours immédiats, à une partie de l'Orléanais et du Vermandois, à la région d'Attigny sur l'Aisne et à une petite fenêtre sur la Manche près de Montreuil (Pas-de-Calais).

Quelque deux cents ans plus tard, à l'avènement de Philippe Auguste, en 1180, le domaine royal s'est considérablement agrandi autour de Paris, surtout en direction du sud et de l'est.

En consultant une carte routière, on peut retrouver facilement autour de Paris toute une série de localités, telles que *Baillet-en-France, Belloy-en-France, Bonneuil-en-France, Châtenay-en-France, Puiseux-en-France* et bien entendu *Roissy-en-France*, qui témoignent de l'emplacement de l'ancien duché et qui rappellent la plus ancienne implantation franque dans notre pays. (*Encadré,* p. 83, dans la partie agrandie.)

Pourquoi Paris ?

Reste à comprendre pourquoi le parler de Paris a fini par l'emporter. Un ensemble de circonstances a dû jouer dans ce sens.

Géographiquement, Paris avait une position très favorisée. Située à proximité du confluent de trois cours d'eau importants, la Seine, l'Oise et la Marne — d'où son nom « Ile » de France —, la région parisienne semble avoir très vite formé le centre naturel d'un domaine linguistique qui s'étendait à la fin du Moyen Age jusqu'à la Loire. A l'ouest Blois et Tours, à l'est Troyes et Reims ont des parlers peu différents de ceux de Paris [68].

A cette situation géographique exceptionnelle, il faut ajouter des raisons économiques et culturelles : la proximité immédiate d'une région très fertile, le grenier à blé que constituent la Beauce et la Brie, et un peu plus tard le mouvement littéraire, soutenu par la Cour, qui a contribué à rehausser le prestige de la langue de l'Ile-de-France. La littérature qui naît dans cette région à la fin du XIe siècle comprend au début surtout des chansons de geste, sortes de longs poèmes épiques qui étaient chantés par des jongleurs dans les foires ou les réunions populaires. C'était une littérature qui exaltait les exploits d'hommes exceptionnels, écrite dans une langue sans recherche excessive, car elle devait être comprise par le peuple.

A partir du XIIe siècle prend naissance un nouveau genre, le roman « courtois », où, sous l'influence de la littérature des pays d'oc, s'expriment des sentiments délicats, avec des raffinements dans l'expression que ne connaissaient pas les chansons de geste. Le poète — *troubadour* dans le sud, *trouvère* dans le nord du pays — y fait inlassablement sa cour à la dame de ses pensées, dans une langue pleine de subtilités, qui enthousiasme la noble société des châteaux. C'est l'époque des croisades, les seigneurs sont au loin et leurs épouses restées seules dans leurs domaines apprécient plus les histoires d'amour que les récits guerriers. Introduit à la cour du roi par Marie de Champagne, fille d'Aliénor d'Aquitaine, ce nouveau genre littéraire acquiert ses lettres de noblesse avec des poètes comme Chrétien de Troyes (v. 1135-v. 1183), qui était lui-même le protégé de Marie de Champagne. (*Cf. encadré*, p. 84.)

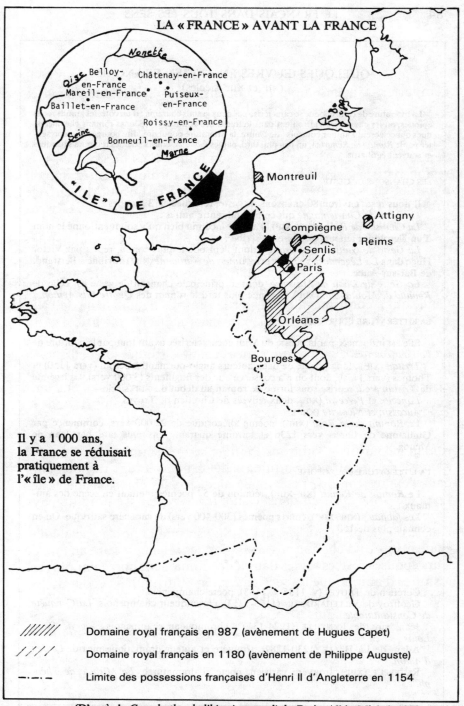

LA « FRANCE » AVANT LA FRANCE

Nonette

Oise

Belloy-en-France

Châtenay-en-France

Mareil-en-France

Puiseux-en-France

Baillet-en-France

Roissy-en-France

Seine

Bonneuil-en-France

Marne

« ÎLE » DE FRANCE

Montreuil

Attigny

Compiègne

Reims

Senlis

Paris

Orléans

Bourges

Il y a 1 000 ans,
la France se réduisait
pratiquement à
l'« île » de France.

///////   Domaine royal français en 987 (avènement de Hugues Capet)

////   Domaine royal français en 1180 (avènement de Philippe Auguste)

-·-·-   Limite des possessions françaises d'Henri II d'Angleterre en 1154

(D'après le *Grand atlas de l'histoire mondiale,* Paris, Albin Michel, 1979, p. 125)

QUELQUES ŒUVRES EN ANCIEN FRANÇAIS
(XIIᵉ et XIIIᵉ siècles)

La littérature de cette époque se caractérise par deux grands courants : d'un côté, les grands récits épiques, où les chevaliers s'affrontent dans le fracas des armures et les longs romans chevaleresques qui célèbrent l'amour courtois ; de l'autre, la littérature populaire, dite bourgeoise, représentée par le *Roman de Renart* et, un peu plus tard, par les *fabliaux*, courts poèmes toujours satiriques et souvent égrillards.

LES CHANSONS DE GESTE

Il nous reste environ 80 chansons de geste, réparties en 3 groupes :
La Geste de Charlemagne qui comprend, entre autres :
La Chanson de Roland (XIᵉ-XIIᵉ), d'auteur inconnu bien qu'y soit mentionné le nom d'un Turoldus : auteur, trouvère ou scribe ?
La Geste de Guillaume d'Orange, dont l'épisode le plus connu, repris par Victor Hugo dans *La Légende des siècles,* est : *Aimeri de Narbonne* (XIIIᵉ) attribué à Bertrand, de Bar-sur-Aube.
La Geste de Doon de Mayence, dont la principale chanson de geste est celle de *Renaud de Montauban* (XIIIᵉ), devenue plus tard le roman des *Quatre Fils Aymon.*

LA LITTÉRATURE COURTOISE

Elle est influencée par la poésie du Midi et caractérisée avant tout par la peinture de *l'amour courtois.*
Tristan (XIIᵉ) : long poème de deux auteurs anglo-normands, Beroul (vers 1150) et Thomas (vers 1170), dont on n'a conservé que des fragments (3 000 vers). La légende de *Tristan* a été reprise sous forme de roman au début du XIIIᵉ siècle.
Lancelot et *Perceval* (XIIᵉ), deux œuvres de Chrétien de Troyes.
Aucassin et Nicolette (XIIIᵉ).
Le *Roman de la Rose* (XIIIᵉ), poème allégorique de 22 000 vers, commencé par Guillaume de Lorris vers 1236 et terminé quarante ans plus tard par Jean de Meung.

LA LITTÉRATURE BOURGEOISE

Le *Roman de Renart* (XIIᵉ-XIIIᵉ), réunion de 57 poèmes mettant en scène des animaux.
Les *fabliaux* (XIIIᵉ-XIVᵉ), courts poèmes (300-400 vers) de caractère satirique. On en connaît plus de 150.

*

Chrétien de TROYES (v. 1135-v. 1183), poète champenois.
Geoffroy de VILLEHARDOUIN (1165-1213), chroniqueur champenois, *La Conquête de Constantinople.*
Jean, sire de JOINVILLE (1224-1317), chroniqueur champenois, *Vie de Saint Louis.*
Adam de La HALLE (1230-1287), trouvère et auteur dramatique picard, *Le Jeu d'Adam.*
RUTEBEUF (XIIIᵉ), trouvère parisien, poète et dramaturge, *Le Miracle de Théophile.*

Les emprunts à la langue d'oc

Cette littérature délicate, raffinée, qui puise son inspiration dans celle du Midi, fait aussi à la langue d'oc de multiples emprunts, surtout lexicaux, tels que : *aubade, ballade, bastide, cabane, ciboule, escargot, estrade, salade*, etc. [69]. (*Cf. encadré*, p. 165.)

C'est probablement aussi à l'influence de la prononciation méridionale que l'on doit de dire *amour* (du latin AMOR) et non pas *ameur*, alors qu'on dit *chaleur* (de CALOR) ou *douleur* (de DOLOR).

Ils veulent tous parler comme à Paris

Le nouveau prestige qui s'attachait à la langue de la Cour, devenue plus raffinée, venait renforcer la situation, déjà favorable, que le parler de l'Ile-de-France devait à sa position géographique, au centre d'un vaste réseau de voies de communication. Soumise à de continuels mouvements de populations, cette langue avait aussi acquis une réputation de « juste milieu », qui devenait une sorte d'idéal à atteindre pour les personnes de qualité.

Vers la seconde moitié du XIIe siècle, il semble préférable d'éviter tout ce qui est particulier à une petite région, et la base commune semble bien s'identifier avec le français de Paris [70]. C'est à cette époque que Conon de Béthune, en 1180, se plaint d'avoir été raillé à la Cour parce qu'il avait employé des mots de son Artois natal. De son côté, le poète Guernes de Pont-Sainte-Maxence rassure au contraire ses lecteurs en écrivant :

« Mis langages est buens, car en France sui nez »
[Mon langage est correct, car je suis né en (Ile-de-)France [71].]

Ainsi prend naissance le lent mouvement qui, en repoussant toutes les autres langues locales à l'arrière-plan, fera progressivement du français, langue de la région parisienne, la langue commune à l'ensemble du pays.

QUELQUES ŒUVRES EN MOYEN FRANÇAIS
(XIVᵉ et XVᵉ siècles)

C'est en fait entre 1350 et 1610 que se constitue le système linguistique qui a donné naissance au français moderne. On a coutume d'appeler cette forme de langue le *moyen français* (Pierre Guiraud, *Le Moyen Français*, Paris, PUF, Que sais-je ?, nᵒ 1086).

Aux XIVᵉ et XVᵉ siècles, les écrivains s'expriment principalement dans des poèmes, des chroniques et des pièces de théâtre religieux ou comique.

Jean FROISSART (1317-1410), *Chroniques* (Flandres).
Christine de PISAN (1363-1431), *Œuvres poétiques* (Paris, née à Venise).
Charles d'ORLÉANS (1394-1465), *Œuvres poétiques* (Blois).
François VILLON (1430-1463), *Le Grand Testament* (Paris).
Philippe de COMMYNES (1445-1511), *Mémoires* (Flandres).

THÉÂTRE RELIGIEUX

Du XIVᵉ, on connaît une cinquantaine de pièces à sujet religieux, presque toutes sur le thème du *Miracle de Notre-Dame.*

Au XVᵉ fleurissent les *Mystères,* dont on a retrouvé une soixantaine, parmi lesquels le *Mystère de la Passion* d'Arnoul Gréban, qui, malgré ses 35 574 vers, est quelquefois repris de nos jours.

THÉÂTRE COMIQUE

Au XVᵉ, les *Farces* : *Farce du cuvier, Farce de Maître Pathelin...*

Un peu de moyen français

La pluye nous a buez et lavez
Et le soleil dessechez et noircis ;
Pies, corbeaulx nous ont les yeux cavez
Et arraché la barbe et les sourcilz ;
Jamais, nul temps, nous ne sommes rassis ;
Puis ça, puis la, comme le vent varie,
A son plaisir sans cesser nous charie,
Plus becquetez d'oiseaulx que dez à coudre
Ne soiez donc de nostre confrarie
Mais priez Dieu que tous nous vueille absoudre.

Villon, *La Ballade des pendus.*

L'AFFIRMATION DU FRANÇAIS

Le latin descend de son piédestal

Laissons passer trois ou quatre siècles, durant lesquels chacun parle son propre dialecte, tandis que ceux qui savent écrire écrivent en latin. A l'école, les enfants apprennent en latin. A la Sorbonne, gardienne de la tradition depuis sa fondation en 1227 par Robert de Sorbon, non seulement l'enseignement se fait en latin, quelle que soit la matière, mais encore les étudiants doivent rédiger et soutenir une thèse en latin. Cette habitude se perpétuera jusqu'à la fin du XIXe siècle.

En face de cette Sorbonne peuplée d'ecclésiastiques traditionalistes et farouchement attachés au latin, François Ier va créer l'événement, en fondant vers 1530 une institution concurrente, le *Collège des trois langues* (hébreu, grec, latin), qui deviendra ensuite le *Collège royal*, notre actuel *Collège de France*. On y voit, pour la première fois, un petit nombre de professeurs innover en s'exprimant en français pour donner un enseignement de haut niveau [72].

Ce premier coup porté au monopole du latin dans l'enseignement est aussi la reconnaissance officielle du français comme instrument du savoir, mais c'est surtout la première fois que le monde des savants prend officiellement ses distances vis-à-vis de l'Église.

Désormais, on écrira en français

Dans le domaine de la vie pratique, le français remplacera désormais le latin dans tous les documents administratifs à partir de 1539, date à laquelle François Ier prend la célèbre ordonnance de Villers-Cotterêts. Afin qu'il ne puisse plus y avoir d'incertitude ni d'ambiguïté dans les textes administratifs, actes officiels, décrets et lois, il faudra dorénavant qu'ils soient tous rédigés en « langage maternel françois » et non autrement.

En fait, l'ordonnance de Villers-Cotterêts ne fait que rendre obligatoires des habitudes déjà prises, pour les actes notariés, dans une grande partie du pays. Dès le XIIIe siècle, en effet, on avait commencé à rédiger ces actes en langue vulgaire, c'est-à-dire en occitan dans le Midi, en picard dans le Beauvaisis, en français à Paris [73], etc. Désormais, le latin est exclu, mais les dialectes le sont aussi.

Dans ce grand mouvement de la Renaissance, d'autres domaines s'ouvrent au français : la géographie, avec Jacques Cartier, dont le *Bref recit de la nauigation faicte es isles de Canada* date de 1545 ; la médecine, lorsque Ambroise Paré, fondateur de la chirurgie moderne, publie, au grand scandale de ses confrères, tous ses ouvrages scientifiques en français ; l'astrologie, avec les *Prophéties* de Nostradamus, imprimées en 1555 [74].

Enfin, la *Défense et illustration de la langue française*, publiée par du Bellay en 1549, constitue un manifeste enthousiaste des jeunes écrivains et grammairiens de l'époque, pour soutenir l'emploi du français comme langue littéraire nationale. Du Bellay peut être considéré comme l'initiateur de ce mouvement littéraire revendicatif, de ce qu'on appellerait aujourd'hui « le droit à la francité », aux côtés des autres poètes de la Pléiade : Ronsard, Baïf, Belleau, auxquels devaient se joindre les grammairiens Pontus de Tyard et Peletier du Mans.

Ainsi promue au rang de langue digne d'être étudiée, la langue française connaît en 1530 sa première grammaire française, mais écrite en anglais par Palsgrave. Grâce à Jacques Dubois, dit Sylvius, nous avons aussi en 1531 une grammaire du français en France, mais rédigée en latin. Enfin, vers 1550, le Lyonnais Meigret [75] publie une grammaire du français, cette fois en français : il y distingue le bon et le mauvais usage, et propose un système graphique proche de la prononciation de ses contemporains.

Évolution naturelle et évolution dirigée

Après le XVIe siècle, il est difficile de retrouver les tendances naturelles de la langue à partir de ses manifestations, car les grammairiens interviennent sans cesse pour l'unifier et la fixer.

A partir du XVIIe siècle, il faudra donc toujours faire la part des interventions venues « d'en haut », qui freinent, canalisent ou contrarient les évolutions linguistiques résultant des nouveaux besoins communicatifs.

Les pages suivantes décrivent les tendances qui se manifestent au cours du XVIe siècle sur le plan de la prononciation, de la grammaire et du vocabulaire, juste avant que les amoureux du « bon usage » ne brouillent les pistes en agissant en sens inverse.

La valse-hésitation des consonnes finales

C'est sans effort et sans même y penser que nous prononçons tous aujourd'hui *mer* ou *enfer* en faisant sonner le *r*, mais nous ne le faisons pas pour *aimer* ou *chauffer*, prononcés comme *aimé* ou *chauffé*. Pourquoi ?

S'agirait-il d'une règle particulière aux infinitifs ? Non, puisque nous disons *mourir* et *pouvoir*, en prononçant le *r* final. D'autre part, nous disons tous *cahier, fusil, tabac* ou *bonnet* sans prononcer non plus la consonne finale, mais nous la prononçons dans *hier, péril, sac* ou *net*. Dans tous ces cas, l'usage oral est aujourd'hui parfaitement fixé et ne tient pas compte de l'orthographe, qui comporte dans tous ces cas une consonne finale.

Pour d'autres mots, l'usage est moins bien établi, et la consonne finale est prononcée par certains et supprimée par d'autres :

almanach	chenil	nombril
ananas	circonspect	persil
août	exact	sourcil
but	fait (un)	suspect...
cerf	gril	

Comment déterminer le bon usage ?

Une enquête récente [76] sur la prononciation d'un groupe de personnes de tous âges, de résidence parisienne et très scolarisées, montre que, pour ces mots, les usages sont partagés : ce sont les mots les moins fréquents (comme *chenil* ou *cerf*) qui sont prononcés en majorité avec la consonne finale, tandis que, pour les plus fréquents (comme *persil* ou *sourcil*), c'est la prononciation sans consonne finale qui l'emporte.

Telle est l'image de la réalité d'aujourd'hui, qui montre que l'usage n'est pas complètement établi sur ce point.

Le désordre de nos liaisons

Pour comprendre la situation anarchique actuelle, il faut remonter à la fin du XIIᵉ siècle, époque à partir de laquelle toute consonne finale de mot :

— se prononce uniquement quand le mot suivant commence par une voyelle ;

— ne se prononce pas, quand le mot suivant commence par une consonne.

Exemple : *petit-t-enfant* mais *peti garçon*.

Nous reconnaissons là les débuts de ce que nous appelons la *liaison*, qui, pendant des siècles, ne connaissait pas d'exception. Telle était la règle au XVIᵉ siècle : aucune consonne finale ne se prononçait à moins d'être suivie par une voyelle. (*Cf. encadré*, p. 91.)

Consonne finale prononcée ou non ?

De nos jours, seules les consonnes finales de certains mots sont soumises aux règles de la liaison. En effet, des mots comme *bac, péril, bonheur* ou *nef* ne sont jamais soumis aux phénomènes de liaison : leur consonne finale se prononce toujours. Mais des mots comme *trop, heureux, tout, petit* (ainsi que beaucoup d'autres), qui se terminent également par une consonne écrite, sont prononcés comme dans l'ancienne langue, c'est-à-dire sans consonne finale, sauf en liaison, lorsque le mot suivant commence par une voyelle : *j'en ai tro, tro grand* mais *trop-p-étroit ; père heureu, heureu père* mais *heureu-z-événement*, etc. De plus, cette liaison devant voyelle n'est pas constante.

Comment a-t-on pu passer de la régularité décrite par les grammairiens du XVIᵉ siècle, lorsque tous les mots subissaient le même traitement, à l'arbitraire de la prononciation actuelle, qui défie l'orthographe et déroute les étrangers qui veulent apprendre le français ?

LES LIAISONS AU XVIe SIÈCLE

Les grammairiens du XVIe siècle nous donnent des règles très précises pour l'emploi des liaisons.

Sylvius (Jacques Dubois) écrit en 1531 : « À la fin du mot nous écrivons mais nous ne prononçons pas l'*s* ou les autres consonnes, excepté lorsqu'elles sont suivies d'une voyelle, ou placées à la fin d'une phrase, ainsi nous écrivons *les femmes sont bonnes* mais nous prononçons *les* avec un son élidé, *femme* sans *s, son* sans *t, bones.* » *(sic).*

Un autre grammairien, Henri Estienne, en donne en 1582 une représentation quasi phonétique :

... que nou ne vivon depuis troi mois en cete ville.

Remarquons que dans cette fin de phrase, seul le mot *mois* est graphié avec la consonne finale *s*, qui se prononce, puisque ce mot se trouve devant un mot commençant par une voyelle, ce qui n'est pas le cas de *nou, vivon, depui* et *troi* [77].

Le point de rupture se situe vers le milieu du XVIe siècle : on constate alors que les consonnes finales sont progressivement réintroduites dans la prononciation, en partie sous l'action des grammairiens. Toutefois, leurs avis ne vont pas toujours dans le même sens et chaque mot a finalement son histoire particulière. Nous savons, par exemple, que les puristes du XVIIe recommandaient de dire *mouchoi* pour *mouchoir*, et que Vaugelas préconisait de dire *couri* et non pas *courir*. De même, on considérait alors *i faut* comme la bonne prononciation et *il faut* comme pédant et provincial [78]. A l'inverse, au XVIIIe siècle, certains grammairiens stigmatisaient la prononciation *tiroi* (pour *tiroir*), qu'ils trouvaient vulgaire [79].

Plus près de nous, nous savons que, jusqu'au début du XIXe siècle, *péril* s'est prononcé *péri* et qu'au milieu du XXe siècle on hésitait entre *bari* et *baril* [80]. En 1987, la forme *bari* (sans *l* prononcé) n'a pas complètement disparu des usages, puisqu'elle a été employée par le journaliste Jean Amadou au cours d'une émission de télévision.

Chaque mot a son histoire

En observant la langue d'aujourd'hui, on constate que les interventions des grammairiens en faveur de la réintroduction de ces consonnes finales dans la prononciation n'ont pas abouti dans tous les cas : tous les verbes en *-er*, qui sont les plus nombreux, ont finalement gardé leur prononciation sans *r* final, alors que ceux en *-ir* et en *-oir*, après avoir été prononcés sans *r* final, ont ensuite suivi les prescriptions de l'orthographe : c'est ainsi que l'on prononce toujours le *r* dans *finir* et dans *pouvoir*, alors qu'on ne le prononce plus dans *aimer* ou *chanter*.

Certaines réfections ont été immédiates ; d'autres, comme le suffixe en *-eur*, n'ont abouti qu'au XVIIIe siècle. Dans la langue d'aujourd'hui, nous avons encore des traces de l'ancienne prononciation sans *r*, tout d'abord dans *monsieur*, mais aussi dans des termes comme *piqueur*, encore prononcé *piqueu* par les adeptes de la chasse à courre, mais *piqueur* par ceux qui ignorent tout des traditions de la vénerie. Moins bien acceptée, la forme *boueux*, pour *éboueur*, semble aujourd'hui en régression.

Les *e* deviennent muets

Il est difficile d'imposer par décision arbitraire des prononciations qui vont à l'encontre des tendances naturelles des usagers, et, si cette intervention des grammairiens a pu réussir en partie, on peut penser qu'elle a dû être aidée par des circonstances favorables : les liaisons ont dû jouer un rôle dans le rétablissement des consonnes finales, car elles rappelaient constamment aux usagers l'existence de ces consonnes latentes. A cela s'ajoutait probablement la graphie, gardienne de l'identité formelle. Mais ce n'est pas tout.

C'est au XVIe siècle que se précise aussi la tendance, amorcée au siècle précédent, de ne pas prononcer le *e* final des mots, cette voyelle qui était la plus fréquente de la langue. Dans *mère, faire* ou *dire*, mots jusque-là prononcés en deux syllabes, la voyelle finale devient muette, malgré les grammairiens qui continuent encore à préconiser de l'articuler, ne serait-ce que faiblement. A la fin du XVIIe siècle et au XVIIIe siècle, la chute de cette voyelle est si générale dans les usages pris comme référence que tous les grammairiens sont finalement unanimes pour reconnaître cette réalité [81].

La conséquence la plus directe de la chute de cette voyelle finale (notre « *e* muet »), c'est que la consonne précédente devient à son tour consonne finale : *dire* se prononce *dir*, sans *e* final.

L'existence de verbes comme *dire* ou *faire*, dont le *r* était devenu final dans la prononciation, a pu favoriser le retour du -*r* prononcé dans les infinitifs en -*ir* et en -*oir* (*finir, pouvoir...*). Si ce retour n'a pas pu s'opérer pour les infinitifs en -*er* (*aimer, chanter...*), c'est que, par leur grande fréquence dans la langue parlée, ils ont dû opposer une résistance insurmontable aux prescriptions des puristes [82].

Une évolution phonétique qui avorte

Réprimée beaucoup plus sévèrement, une autre tendance s'était manifestée à cette époque, celle de prononcer les *r* simples situés entre deux voyelles comme des *z*. Si l'on en croit Erasme, les « petites dames » disaient alors *mazi* pour *mari*, *Pazi* pour *Paris* [83].

Certains ont pensé qu'il s'agissait simplement là d'une mode éphémère lancée par les dames de la haute société parisienne, mais cette prononciation a aussi été repérée dans les parlers du sud et du nord-est de Paris. Elle a dû être assez rapidement rejetée car, dès le début du XVIIᵉ siècle, il ne reste plus que deux mots où *r* se prononce *z*, prononciation qui s'est perpétuée jusqu'à nos jours : *chaise*, en face de son doublet *chaire* (venant tous deux du latin CATHEDRA), et *bésicles*, formé à partir de *béryl* (all. *Brille* « lunettes ») et avec une finale influencée par celles d'*escarboucle* et de *binocle*.

Pas, point, mie, goutte...

C'est à peu près à la même époque que se fixe définitivement en français l'emploi de la double négation *ne... pas*, ce qui, au regard des autres langues romanes, fait figure d'innovation. En français, on dit *je ne vois pas*, alors que l'on dit simplement *non vedo* en italien, *no veo* en espagnol, *não vejo* en portugais.

En ancien français, la négation simple suffit. Elle existe d'abord sous sa forme pleine *non*, que l'on trouve dans les *Serments de Strasbourg* (*si io returnar non l'int pois* « si je ne peux pas l'en dissuader » — cf. encadré, p. 66), puis, dès le XIIᵉ siècle, sous sa forme affaiblie *ne*. Dans les anciens textes apparaissent déjà des attestations de cas où cette particule négative *ne* est renforcée par un terme désignant un objet de peu de valeur ou de valeur nulle, comme *pas, point, mie, goutte*, ou encore *ail, clou, miette, grain* [84]. A l'origine, *pas* garde son sens premier dans *il ne marche pas* « il ne fait pas un pas ». Mais on préférait probablement dire *il ne mange mie* (ou *miette*) « il ne mange pas une mie, pas une miette », *il ne boit goutte* « il ne boit pas une goutte », *il ne coud point* « il ne coud pas un point », *il ne moud grain* « il ne moud pas un grain », etc.

Dès le XVe siècle, *pas* et *point* commencent à éclipser les autres formes. Les grands auteurs continuent à employer aux XVIe et XVIIe siècles les formes *mie, goutte, grain*, mais le sens étymologique en est le plus souvent absent : « Ces messieurs de l'Académie ne me le pardonneraient mie » (Scarron) ; « Pour moi je ne vois goutte en ce raisonnement » (Corneille, *Nicomède*, III, 4) ; « Le cierge ne savait grain de philosophie » (La Fontaine, *Fables,* IX, 12) ; et « Je n'entends goutte à l'être simple » (Voltaire).

Aujourd'hui, malgré quelques traces de ces anciennes formes qui survivent encore dans des expressions figées comme *on n'y voit goutte, pas* l'emporte sur tous les autres termes. Curieusement, *point* appartient à la fois à la langue recherchée (« Va, je ne te hais point ») et aux parlers ruraux de certaines régions : Beauce, Bretagne romane et dialectes de l'Ouest (« Y fait point chaud »).

La forme négative avec *pas* semble même avoir de nos jours pratiquement réussi à évincer son partenaire *ne* puisque, dans le langage parlé, elle est maintenant seule à porter tout le poids du sens négatif : *je sais pas, je vois pas* y sont beaucoup plus fréquents que *je ne sais pas* ou *je ne vois pas*, et cela aussi bien dans les milieux les plus cultivés — bien que ces derniers s'en défendent — que chez les gens peu instruits.

A ce propos, les linguistes aiment à raconter l'anecdote suivante, qui se transmet par tradition orale (je la tiens d'André Martinet, qui la tient lui-même d'un autre linguiste). Le grand phonéticien Paul Passy, qui, à la fin du XIXe siècle, a créé l'Association Phonétique Internationale, a été témoin de la scène suivante entre son propre père, Frédéric Passy, important homme politique et premier prix Nobel de la paix en 1901, et Otto Jespersen, le grand linguiste danois. Avec une certaine malice, ce dernier voulait s'entendre confirmer que les Français ne prononçaient pas le *l* du pronom *il* devant un verbe commençant par une consonne (*y vient, y dit*). Sans se méfier, Frédéric Passy tomba dans le piège :

« Mon cher ami, ceux qui vous ont dit ça, *y savent pas c'qu'y disent.* »

Cette réponse est intéressante à plus d'un titre : elle montre que l'absence du -*l* (*y savent, y disent*), mais aussi celle de *ne* (*y savent pas*) étaient naturelles, même dans le langage d'un homme instruit et du meilleur monde. Elle confirme aussi que des formes, encore considérées comme relâchées de nos jours, étaient déjà fréquentes dans les milieux cultivés, il y a près d'un siècle.

Vous pourriez renouveler l'expérience du linguiste danois (comme je l'ai souvent fait moi-même) auprès de personnes qui pensent parler un langage châtié : elles tomberont des nues en se rendant compte de leur prononciation réelle.

La langue s'enrichit

L'introduction progressive du français dans les sciences et la littérature au XVIe siècle suscite un intérêt nouveau pour la langue en tant que telle : on théorise, on élabore les premières grammaires, on cherche à simplifier et à fixer l'orthographe, et on n'hésite pas à enrichir la langue de mots nouveaux. Ronsard déclare : « Plus nous aurons de mots dans notre langue, plus elle sera parfaite. » Rabelais, de son côté, emprunte sans se gêner à l'hébreu, au grec, au latin, mais aussi aux langues étrangères, à l'argot et aux patois. Du Bellay encourage les poètes à innover hardiment. (*Cf. encadré,* p. 97.) De sorte que, malgré l'opposition d'un grand nombre d'hommes de lettres et de gens de la Cour, fidèles au langage traditionnel, le XVIe siècle est une période où le vocabulaire français s'est accru de plusieurs centaines de mots. Il l'a fait en redonnant vie à certains d'entre eux qui étaient tombés en désuétude, en puisant largement dans le fonds savant gréco-latin et dans le fonds dialectal, mais aussi en empruntant aux langues étrangères, à l'espagnol, au néerlandais, à l'allemand, et surtout à l'italien. Les emprunts à l'arabe avaient été faits en majorité avant le XVe siècle (*cf. encadré,* p. 96) et beaucoup d'entre eux étaient passés par l'italien ou par l'espagnol [85].

Le souvenir des Médicis

C'est l'italien qui est la source à laquelle on puise avec le plus d'empressement, car l'italien est à la mode, surtout à la Cour. Lorsque Catherine de Médicis devient régente en 1560, son

QUELQUES EMPRUNTS À L'ARABE

Le français a emprunté très tôt du vocabulaire à l'arabe (*amiral* se trouve déjà dans *La Chanson de Roland*) mais, sur les centaines de mots français d'origine arabe, rares sont ceux d'importation directe. Dans leur grande majorité, ces mots nous sont parvenus par l'intermédiaire du bas latin médiéval des savants ou à travers l'italien, le provençal, le portugais et surtout l'espagnol. En outre, certains de ces mots avaient été eux-mêmes empruntés par les Arabes à d'autres langues : au turc, au persan, au grec.

alambic (grec)	alcool (lat.)	alchimie (grec)	alcôve (esp.)
algarade (esp.)	amiral	azimut	azur (persan/lat.)
carafe (ital./esp.)	carat (lat.)	chamarrer (esp.)	chiffre
coton (lat./ital.)	élixir (grec)	épinard (esp.)	estragon (grec/lat.)
gazelle	gilet (esp.)	girafe (ital.)	goudron
guitare (esp.)	harem	hasard	jupe
laquais (esp.)	masser (v.) (turc)	matraque	momie
nacre (ital.)	nénuphar (lat.)	orange (prov.)	récif (esp.)
romaine (prov.)	sirop (lat.)	sucre (ital.)	talc
talisman (grec)	tasse	zénith	zéro (ital.)

UN PEU D'ETYMOLOGIE

amiral, c'est, en arabe, « l'émir [de la mer] » ;
chiffre et *zéro* viennent du même mot arabe signifiant à l'origine « vide » ;
harem, c'est « ce qui est défendu » ;
hasard, c'est le « dé » (à jouer) ;
momie, c'est d'abord le « bitume » (dont on enduisait les cadavres) ;
romaine n'a rien à voir avec Rome, mais provient d'un mot arabe désignant une « balance » (notre *balance romaine*) ;
zénith provient d'une mauvaise lecture du mot arabe *samt* « chemin » qui a été lu *senit*. Le même mot, précédé de l'article (*as-samt*), a donné le terme d'astronomie *azimut*.

influence s'exerce déjà depuis plus de trente ans. Des résistances se manifestent, mais, malgré cela, la liste des mots empruntés à l'italien pendant ce XVIe siècle est considérable, de 250 à 300 mots, d'après les listes données par Ferdinand Brunot. (*Cf. encadré,* p. 98.)

LES VRAIS DÉBUTS DU FRANÇAIS CLASSIQUE (XVIᵉ SIÈCLE)

Au XVIᵉ siècle, le français s'affirme vraiment en face du latin, tout en y puisant une partie des éléments qui se sont perpétués dans la langue d'aujourd'hui. Les caractères de cette nouvelle forme de la langue apparaissent clairement dans :

Marguerite de NAVARRE	1492-1549	*Heptaméron*
François RABELAIS	1495-1553	*Pantagruel, Gargantua*
Clément MAROT	1496-1544	*Epîtres, Epigrammes*
Blaise de MONTLUC	1502-1572	*Commentaires*
Jean CALVIN	1509-1564	*Institution chrétienne*
Joachim du BELLAY	1522-1560	*Défense et illustration de la langue française, Regrets*
Pierre de RONSARD	1524-1585	*Odes, Amours de Marie, Amours d'Hélène*
Louise LABBÉ	1526-1566	*Elégies, Sonnets*
Rémy BELLEAU	1528-1577	*Les Bergeries*
Michel de MONTAIGNE	1533-1592	*Essais*
Jean-Antoine du BAÏF	1532-1589	*Amours de Méline*
Robert GARNIER	1534-1590	*Antigone, Bradamante, Les Juives*
Abbé de BRANTÔME	1540-1614	*Vie des dames illustres*
Guillaume du BARTAS	1544-1590	*La Création du monde*
Pierre de l'ESTOILE	1546-1611	*Journal*

Des doublets qui ne font pas double emploi

Le résultat le plus inattendu de ce renouvellement du vocabulaire est la naissance d'un grand nombre de *doublets* : il s'agit de deux mots ayant la même origine, mais dont l'un a suivi l'évolution phonétique normale tandis que l'autre a été emprunté directement au mot grec ou latin. On a déjà vu, au XIIᵉ siècle, le cas de *frêle* qui, venant du latin FRAGILEM, a évolué normalement, tandis que *fragile* avait été emprunté tel quel au latin plus tardivement.

Il existe des centaines de doublets : certains sont tout à fait transparents, comme *camp* et *champ*, à partir du latin CAMPUS, d'autres plus inattendus, comme *aigre* et *âcre*, à partir du latin ACER.

A quelques rares exceptions près, comme MONASTERIUM, qui a donné *moutier* et *monastère*, une des particularités intéressantes de ces doublets, c'est que les deux termes n'ont jamais le même sens,

L'ENRICHISSEMENT DU VOCABULAIRE
AU XVIᵉ SIÈCLE

Au XVIᵉ siècle, la langue française s'est enrichie de centaines de nouveaux mots empruntés aux langues anciennes ou étrangères, et tout particulièrement à l'italien. En voici quelques exemples, dont certains sont probablement plus anciens, mais qui ne sont attestés qu'à cette époque :

GREC	ALLEMAND		ITALIEN
académie	halte	altesse	douche
enthousiasme	hère	arcade	escapade
épithète	matois	artisan	façade
hygiène		bagatelle	faïence
larynx	NEERLANDAIS	balcon	festin
orgie	cauchemar	banque	gazette
sympathie	chaloupe	banqueroute	gondole
	colin	batifoler	passager
LATIN	espiègle	bosquet	salsifis
agriculteur		bouffon	sonnet
captif	SCANDINAVE	bourrasque	
colombe	étrave	bulletin	Termes milit.
docile	homard	burlesque	cartouche
fidèle		cabinet	casemate
funèbre	ESPAGNOL	caleçon	embuscade
gratuit	anchois	calepin	escadron
pudique	bandoulière	caprice	escalade
torréfié	bizarre	caresse	escorte
	camarade	carnaval	fantassin
	nègre	carrosse	forçat
		charlatan	frégate
		concert	poltron
		courtisan	risque
		disgrâce	soldat

bien qu'ils aient la même origine. Le terme le plus récent est le plus souvent un calque de la racine grecque ou latine, tandis que le terme le plus ancien a non seulement subi une évolution *phonétique* en perdant quelques syllabes mais aussi une évolution *sémantique*, c'est-à-dire un changement de sens : une *clavicule* n'est évidemment pas une *cheville*, une *potion* est assez rarement un *poison* et une *friction* ne donne pas forcément le grand *frisson*. (*Voir encadré*, p. 99.)

LES DOUBLETS NE SONT PAS DES CLONES

Des formes comme *fragile* et *frêle* sont appelées des doublets parce qu'elles proviennent d'un même mot latin. L'une des formes est l'aboutissement de la forme ancienne, après évolution phonétique (FRAGILEM > *frêle*), l'autre est un emprunt direct au latin, à une époque ultérieure (FRAGILIS > *fragile*).

Mais les doublets ne sont pas des clones, c'est-à-dire qu'ils ne sont pas des copies conformes. Ils ont le plus souvent des sens différents.

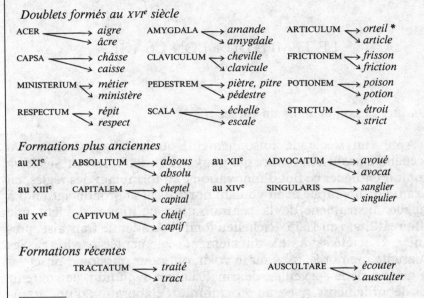

Doublets formés au XVIe siècle

ACER → *aigre* / *âcre*   AMYGDALA → *amande* / *amygdale*   ARTICULUM → *orteil* * / *article*

CAPSA → *châsse* / *caisse*   CLAVICULUM → *cheville* / *clavicule*   FRICTIONEM → *frisson* / *friction*

MINISTERIUM → *métier* / *ministère*   PEDESTREM → *piètre, pitre* / *pédestre*   POTIONEM → *poison* / *potion*

RESPECTUM → *répit* / *respect*   SCALA → *échelle* / *escale*   STRICTUM → *étroit* / *strict*

Formations plus anciennes

au XIe ABSOLUTUM → *absous* / *absolu*   au XIIe ADVOCATUM → *avoué* / *avocat*

au XIIIe CAPITALEM → *cheptel* / *capital*   au XIVe SINGULARIS → *sanglier* / *singulier*

au XVe CAPTIVUM → *chétif* / *captif*

Formations récentes

TRACTATUM → *traité* / *tract*   AUSCULTARE → *écouter* / *ausculter*

---

* *Orteil* probablement sous l'influence du gaulois (*cf. encadré*, p. 29).

LE TEMPS DU « BON USAGE »

On met la langue dans un corset

Après un siècle de foisonnement, où la langue française a accueilli à profusion tout ce qui pouvait l'enrichir, le XVIIe siècle va vouloir endiguer ce flot d'innovations, en formulant des règles, en fixant l'orthographe et en voulant normaliser la prononciation. La langue, instrument de la centralisation politique, devient une affaire d'État : en 1635, Richelieu fonde l'Académie française, première « société savante » directement réglementée par l'État. Ses quarante membres, triés sur le volet, ont pour mission d'observer la langue, de la surveiller, de canaliser son évolution, de contenir ses débordements, avec, au programme, l'élaboration d'une grammaire et surtout d'un dictionnaire.

Bel usage et bon usage

Le *Dictionnaire de l'Académie* est mis en chantier en 1639. Une fois le projet de Chapelain accepté, c'est Vaugelas qui est chargé de la direction du travail. Mais il meurt sans avoir achevé son œuvre. Les travaux traînent alors en longueur et, lorsque la 1re édition paraît enfin en 1694, cinquante-cinq ans se sont écoulés.

En principe, ce dictionnaire n'est ni encyclopédique, ni étymologique, et il se veut un dictionnaire de l'usage. Mais ne nous y trompons pas, l'usage décrit n'est pas celui du plus grand nombre, mais celui que l'on nomme le *bel usage* [86], c'est-à-dire celui de la Cour et des gens de qualité, qui fréquentent pour la plupart les salons parisiens, et en particulier ceux de l'hôtel de Rambouillet. Parce qu'elle est considérée comme vulgaire ou démodée, une grande partie du vocabulaire (plusieurs centaines de mots) est exclue du *Dictionnaire* : tel est le cas de mots comme *angoisse, immense,* jugés « vieillis », de *poitrine* ou *épingle,* jugés trop « populaires » [87].

Les jugements sont tout aussi péremptoires hors de l'Académie : Ménage décide, en 1650, à propos du mot *urbanité* que Guez de Balzac vient d'inventer, que c'est bien un mot français, mais qu'il ne faut pas le considérer comme un mot de tous les jours : on ne peut donc s'en servir que deux ou trois fois par mois [88] (*sic*).

Dans sa première édition (1694), le *Dictionnaire de l'Académie* retient 24 000 mots, qui y sont classés par « racines », mais à partir de l'édition suivante (1718), c'est l'ordre alphabétique qui sera adopté. Quant aux termes techniques, ils sont à éviter aussi bien à la Cour que dans les salons, mais ils font l'objet d'un inventaire de 15 000 mots, qui est publié séparément en 1694 par Thomas Corneille [89].

A la même époque paraît *l'Essai d'un dictionnaire universel, contenant généralement tous les mots français, tant vieux que modernes, et les termes de toutes les Sciences et Arts,* où Furetière affiche des conceptions opposées au purisme de l'Académie, dont il avait fait partie et dont il se fait exclure, en quelque sorte pour concurrence déloyale. Ici apparaît clairement la différence entre les autres dictionnaires et celui de l'Académie : ceux-là acceptent tous les mots tandis que celui-ci veut donner une norme fondée sur un certain usage.

Les martyrs de l'orthographe

Tous les enfants qui peinent aujourd'hui pour apprendre l'orthographe du français peuvent maudire le lundi 8 mai 1673, jour funeste où les académiciens ont pris la décision d'adopter une orthographe unique, obligatoire pour eux-mêmes et qu'ils s'efforceraient ensuite de faire accepter par le public [90]. Dans l'angoisse des zéros en dictée, cette orthographe, à la fois abhorrée et vénérée, continue au XXe siècle à avoir ses martyrs et ses adorateurs. (*Cf. La forme écrite* p. 249.)

Les académiciens du XVIIe, eux, avaient un autre problème à résoudre : ils voulaient imposer une orthographe officielle, certes, mais encore fallait-il auparavant l'élaborer car, depuis plusieurs siècles, les graphies s'étaient multipliées dans le désordre. Des projets de simplification avaient bien vu le jour au XVIe siècle, mais les imprimeurs avaient toujours réussi à les faire échouer [91].

Au cours des séances de l'Académie, l'orthographe de chaque mot fait l'objet d'une discussion, mais toutes les propositions de simplification sont âprement combattues parce que, « généralement parlant, la Compagnie prefere (*sic*) l'ancienne Orthographe, qui distingue les gens de Lettres d'avec les ignorans (*sic*) [92] ». Voilà pourquoi sont rétablies des formes archaïques, avec des consonnes superflues, comme dans *corps, temps, teste, ptisane, poulmon,* etc. Parfois cependant, quelques rares concessions sont faites à l'usage : *devoir* et *fevrier* (*sic*) sont adoptés en remplacement de *debvoir* et *febvrier* [93]. Mais les décisions sont le plus souvent en faveur des graphies non simplifiées.

Fixation de la prononciation

De même qu'ils tentent d'élaborer une orthographe unique pour chaque mot, les académiciens cherchent à fixer une prononciation uniforme et régulière. Des séances entières sont consacrées au problème de savoir s'il faut accepter les formes en *e* ou les formes en *a*, dans des mots pour lesquels l'usage est hésitant. On décide finalement qu'il faudra dire *asperge* et non *asparge, guérir* et non *guarir* ; en revanche, on dira *hargneux* et non *hergneux, marquer* et non *merquer.* Les raisons des choix de Vaugelas sont désarmantes : « *e* est plus doux que *a*, mais il n'en faut pas abuser [94] ». Les académiciens se prononcent aussi sur le choix entre *formage* et *fromage, matelas* et *materas, venin* et *velin.* Ils décident aussi de prendre parti dans la querelle des « ouistes » et des « non-ouistes » : doit-on dire *corbeau* ou *courbeau, forbu* ou *fourbu, reposer* ou *repouser, arroser* ou *arrouser, coleuvre* ou *couleuvre, cossin* ou *coussin* [95] ? Nous connaissons les résultats de la querelle : il n'y a pas eu de règlement général du problème, chaque mot ayant reçu une solution particulière. Les « ouistes » l'ont emporté pour *fourbu, couleuvre* et *coussin* et les « non-ouistes », pour *corbeau, reposer,* et *arroser.*

Le travail sur le sens des mots

L'apport peut-être le plus important, ou tout au moins le moins contestable, du XVIIe siècle a été la recherche de la précision dans le sens des mots, l'établissement des nuances, celles qui permettent par exemple de distinguer *souillé* de *taché, sommeiller* de *dormir,* etc. Si ce siècle laissait peu de place à l'inspiration individuelle, il a du moins cherché à faire de la langue française un instrument permettant d'exprimer de façon adéquate les subtilités de la pensée avec des mots justes. « Entre toutes les différentes expressions qui peuvent rendre une seule de nos pensées, disait La Bruyère, il n'y en a qu'une qui soit la bonne [96]. »

« L'usage » détrôné par la « raison universelle »

Dans la deuxième partie du siècle, l'attitude des grammairiens change. La *Grammaire de Port-Royal*, qui paraît en 1660, a la grande ambition de retrouver, sous les formes de la langue, la raison universelle. Alors qu'au début du siècle, les grammairiens s'inclinaient volontiers devant l'usage (le « bon usage », bien entendu), ils osent, dès 1660, se déclarer contre lui. Les grammairiens deviennent dès lors l'autorité suprême à laquelle s'en remettent même les plus grands auteurs. Témoin ce message de Racine au Père Bouhours, à qui il envoyait les premiers actes d'une de ses tragédies : « Je vous supplie, mon Révérend Père, de prendre la peine de les lire, et de marquer les fautes que je puis avoir faites contre la langue dont vous êtes un de nos plus excellents maîtres [97]. »

Le respect des bons auteurs et les formules de politesse

C'est ce respect inconditionnel envers les autorités grammaticales que nous avons hérité du XVIIe siècle, ce siècle que nous avons appris depuis des générations à considérer comme celui où la langue française a atteint son degré de perfection le plus achevé, celui des grands auteurs classiques dont notre école a fait des modèles à imiter. (*Cf. encadré,* p. 104.)

Si ce siècle est celui où l'on réglemente les sons et les sens des mots, il est aussi celui où les règles de l'étiquette sont strictes et où se fixent les formes de politesse que nous continuons à observer. C'est en particulier l'époque où sont définies le formules de salutations à mettre au début et à la fin des lettres et auxquelles, aujourd'hui encore, nous n'osons pas déroger.

LE FRANÇAIS CLASSIQUE (XVIIᵉ siècle)

Puisque, à partir du XVIIᵉ siècle, les références au « bon usage » renvoient toujours aux « bons auteurs », voici quelques rappels des écrivains qui ont illustré ce siècle toujours cité en exemple :

François MALHERBE	1550-1630	*Odes, Stances à du Périer*
Honoré d'URFÉ	1555-1628	*L'Astrée*
Mathurin RÉGNIER	1573-1613	*Satires*
Claude FAVRE de VAUGELAS	1585-1653	*Remarques sur la langue française*
René DESCARTES	1596-1650	*Discours de la méthode*
Vincent VOITURE	1598-1648	*Lettres*
Pierre de CORNEILLE	1606-1684	*Le Cid, Horace, Cinna...*
SCARRON	1610-1660	*Le Roman comique*
François de LA ROCHEFOUCAULD	1613-1680	*Maximes*
Gilles MÉNAGE	1613-1692	*Observations sur la langue française*
Cyrano de BERGERAC	1620-1655	*Histoire comique*
Jean de LA FONTAINE	1621-1695	*Fables, Contes*
MOLIÈRE	1622-1673	*L'Avare, Le Misanthrope, Tartuffe...*
Blaise PASCAL	1623-1662	*Pensées, Les Provinciales*
Mme de SÉVIGNÉ	1626-1696	*Lettres*
BOSSUET	1637-1704	*Sermons, Oraisons funèbres*
Charles PERRAULT	1628-1703	*Les Contes de ma mère l'Oye*
BOURDALOUE	1632-1704	*Sermons*
Mme de LA FAYETTE	1634-1693	*La Princesse de Clèves*
Nicolas BOILEAU	1636-1711	*Epîtres, Art poétique*
Jean RACINE	1639-1699	*Andromaque, Britannicus, Phèdre...*
Jean de LA BRUYÈRE	1645-1696	*Les Caractères*
François FÉNELON	1651-1715	*L'Éducation des filles*
Louis de SAINT-SIMON	1675-1755	*Mémoires*

Et pendant ce temps, les patois...

De nombreuses pages viennent d'être consacrées à la langue des gens du monde, celle qui se formait à Paris, tiraillée entre les modes de la Cour et les injonctions des grammairiens et qui prenait pour modèles les grands écrivains de l'époque. Mais, dans l'ensemble du pays, qui savait parler français ?

Les différents patois issus du latin, qui n'avaient fait que se fortifier à l'époque féodale, ont longtemps encore été les seuls idiomes parlés par la population. L'édit de Villers-Cotterêts, pris par François Ier en 1539, n'avait fait que remplacer une langue écrite, le latin, par une autre langue écrite, le français. Les notaires, par exemple, avaient seulement pris l'habitude de rédiger en français les testaments de gens qui continuaient à parler patois, comme en témoignent les récits des écrivains du XVIIe siècle.

Après Lyon, Racine ne comprend plus rien

Racine raconte ainsi son voyage à Uzès dans une lettre de 1661 à son ami La Fontaine : « J'avais commencé dès Lyon à ne plus guère entendre le langage du pays, et à n'être plus intelligible moi-même. Ce malheur s'accrut à Valence, et Dieu voulut qu'ayant demandé à une servante un pot de chambre, elle mit un réchaud sous mon lit. Vous pouvez imaginer les suites de cette maudite aventure, et ce qui peut arriver à un homme endormi qui se sert d'un réchaud dans ses nécessités de nuit [98]. » Le voyage se poursuit et, à Uzès, il ne comprend tout d'abord rien à ce qui se dit autour de lui. Au bout d'un certain temps, il reconnaît dans ce qu'il entend quelque chose qui ressemble à un mélange d'italien et d'espagnol, et il parvient alors à établir la communication [99].

A la même époque, La Fontaine, au cours de son voyage en Limousin, est un peu perdu dans les environs de Bellac : « Comme Bellac n'est éloigné de Limoges que d'une petite journée, nous eûmes tout le loisir de nous égarer, de quoi nous nous acquittâmes fort bien et en gens qui ne connaissaient ni la langue, ni le pays [100]. »

Les patois, à la lanterne !

La même situation se prolonge tout au long du XVIIIᵉ siècle : alors que la langue française s'impose progressivement dans les villes, les patois continuent à être parlés par la plus grande partie de la population campagnarde. C'est ce qui apparaîtra au grand jour au moment de la Révolution.

Soucieux de consolider la République « Une et Indivisible », les conventionnels ont voulu faire un sort à ces langues locales, qui rappelaient trop l'Ancien Régime et qui représentaient un obstacle à la propagande révolutionnaire. Après l'élimination des provinces, il fallait prendre des mesures pour éliminer les patois qui en rappelaient les noms.

Avant d'en faire la proposition à la Convention, l'abbé Grégoire [101], évêque de Blois, décide en 1790 de faire une enquête approfondie afin de connaître le nombre et l'étendue de ces patois dans le pays. La « circulaire » qu'il envoie « aux autorités constituées, aux sociétés populaires et à toutes les communes de la République » comprend 43 questions, dont voici un échantillon :

« L'usage de la langue française est-il universel dans votre contrée ? »

« Y parle-t-on un ou plusieurs patois ? »

« Ce patois varie-t-il beaucoup de village à village ? »

« Le parle-t-on dans les villes ? »

« Quelle serait l'importance religieuse et politique de détruire entièrement ce patois ? »

D'autres questions portent plus précisément sur les formes linguistiques elles-mêmes, ce qui permet de considérer cette circulaire de l'abbé Grégoire comme la première véritable enquête linguistique à grande échelle que nous connaissions.

Les réponses qu'il reçoit en 1790 et 1791 lui permettent de conclure que 6 millions au moins de Français, surtout dans les campagnes, ignorent la langue nationale ; que 6 autres millions ne sont pas capables de soutenir une conversation suivie dans cette langue et que « le nombre de ceux qui la parlent purement n'excède pas 3 millions ».

Mais Grégoire ne donne aucun détail sur la manière dont il a calculé ces résultats : a-t-il inclus, ou non, les femmes, a-t-il exclu les enfants ? Si, en 1790, la population de la France était d'environ 25 millions d'habitants [102], on peut penser qu'il n'y avait que

12 Français sur 100 qui parlaient convenablement le français et que moins de un sur quatre le comprenait.

Aujourd'hui, où chacun pense que la recherche de sa propre identité passe par un retour aux idiomes locaux, certaines des réponses au questionnaire de Grégoire ne manquent pas de surprendre. Elles contiennent en effet des lettres témoignant d'un désir réel des populations régionales d'être « délivrées » de leur patois. Plusieurs lettres demandent expressément et avec insistance au pouvoir central que soit rapidement organisé dans la région un enseignement sérieux de la langue nationale [103].

Les réponses à sa circulaire permettent aussi à Grégoire de dénombrer en France trente patois différents, ce qui le fait s'exclamer : « Nous n'avons plus de provinces et nous avons encore trente patois qui en rappellent les noms et font trente peuples au lieu d'un. »

Élu évêque constitutionnel par son diocèse de Blois, c'est en 1794 que l'abbé Grégoire remet à la Convention son « Rapport sur la nécessité et les moyens d'anéantir les patois et d'universaliser l'usage de la langue française ». Dans ce rapport, il préconise effectivement « dans une République une et indivisible, l'usage unique et invariable de la langue de la liberté ». Pour y parvenir, il suggère de faire rédiger en français des opuscules, des chansons, des journaux qui seraient envoyés dans toutes les communes. Il propose de n'admettre que la langue nationale dans toutes les municipalités, et il va jusqu'à demander — le plus sérieusement du monde — que les futurs époux « soient soumis à l'obligation de prouver qu'ils savent lire, écrire et parler la langue nationale » avant de convoler en justes noces [104].

Un instituteur dans chaque village : un rêve impossible

Instruits par l'enquête de Grégoire, les révolutionnaires, à la suite du rapport présenté à l'Assemblée Constituante par Talleyrand (*cf. encadré,* p. 108), veulent prendre des mesures pour généraliser l'enseignement *primaire* (le mot date de 1791) en créant dans chaque commune une école où l'enseignement se ferait en français. Malheureusement, il n'était, à cette époque, pas possible de trouver un nombre suffisant de personnes sachant le français et, à plus forte raison, capables de l'enseigner.

On prend alors la décision de créer des *Écoles normales* (tou-

---

L'ÉCOLE PRIMAIRE CONTRE LES DIALECTES

« Les écoles primaires vont mettre fin à cette étrange inégalité : la langue de la Constitution et des lois y sera enseignée à tous et cette foule de dialectes corrompus, dernier reste de la féodalité, sera contrainte de disparaître : la force des choses le commande. »

Rapport de Talleyrand-Périgord, ancien évêque d'Autun, à l'Assemblée constituante, le 10 septembre 1791.

(Cité par Charles Bruneau, *Histoire de la langue française*, tome IX, livre I, ch. II, p. 13-14.)

---

jours cette idée de « norme ») pour former des maîtres pour l'enseignement primaire, mais les efforts dans cette voie n'ont pas pu être suivis d'effets immédiats. Pour l'enseignement secondaire, c'est en 1794 que l'École normale supérieure de la rue d'Ulm sera créée pour former des professeurs. Quant à l'École normale supérieure pour les filles, elle ne sera ouverte qu'en 1881, près d'un siècle plus tard.

Pendant ce temps, l'Université reste fidèle au latin, puisque les Facultés des Lettres imposent encore à cette époque une thèse en latin en plus de la thèse en français. Cette obligation ne sera supprimée qu'en 1905.

Dans la population, de 1789 à 1815, le nombre de personnes pouvant parler français augmente de façon considérable, tandis que les patois commencent à perdre du terrain.

A quoi ressemble le français du XVIIIᵉ siècle ?

Lorsque nous nous trouvons devant un texte du XVIIIᵉ siècle, nous n'avons aucun sentiment de dépaysement et nous avons même l'impression que la langue diffère fort peu de celle que nous connaissons aujourd'hui. Deux siècles d'évolution, pourtant, y ont apporté des modifications sensibles. Si nous ne les percevons pas au premier coup d'œil, c'est surtout parce que nous prenons connaissance de cette langue sous sa forme écrite, fixée par les grammairiens dans une orthographe proche de la nôtre.

Quelle serait notre impression si nous pouvions entendre ce même texte dit par un homme vivant à l'époque de la Révolution ?

Parmi d'autres caractéristiques, probablement celle d'une certaine lourdeur. Mais pourquoi ?

Des voyelles qui se traînent

Sans aucun doute à cause de la fréquence des voyelles longues. Contrairement à la prononciation parisienne actuelle, la langue

---

DANS UNE LANGUE, RIEN NE SE PERD

C'est ainsi que pourrait se formuler de façon un peu simpliste un des grands apports de la linguistique fonctionnelle et structurale à la compréhension des phénomènes d'évolution phonétique.

Dans *Économie des changements phonétiques* [105], André Martinet a présenté les principes d'une théorie permettant de saisir le conditionnement complexe des changements phonétiques. L'un d'entre eux est celui du maintien des différences de son utiles pour distinguer les mots les uns des autres : *blanc* et *blond* se distinguent l'un de l'autre par le même jeu des lèvres que *brin* de *brun*. Mais il y a une foule de paires du type *blanc-blond, il fend-il fond, il range-il ronge, les bancs-les bonds,* alors que les mots qui apparaissent dans les rares paires du type *brin-brun, empreinte-emprunte,* ne sont pas susceptibles d'apparaître dans les mêmes contextes. Il en résulte que la différence entre *an (en)* et *on* se maintient bien, alors qu'à Paris, *un* est totalement confondu avec *in*.

Il peut se produire qu'au cours des siècles, une distinction très utile tende à s'atténuer et à disparaître sous l'influence de certaines modifications du rythme du discours. En français, par exemple, il y a eu une époque où, dans la syllabe, la consonne qui suivait la voyelle tendait à s'affaiblir. Mais cette consonne, lorsqu'elle était utile pour distinguer les mots les uns des autres, n'a pas disparu purement et simplement : *pâte,* autrefois, se disait et s'écrivait *paste* (l'anglais a conservé cette forme empruntée au français), tout comme *bête* se disait *beste* (anglais *beast*), *hâte* se disait *haste* (anglais *haste*). Dans tous ces mots, *-s-* tendait à disparaître. Mais sa disparition pure et simple aurait abouti à des conflits. La durée de l'articulation du *-s-* s'est transférée à la voyelle précédente, permettant ainsi de distinguer *pâte* de *patte, bête* de *bette*. C'est ce que marque l'accent circonflexe de la graphie.

La même tendance à réduire les consonnes finales de syllabe a valu pour le *n* et le *m* dans des mots comme *chante* ou *lampe,* qui se prononçaient, à Paris, comme encore aujourd'hui dans le Midi, *chan'te, lam'pe* en faisant sonner le *n* et le *m*. La nécessité de distinguer la *chan'ce* de la *chasse,* la *ren'te* de la *rate,* etc., a fait maintenir l'abaissement du voile du palais qui caractérise *n* et *m*. Mais cet abaissement a été anticipé et s'est produit en même temps que l'articulation de la voyelle précédente, d'où ce qu'on appelle la voyelle nasale, notée *an (en)* ou *am,* de ces mots.

comptait en effet, il y a deux siècles, une grande quantité de voyelles longues. A côté de voyelles brèves, dans des mots comme *vit, bout, la,* on prononçait des voyelles longues dans *vie, boue, las.* Certaines de ces voyelles longues étaient déjà présentes dans la langue depuis le XIIe siècle, depuis la chute des *s* dans des mots comme *beste, teste* devenus *bête, tête,* prononcés avec des voyelles longues. (*Cf. encadré,* p. 109.)

Entre le XIVe et le XVIe siècle, la tendance naturelle de la langue avait été à l'élimination de toutes les consonnes finales, tandis que se poursuivait une autre évolution : la chute de la voyelle la plus fréquente, la voyelle *e.* C'est pourquoi, depuis, nous appelons « *e* muet » cette voyelle qui, au Moyen Age, se prononçait dans toutes les positions. Pour se faire une idée de l'ancienne prononciation, il suffit de penser aux prononciations méridionales d'aujourd'hui, pour des mots comme *porte* ou *mère,* qui, dans le Midi, s'articulent en deux syllabes.

La chute de cette voyelle en position inaccentuée avait commencé au XIVe siècle à l'intérieur des mots, en provoquant l'allongement de la voyelle précédente. Un mot comme *prierai,* après s'être prononcé *pri-e-rai,* est devenu *pri-rai,* avec un *i* long.

Aux XVIe et XVIIe siècles, la chute de cette voyelle *e* se généralise à la finale, d'abord après voyelle *(fée, amie),* puis également après consonne, comme dans *tête* et *perte,* désormais prononcés avec une consonne finale comme aujourd'hui. Un siècle plus tard, on constate que dans *las, mots,* je *peux, maître,* ainsi que dans *armée* ou *amie,* la voyelle est longue, mais qu'elle reste brève dans *là, mot, peu, mètre,* ainsi que dans *armé* ou *ami.* On voit ainsi que la longueur a pris la place de la consonne ou de la voyelle disparue.

A ce stade de l'évolution, la longueur des voyelles devient **pertinente,** puisqu'elle permet de distinguer *las* (avec un *a* long) de *là* (avec un *a* bref), *mots* (long au pluriel) de *mot* (bref au singulier), *armée* (long au féminin) de *armé* (bref au masculin), etc.

A une époque où l'on faisait une différence de prononciation entre le singulier et le pluriel des mots, ou entre le masculin et le féminin des adjectifs, les efforts de l'instituteur Topaze pour indiquer le pluriel de *mouton* auraient été sans objet. (*Cf. encadré,* p. 111.)

LES « MOUTONSS » DE TOPAZE

Topaze *(Il dicte en se promenant)*

« Des moutons... Des moutons... étaient en sûreté... dans un parc... dans un parc. *(Il se penche sur l'épaule de l'élève et reprend.)* Des moutons... moutonss... *(L'élève le regarde ahuri.)* Voyons, mon enfant, faites un effort. Je dis *moutonsse.* Étaient *(il reprend avec finesse) étai-eunnt.* C'est-à-dire qu'il n'y avait pas quun *moutonne.* Il y avait plusieurs *moutonsse.* »

Marcel Pagnol, *Topaze,*
Acte I, scène i.

Un précurseur, Gile Vaudelin

Ce qui nous renseigne sur l'existence de ces voyelles longues, ce sont les témoignages de tous les grammairiens du XVIIIe siècle, et en particulier la description très précise d'un Père des Augustins Réformés qui, dans deux ouvrages [106], a voulu, pour conserver la bonne lecture des livres religieux, « éterniser la véritable prononciation ». Au moyen de 29 signes inspirés des lettres de l'alphabet latin et de 4 accents, Gile Vaudelin voulait mettre à la disposition de tous, y compris des personnes les moins instruites, un système graphique rendant plus aisée la lecture du français.

Dans les textes de Vaudelin, les voyelles sont notées au moyen d'un accent particulier selon qu'elles sont longues ou brèves : les voyelles finales de *oublient, désolée, prononçaient,* je *trouvais, mots, tous (les beaux-arts)* sont notées longues tandis que celles de *ici, pensé, prononçait, aurait, mot, tout* sont notées brèves.

Vaudelin ajoute que cette manière d'écrire « éternise » la véritable prononciation des mots de son époque « parce qu'il ne sera jamais permis selon cette orthographe de les lire et de les prononcer d'une autre manière [107] ». Effectivement, grâce à lui, nous pouvons nous faire une idée exacte de la prononciation qui avait cours au XVIIIe siècle.

De nos jours, on entend de moins en moins de voyelles longues dans les usages contemporains les plus répandus. Cependant, si vous allez du côté de la Franche-Comté, de la Bourgogne, de la Champagne, de la Belgique ou de la Suisse, vous aurez l'occasion d'entendre ces voyelles qui s'étirent. Ce qui peut aujourd'hui apparaître comme une particularité régionale était la prononciation de la majorité de la population non méridionale aux alentours de 1700.

Entre le français du XVIIIe et celui de notre époque, il y avait donc d'importantes différences dans la façon de prononcer ; il y en avait aussi dans la manière de construire les phrases.

Le passé « simple », c'est trop compliqué

Aujourd'hui, des formes comme vous *aimâtes,* nous *cousîmes* ou vous *résolûtes* sont devenues des curiosités qui ne se rencontrent que sous forme écrite, avec le plus souvent une intention ludique ou caricaturale. Dans la langue littéraire, certaines formes du passé simple se rencontrent encore, mais uniquement dans les récits, et en général seulement à la troisième personne : on trouve *il vécut, ils vécurent* mais rarement *nous vécûmes, vous vécûtes.*

Pour la langue parlée, on ne sait pas exactement à quelle époque les formes du passé simple ont commencé à être éliminées. Vaugelas [108], au début du XVIIe siècle, hésite entre les formes *vescut* et *vesquit,* mais il constate déjà qu'à son époque on évite le passé simple et qu'on lui préfère le passé composé. De plus, si les formes du passé simple sont encore fréquentes chez Mme de Sévigné, elles ne sont pas employées avec la valeur d'un passé simple mais comme un équivalent du passé composé [109]. Il est en tout cas tout à fait sûr qu'à la fin du XVIIIe siècle, au moins à Paris, le passé simple ne s'employait plus dans la langue parlée.

C'est probablement à cause de la complexité de ses formes que le passé simple a fini par être complètement éliminé de la langue parlée. Dans la crainte de se tromper ou de ne pas retrouver immédiatement les formes correctes pour des verbes d'usage courant comme *retenir, s'enfuir, bouillir, résoudre, distraire* ou *promouvoir,* on a pris l'habitude de donner la préférence au passé composé. Le danger n'est pas illusoire. Parmi beaucoup d'autres, des barbarismes du genre *ils s'enfuyèrent* ou *il dissolva* ont été relevés dans des textes écrits et publiés, *ils conquérirent* a été entendu à la radio [110].

Et les nostalgiques amateurs de ces périlleux passés simples qui rappellent les bons auteurs classiques (« Vous mourûtes aux bords où vous fûtes laissée ») trouveront probablement que c'est un comble que ce soit pour cause de complication excessive que ce *passé* dit *simple* soit condamné à disparaître.

Mais plus encore que le passé simple, c'est l'imparfait du subjonctif qui va très tôt se raréfier dans la conversation.

« J'eusse été fâché que vous m'imputassiez cette connerie ! »

Les imparfaits du subjonctif du titre de ce paragraphe jurent un peu avec le substantif qui le termine : selon Jean Duché [111], cette phrase a été prononcée par un académicien malicieux, Jacques de Lacretelle, qui trouvait ainsi le moyen, grâce à ces formes verbales recherchées et désuètes, de faire passer l'indécence ou, dirions-nous aujourd'hui, la familiarité du dernier mot.

L'élimination de l'imparfait du subjonctif, commencée au début du XVIIe siècle, semble avoir gagné Paris à la fin du XVIIIe [112]. Aujourd'hui, on cherche à l'éviter pour des raisons d'euphonie et, au mépris de la concordance des temps, on le remplace par le présent : au lieu de *je voulais que nous nous comprissions et que vous m'aimassiez,* on préfère souvent *je voulais que nous nous comprenions et que vous m'aimiez.*

Il est pourtant de fins lettrés qui tiennent à l'employer, mais qui feraient peut-être mieux, eux aussi, de s'abstenir car, une fois sur deux, ils l'emploient à tort. L'imparfait du subjonctif devient alors, au XXe siècle, l'ornement superflu qui, se voulant révélateur d'une culture raffinée, n'est bien souvent que l'indice d'une connaissance lacunaire de la norme.

L'esprit des Encyclopédistes

A l'inverse du XVIIe siècle qui, dans son désir d'épurer la langue, avait réprimé toute velléité d'invention, le XVIIIe siècle apparaît comme l'époque où l'accroissement du lexique s'est fait avec le plus de liberté. Avec l'épanouissement des nouvelles techniques, le fourmillement des idées philosophiques et la transformation des structures sociales, avait pris naissance un besoin pressant de nommer les nouveaux objets et les nouveaux concepts.

Ce besoin a été satisfait à la parution de *l'Encyclopédie* en 1751. Inspirée du *Dictionnaire historique et critique* de Bayle (1697) et dirigée par Diderot et d'Alembert, elle réunit des articles de tous les grands hommes du siècle : Rousseau, Voltaire, Condillac, Marmontel, Turgot, Helvétius, etc.

L'Encyclopédie apparaît comme le plus clair reflet d'un nouvel état d'esprit, avide de connaître tout ce qui touche aux activités humaines. « Bel usage » et « bon usage » ne sont plus à l'ordre du jour. *L'Encyclopédie* accueille sans restriction les termes professionnels, scientifiques ou techniques, et, pour répondre à la nouvelle soif de connaissances, elle apporte, en plus du sens des mots, une description précise des objets.

Le foisonnement du vocabulaire au XVIIIᵉ siècle

La masse des nouveautés lexicales au XVIIIᵉ est telle qu'il est impossible d'en dresser une liste, même approximative. On en trouve dans tous les domaines :
— La politique : *exécutif, plébiscite, député, bureaucratie...*
— La finance : *bourse, cote, agio, transfert...*
— L'agriculture : *agronomie, excédent, primeur...*

    Vers la fin du siècle, on voit apparaître le terme *pomme de terre,* qui remplace ses concurrents *patate, cartoufle, troufle, trouffe* ou même *topinambour* ou *truffe.* La nouvelle appellation de ce tubercule, qui paraît un calque du néerlandais *aardappel* « pomme de terre », se répand surtout grâce à l'action de Parmentier, qui fait connaître à la Cour et aux Parisiens les qualités incomparables de ce légume.

— Le commerce : parmi d'autres innovations, on distingue alors entre *commerce* « vente de ce que l'on produit » et *trafic* ou *négoce* « vente de ce que d'autres produisent ».
— L'industrie, les sciences, les arts, etc. [113].

LE TEMPS DE L'ÉCOLE

On apprend le français, mais on n'oublie pas le patois

Dans la France du XIXe siècle, la langue française gagne du terrain, mais on parle encore patois à 80 % dans la plupart des circonstances de la vie. Nous avons une idée de ce qu'étaient les patois de cette époque grâce à une enquête effectuée en 1807 par le directeur de la Statistique au ministère de l'Intérieur, Coquebert de Montbret. Dans chaque localité, il avait demandé, en guise d'échantillon du parler local, le nom des nombres ainsi que la version en patois de la « parabole de l'enfant prodigue ». Ces textes ont été publiés par son fils, vingt-quatre ans plus tard [114]. Bien qu'on ne puisse guère les utiliser en raison d'une notation phonétique insuffisante, ces textes restent toutefois le témoignage le plus précis de la vitalité des patois à cette époque.

En même temps, la langue française progresse. En Provence, par exemple, aux approches de la Révolution, le français est devenu la langue des aristocrates, des bourgeois et de tous ceux qui veulent « s'élever » dans la société, tandis que le provençal reste d'un usage courant dans la vie quotidienne. Beaucoup de gens deviennent donc des bilingues [115].

Cette situation de bilinguisme s'est généralement prolongée pendant le XIXe siècle dans presque toutes les régions, où, cependant, l'usage du patois s'est progressivement restreint à certaines circonstances de la vie, en reculant devant l'invasion du français [116].

C'est en 1832 que Guizot organise les écoles primaires [117]. Cinquante ans plus tard (1880-1886), Jules Ferry instaurera l'école laïque, gratuite et obligatoire, dans laquelle l'enseignement se fera naturellement en français et où l'étude de la langue aura une place de choix.

... et il fallut apprendre à écrire à tous les petits Français

Tel est le titre d'un ouvrage [118] où André Chervel passe en revue l'histoire de la grammaire française. Or, qui veut écrire en français doit connaître l'orthographe, et c'est essentiellement pour enseigner cette périlleuse orthographe que les grammaires scolaires ont été rédigées.

En 1835, paraît la 6e édition du *Dictionnaire de l'Académie,* qui deviendra la bible de l'orthographe pour les 36 000 mots qu'il contient. Les académiciens, tout en refusant des mots comme *abat* ou *embêter* [119], rétablissent dans l'orthographe certaines consonnes comme le *t* à la fin du mot *enfant,* qui s'écrivait alors sans *t* au pluriel, des *enfans* [120], et ils acceptent la graphie proposée par Voltaire pour les mots en -*ois* (dans les finales des imparfaits, dans des mots comme *français,* etc.), que l'on devra désormais écrire -*ais* [121], conformément à la prononciation parisienne.

Pour être sûr que tout le monde se conformera à cette orthographe, le gouvernement décide en 1832 qu'elle sera obligatoire dans tous les examens et dans tous les actes administratifs, ainsi que pour l'accession à tous les emplois publics.

Cette orthographe, depuis quatre siècles, n'a pas cessé d'impressionner les Français de toutes conditions, au point, comme le dit Chervel, qu'ils ont fini par identifier orthographe française et langue française. (*Cf. La forme écrite,* p. 249.)

Dans les régiments reconstitués, on ne se comprend plus

Le XIXe siècle a vu le français prendre de plus en plus d'importance puisque, grâce à l'école obligatoire, il pénétrait aussi dans tous les foyers. Cependant les patois n'étaient pas morts. Les révolutionnaires avaient clamé très haut la nécessité de les abolir mais les mesures envisagées n'avaient pas pu être mises à exécution et c'était encore en patois que se faisaient les communications les plus spontanées.

A l'école, on parle français, mais pendant la récréation, c'est en patois qu'on s'adresse à ses camarades. Même quand le patois du village voisin est un peu différent, il suffit d'un simple effort d'adaptation pour que s'établisse une compréhension mutuelle.

Cette situation s'est prolongée jusqu'à la Première Guerre mondiale. Les conscrits, qui avaient été enrôlés dans les régiments régionaux de leurs provinces, avaient pu, au début de la guerre, continuer à parler patois entre eux. Mais, après les effroyables pertes subies au cours des premiers combats, on avait regroupé dans de nouvelles unités des soldats venus de tous les coins de la France. Dès lors, il était plus facile de parler la langue commune que tout le monde avait apprise à l'école, le français, plutôt que de tenter de se faire comprendre dans son patois natal. Ces regroupements décidés par l'État-major allaient porter aux patois un coup fatal, alors que la Révolution n'avait pas réussi à les ébranler.

Après quatre ans de ce régime, l'habitude était prise et, de retour dans leurs foyers, les hommes avaient continué à parler français à la maison. Leurs enfants ont ainsi eu de moins en moins l'occasion d'entendre et de parler le patois.

La désaffection des patois

C'est alors qu'a commencé le vrai déclin des patois, favorisé par les consignes des maîtres d'école qui, depuis le début du siècle, punissaient les enfants qui parlaient patois en classe.

Au cours d'une enquête linguistique [122] que j'ai dirigée il y a quelques années dans les différentes régions de langue française, plus d'un témoin, parmi les plus âgés, a évoqué la coutume un peu sadique qui consistait à remettre un objet, différent suivant les régions, au premier enfant qui laissait échapper en classe un mot en patois. L'élève en faute passait l'objet au premier de ses camarades qui a son tour prononçait un mot de patois, et ainsi de suite jusqu'à la fin de l'heure, où la punition s'abattait sur le malheureux dernier écolier qui n'avait pas pu s'en débarrasser avant que ne retentît la cloche de la récréation.

De là le sentiment à la fois de honte et d'attachement à son patois que l'enfant bilingue a pu ressentir. L'écrivain Jean Egen raconte dans *Les tilleuls de Lautenbach* [123] qu'étant enfant, il n'employait l'alsacien qu'à la maison. « Lorsque je joue dehors avec le petit Gaulard ou le petit Parrot, si je vois ma maman, je ne la laisse pas ouvrir la bouche, j'engage le dialogue en français de

OÙ PARLE-T-ON PATOIS ?

français

bilinguisme

Il n'existe aucune enquête générale permettant de localiser avec précision les personnes qui parlent encore des langues régionales.

La carte ci-dessus, établie à partir d'une enquête sur les variétés régionales du français de 1974 à 1978, n'a qu'une valeur indicative, pour des populations sédentaires et d'une moyenne d'âge assez élevée.

(*Cf.* Henriette WALTER, *Enquête phonologique et variétés régionales du français,* Paris, PUF, 1982.)

peur qu'elle ne m'interpelle en dialecte. » De sa mère, il dit encore : « Avec son mari et ses enfants, elle ne parle que le dialecte. Avec Dieu, elle emploie l'allemand, et un peu de français pour faire plaisir à papa. »

Nous verrons dans le chapitre consacré à la géographie la place qu'occupent encore aujourd'hui les langues régionales, dans un pays où le français a pris partout la première place. (*Cf. carte*, p. 118.)

LE TEMPS DES MÉDIAS

Au XXe siècle, c'est encore le français, c'est-à-dire la langue commune, qui bénéficiera des nouvelles techniques permettant une large diffusion : aujourd'hui, nous pensons tout naturellement à la télévision, mais auparavant il y avait eu la radio, ou plutôt la T.S.F.

Quand la T.S.F. devient la radio

La T.S.F., ce sigle oublié, que nos enfants ne connaissent même plus, évoque les temps héroïques des débuts de cette Téléphonie Sans Fil qui avait transformé la vie de leurs grands-parents.

En France, c'est en 1921 que des postes récepteurs de radio sont exposés pour la première fois à la Foire de Paris. Très vite, les achats par des particuliers ont dû se multiplier, car, en 1929, une première publicité est diffusée sur une radio française. Si l'opération est jugée rentable à cette date, c'est que le nombre des auditeurs était déjà important. Par la suite, le mouvement n'a fait que s'amplifier, et on ne compte pas moins de 5 millions de postes récepteurs en 1939, sur une population de 41 millions d'habitants.

C'est probablement à cette même époque que le mot *radio* commence à prendre le pas sur le sigle *T.S.F.* [124], aujourd'hui complètement détrôné. Mais encore longtemps après la guerre, des auteurs comme Jean-Paul Sartre, en évoquant leurs souvenirs d'enfance, retrouvent tout naturellement ce terme de *T.S.F.* pour décrire cet appareil.

Il s'agissait, au début, d'énormes boîtes à produire de la parole et de la musique, de véritables meubles qui, dès les années 30, ont commencé à introduire la vie du monde à l'intérieur des foyers français, avant de devenir, pendant les décennies suivantes, le fond sonore de la plupart de nos activités.

Ainsi, depuis le début des années 30, des gens, qui jusque-là avaient toujours entendu prononcer le français uniquement avec « l'accent » de leur région natale, se trouvent quotidiennement exposés à écouter de nouvelles façons de parler venues d'ailleurs et prononcées avec un autre « accent ». Le français entendu à la radio va désormais influencer la langue de tous.

Vingt ans plus tard, l'image accompagne le son

La télévision ne fait que suivre, lentement d'abord, le mouvement déjà amorcé par la radio. En 1935, des émissions régulières de télévision partent de la tour Eiffel, mais quinze ans plus tard, l'audience est encore très faible. En 1949, le premier journal télévisé, présenté par Pierre Sabbagh, marque une date importante dans l'histoire de la télévision française, mais en 1950 il n'y a encore en France que quelques centaines de récepteurs. Dix ans encore et c'est le triomphe : en 1960, on en dénombre 1,5 million, en 1970, 10 millions et en 1985, plus de 23 millions [125].

C'est donc depuis les années 60 que la télévision a progressivement pris une place centrale dans la vie de tous les Français.

Elle est ainsi devenue, à côté de la radio, l'un des principaux moteurs de l'évolution de notre langue, reléguant au deuxième plan le rôle du cinéma, devenu parlant depuis 1927.

Le français des médias

Aujourd'hui, 93 % des foyers sont équipés d'au moins un poste de télévision et les Français passent en moyenne deux heures quarante-cinq par jour devant le petit écran [126].

Ainsi, les mots prononcés par un petit groupe de personnes sont écoutés chaque jour par des millions d'autres qui, de ce fait, prennent l'habitude de les entendre et, par la suite, de les utiliser. C'est donc une grande responsabilité qui incombe aux présentateurs de la télévision et de la radio, à qui on ne pardonne pas les entorses, petites ou grandes, qu'ils font à la norme.

Un ouvrage récent, *Le français télé...visé* [127], qui relève chez les présentateurs, les artistes et les hommes politiques les fautes qu'ils ont commises contre le français académique, révèle en fait un ensemble de tendances déjà assez largement répandues aujourd'hui dans l'usage du français et qui, véhiculées quotidiennement par les canaux de la télévision et sur les ondes de la radio, s'étendront plus encore. L'auteur de cet ouvrage, en dénonçant les fautes repérées à l'antenne, voudrait jeter un cri d'alarme afin que des mesures soient prises pour redresser la situation. Mais l'histoire des langues a souvent montré que telle forme, combattue comme fautive à une certaine époque, apparaît souvent, à la génération suivante, comme une forme à imiter.

Quelles prononciations dans les médias ?

C'est avec la même acuité d'observation, mais dans un tout autre esprit, qu'une linguiste, Anne Lefebvre, a étudié un échantillon de douze heures de parole enregistrée comprenant plusieurs types d'émissions (informations, jeux et publicité) avec les voix de 111 personnes différentes [128].

Sans vouloir porter de jugement de valeur, elle a cherché à observer la prononciation des mots qui nous parviennent ainsi quotidiennement par la voie des ondes et qui nous influencent malgré nous. Les résultats de cette étude montrent de quelle manière les divers « accents » s'atténuent et convergent lentement vers une prononciation plus neutre, telle que celle qui s'élabore dans le creuset parisien, mais qui ne se confond pas avec l'« accent » parisien.

Et maintenant ?

En cette fin de XXe siècle, l'extension de la communication de masse, en multipliant les contacts entre des usages linguistiques différents, devient incontestablement un élément d'unification de ces usages. On pourrait même aller jusqu'à se demander dans quelle mesure n'ont pas déjà commencé à s'estomper, et parfois à s'effacer complètement, les traits qui caractérisent chacun d'entre eux.

Mais ne brûlons pas les étapes. Il n'est pas en effet nécessaire de multiplier les enquêtes pour se rendre compte qu'à côté de ces pressions « médiatiques », qui vont dans le sens de la convergence des usages, il y en a d'autres qui agissent en sens inverse. Il ne faut pas, en particulier, sous-estimer le sentiment d'attachement que chacun, consciemment ou inconsciemment, éprouve pour la façon de parler de sa région natale et qui le fait résister au processus de nivellement qui se dessine autour de lui.

Si nous examinons la situation dans la communauté de langue française, nous constatons que nous sommes encore loin d'un français unique, identique pour tous.

Mais que reste-t-il de la diversité dialectale du Moyen Age dans le monde d'aujourd'hui ? Quelles nouvelles variétés de français sont nées plus récemment ? Le chapitre suivant traitera de l'un des aspects les plus marquants de cette diversité, celui qui se définit le plus nettement à partir de critères géographiques.

2.

DIALECTES ET PATOIS

Les langues régionales

LES PARLERS NON ROMANS

Qui parle quoi ?

Comme on vient de le voir, l'usage linguistique de l'Ile-de-France a imposé depuis des siècles sa domination sur les autres langues régionales, mais, fortes de traditions bien implantées, ces dernières ont pu d'une certaine manière résister aux effets uniformisateurs de l'école et, plus récemment, des médias. On trouve encore heureusement des gens parlant ces langues régionales, qui sont devenues des objets d'étude privilégiés pour les spécialistes du langage. Ceux-ci s'empressent de recueillir, auprès des derniers détenteurs de ces langues menacées d'extinction, les richesses linguistiques qu'ils ont conservées jusqu'en cette fin du XXᵉ siècle, démentant ainsi les dialectologues Gilliéron et Rousselot qui, il y a près de cent ans, annonçaient déjà « l'imminente destruction des patois [129] ».

Il faut tout d'abord faire une place à part aux langues non romanes : basque, breton, flamand, alsacien et lorrain. (*Cf. carte,* p. 128.)

Le basque a survécu à l'invasion indo-européenne

Parmi les langues de France, la langue *basque* est la plus ancienne, puisqu'elle était parlée avant l'arrivée des Gaulois, c'est-à-dire avant l'arrivée des Indo-Européens. Elle a pour ancêtre la langue de ces Aquitains qui cédaient, semble-t-il, devant les Gaulois au moment de l'arrivée des Romains. Le *basque* est,

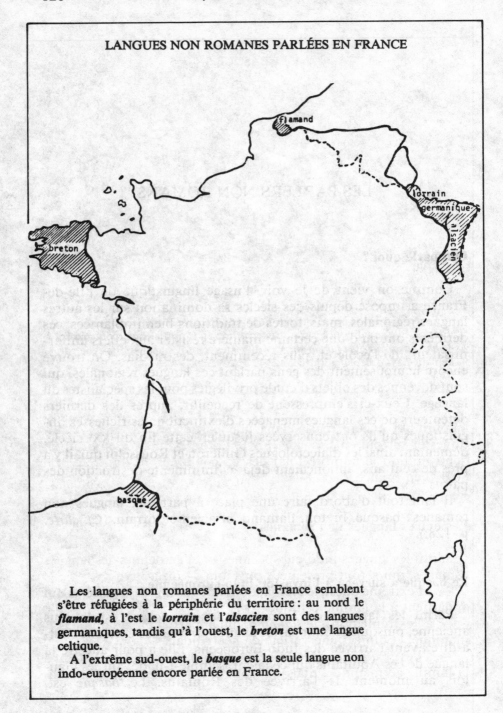

LANGUES NON ROMANES PARLÉES EN FRANCE

Les langues non romanes parlées en France semblent s'être réfugiées à la périphérie du territoire : au nord le *flamand*, à l'est le *lorrain* et l'*alsacien* sont des langues germaniques, tandis qu'à l'ouest, le *breton* est une langue celtique.

A l'extrême sud-ouest, le *basque* est la seule langue non indo-européenne encore parlée en France.

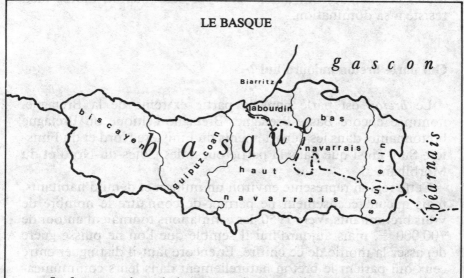

LE BASQUE

Le *basque* est la seule langue non indo-européenne encore parlée en France. Elle se subdivise, sur notre territoire, en trois dialectes : le *souletin,* le *bas-navarrais* et le *labourdin.* Ces dialectes se prolongent en Espagne par le haut-navarrais, le guipuzcoan et le biscayen.

aujourd'hui encore, parlé dans une partie des Pyrénées-Atlantiques et surtout en Espagne. En 1972, on estimait à environ un demi-million le nombre total des bascophones [130], dont environ 80 000 en France [131].

Les autres langues non romanes

Parmi les langues indo-européennes — et en dehors des langues romanes, qui seront présentées plus loin — on trouve :
— à l'extrême ouest, le *breton*, dont nous avons déjà parlé, et qui appartient à la famille celtique ;
— à l'extrême nord, le *flamand*, qui appartient à la famille germanique, et qui est une variété de néerlandais ;
— à l'est, l'*alsacien* et le *lorrain*, qui appartiennent également à la famille germanique, mais qui sont plus proches de l'allemand.

Cohabitant depuis plus ou moins longtemps avec le français, toutes ces langues ont aussi, selon les cas, plus ou moins bien résisté à sa domination.

Qui parle breton aujourd'hui ?

Le *breton* est parlé dans la partie extrême de la Bretagne, nommée encore Basse-Bretagne, Bretagne celtique ou Bretagne bretonnante, dans les départements du Finistère Nord et du Finistère Sud, ainsi que dans la partie ouest des Côtes-du-Nord et du Morbihan.

Cette région représente environ un million et demi d'habitants, mais aucun recensement ne permet de connaître le nombre de vrais bretonnants. Vers 1950, les estimations tournaient autour de 700 000 [132], mais aujourd'hui il semble que l'on ne puisse guère dépasser la moitié de ce chiffre. Et encore faut-il distinguer entre ceux qui parlent le breton naturellement dans leurs communications quotidiennes et ceux qui l'ont appris tardivement, presque comme une langue étrangère.

En effet, longtemps resté l'idiome des paysans et des artisans, le breton jouit depuis plusieurs années d'un intérêt accru de la part d'intellectuels et de jeunes à la recherche de leur identité culturelle. Il existe actuellement pour le breton un enseignement de licence et un Certificat d'aptitude pédagogique à l'enseignement secondaire (CAPES) [133]. En outre, près d'un siècle après la création, en 1876, de la première direction d'études pour le celtique à l'École pratique des Hautes Études [134], des centres de recherche ont vu le jour à Rennes et à Brest. Cependant, malgré la vitalité et la compétence de ces centres, un vrai problème subsiste pour la survie de cette langue, car il y a un décalage sensible entre le breton des universitaires et celui des bretonnants de naissance [135].

Le flamand

Le flamand se parle encore dans une petite enclave à l'extrême nord du département du Nord, mais, au début du XIIIᵉ siècle, il couvrait une bonne partie de l'Artois, et se prolongeait au-delà de Boulogne. Plus de cinquante toponymes en *-ghem, -ghen* (ou

LE BRETON

On parle encore **breton** dans la Bretagne dite celtique, ou bretonnante, à l'ouest d'une ligne allant approximativement de Paimpol à Vannes, mais qui, au IXe siècle, était située beaucoup plus à l'est (des environs de Dol-de-Bretagne jusqu'à Pornic). On peut remarquer que, même au IXe siècle, Rennes ne faisait pas partie du domaine bretonnant. Il faut aussi noter que le recul du breton depuis 1886 ne se fait plus sur le plan géographique, mais par une lente réduction progressive du nombre de bretonnants dans le même domaine.

Le **breton** se subdivise en quatre dialectes principaux : d'une part, le **cornouaillais,** le **léonais** et, le **trégorrois,** et d'autre part, le **vannetais.** Sur l'écusson qu'on trouve quelquefois à l'arrière des voitures originaires de la Bretagne, *Breizh,* nom de la province, combine le *Breiz* des trois premiers dialectes et le *Breih* du quatrième.

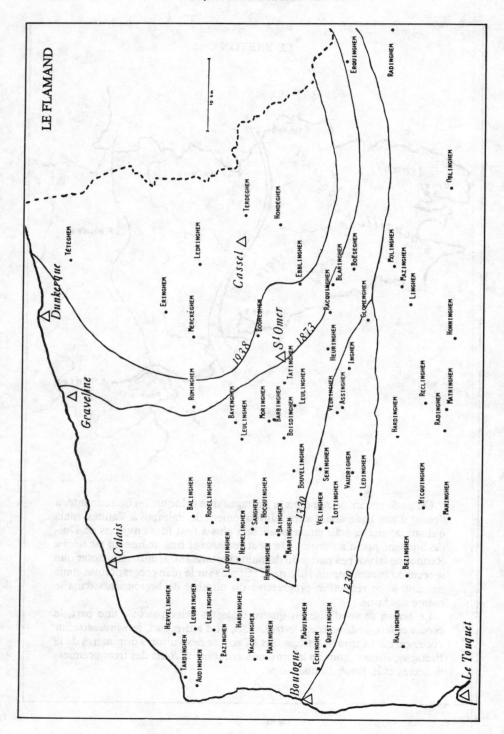

-*hem, -hen*), signifiant « maison, village » en flamand, et correspondant à *heim* en allemand, en apportent la confirmation. (*Cf. carte*, p. 132.)

Au XIVᵉ siècle, le domaine des parlers flamands avait déjà une moindre extension géographique et ne dépassait pas Calais. En 1678, la France annexe la Flandre et, six ans plus tard, un édit royal rend le français obligatoire dans les cours de justice. Depuis cette date, le flamand a constamment perdu du terrain devant le français, mais cette infiltration ne s'est faite que lentement, car la langue française n'était alors pratiquée que dans les milieux cultivés.

Au cours du XVIIIᵉ siècle, le français devient la langue de l'enseignement et, au XIXᵉ siècle, les paysans eux-mêmes commencent à le comprendre et à le parler [136].

A cette date, le domaine géographique du flamand s'était encore réduit et ne dépassait pas Gravelines.

Aujourd'hui, on peut encore trouver des personnes parlant le flamand dans l'arrondissement de Dunkerque, mais ni en ville, ni guère sur la côte. Il est toutefois difficile de hasarder un chiffre, même approximatif, aucune enquête ne permettant de l'établir. L'un des phénomènes le plus souvent constatés chez les bilingues français-flamand, c'est le passage inconscient, dans une conversation ou dans une même phrase, d'une langue à l'autre [137]. Mais cela n'est pas spécifique de cette région, ni de cette langue.

LE FLAMAND

(Voir carte ci-contre)

Le *flamand,* dialecte germanique qui est une variété du néerlandais, est encore parlé à l'extrême pointe du département du Nord. Sur la carte figurent les limites successives du flamand au cours des siècles : en 1230, son domaine allait jusqu'à Boulogne ; en 1330, il ne s'étendait plus que jusqu'à Calais ; en 1873, il ne dépassait pas Saint-Omer et ne comprenait plus Gravelines. La dernière limite est celle qui a été établie en 1938. Ces limites sont celles qui figurent dans *Le Guide de Flandre et Artois mystérieux* (Paris, Tchou, 1966, p. 29).

● Toponymes en -*ghem* (et -*ghen*), où le suffixe désigne le « village » (allemand *Heim*), attestant l'existence ancienne du flamand, non seulement en Flandre, mais aussi en Artois et en Picardie.

La recherche de ces noms de lieux d'origine flamande a été effectuée par Gérard Walter, à partir d'une carte Michelin au 1/200 000ᵉ.

La vitalité de l'alsacien et du lorrain

C'est peut-être en Alsace et en Lorraine germanique que la langue traditionnelle de la région, la langue *vernaculaire*, comme on le dit plus savamment, a gardé le plus de vigueur.

Le dialecte germanique alsacien est encore aujourd'hui parlé quotidiennement dans l'ensemble de l'Alsace. Il n'est pas rare, à Strasbourg, d'entendre des conversations en alsacien, qui est encore dans cette région la langue à laquelle la population reste attachée, même dans les grandes villes. A moins de 20 kilomètres de Strasbourg, il y a quelques années, nous avons eu du mal à nous faire comprendre d'un paysan à qui nous demandions notre chemin en français.

Cette situation se comprend si on se rappelle qu'après l'annexion de l'Alsace-Lorraine par l'Allemagne, le français n'a plus du tout été enseigné pendant près de cinquante ans, de 1870 à 1918, et, plus récemment, de nouveau pendant cinq ans, de 1940 à 1945. Depuis, le français a progressé mais l'alsacien ne recule que très lentement, la plupart des Alsaciens devenant des bilingues.

La même situation se vérifie en Lorraine germanophone (dans les parties nord et est du département de la Moselle) où une enquête effectuée en 1968 [138] montrait non seulement un bilinguisme généralisé mais aussi, en dehors des jeunes générations, une connaissance souvent superficielle du français. D'une manière générale, si le français se répandait de plus en plus, le dialecte se maintenait bien et il n'était alors nettement en recul que dans les villes. Cette enquête mettait aussi en évidence l'existence d'un petit nombre d'unilingues pratiquant seulement le dialecte. L'auteur de cette enquête signale un phénomène curieux chez une des personnes parlant bien le français [139] : en passant du français au dialecte lorrain germanique, cette cultivatrice changeait de ton et parlait d'une voix plus grave [140]. Cette habitante de la Moselle, par cette modification inconsciente de sa voix, manifestait sans doute son sentiment d'appartenance à deux mondes linguistiques différents.

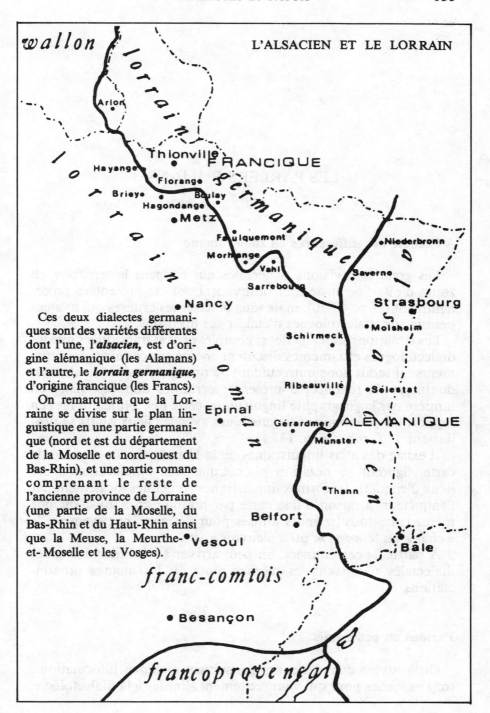

L'ALSACIEN ET LE LORRAIN

wallon

lorrain

lorrain

Arlon

Thionville FRANCIQUE

Hayange

Florange

Brieye Boulay

Hagondange

Metz

Faulquemont ● Niederbronn

Morhange

Vahl Saverne

Sarrebourg

● Nancy Strasbourg

● Molsheim

Schirmeck

Ribeauvillé ● Sélestat

Epinal Gérardmer ALÉMANIQUE

Munster

● Thann

Belfort

Vesoul ● Bâle

franc-comtois

● Besançon

francoprovençal

Ces deux dialectes germaniques sont des variétés différentes dont l'une, *l'alsacien,* est d'origine alémanique (les Alamans) et l'autre, le *lorrain germanique,* d'origine francique (les Francs).

On remarquera que la Lorraine se divise sur le plan linguistique en une partie germanique (nord et est du département de la Moselle et nord-ouest du Bas-Rhin), et une partie romane comprenant le reste de l'ancienne province de Lorraine (une partie de la Moselle, du Bas-Rhin et du Haut-Rhin ainsi que la Meuse, la Meurthe-et-Moselle et les Vosges).

LES PARLERS ROMANS

A l'écoute des différences en zone romane

Les grandes divisions dialectales qui coupent le territoire en zones d'oïl, d'oc et de francoprovençal ont été présentées précédemment (*cf.* p. 48-50), mais sans préciser les critères qui avaient permis aux dialectologues d'établir ces divisions.

Les situations sont en effet si complexes et si imbriquées que les dialectologues eux-mêmes discutent encore sur certains regroupements : il serait donc outrecuidant de prendre parti. Mais il serait dommage de renoncer à présenter certaines données mises en lumière par la géographie linguistique, cette discipline qui met en rapport les phénomènes linguistiques avec les lieux où ils se produisent. (*Cf. encadré,* p. 137.)

Il existe des atlas linguistiques de la France où, sur un fond de carte, figurent en notation phonétique, aux emplacements des lieux d'enquête, les formes linguistiques recueillies localement par l'enquêteur, à raison d'une carte par notion : on a ainsi sur une même carte tous les mots utilisés pour désigner, par exemple, le « chat » ou le « coq », ou « pleuvoir », etc.

A partir de ces données, on peut arriver à délimiter des zones dialectales réunissant les mêmes mots ou les mêmes prononciations.

Parlons un peu patois...

On trouvera dans les pages qui suivent quelques informations, trop partielles pour qui veut réellement s'initier à la dialectologie,

LA FRANCE A BICYCLETTE
ou la naissance de la géographie linguistique

A la fin du XIXᵉ siècle, le dialectologue Jules Gilliéron, géologue de formation, a demandé à Edmond Edmont, pharmacien à l'oreille très fine, de
parcourir la France à bicyclette, afin de recueillir les différentes formes d'une
liste de 1 400 mots dans 639 villages. Bien entendu, Edmont ne disposait pas
de magnétophone. Il notait immédiatement en signes phonétiques les prononciations entendues et, pour ne pas être tenté de corriger sa première
impression, il envoyait chaque soir à Gilliéron sa moisson d'informations.

Les résultats de cette « enquête à bicyclette », qui a duré quatre ans, ont été
publiés par Gilliéron entre 1902 et 1910 et constituent *l'Atlas linguistique de
la France*. Cet atlas comprend autant de cartes que de mots étudiés, dont la
forme apparaît, en notation phonétique, à l'emplacement de chaque point
d'enquête.

Ce premier recueil cartographié des dialectes de la France a été suivi par
une série d'atlas aux mailles plus serrées, les 25 *Atlas linguistiques par région*,
élaborés par des équipes du C.N.R.S., et dont la publication se termine
actuellement.

mais qui pourront peut-être piquer la curiosité du lecteur resté
jusque-là indifférent aux langues régionales, uniquement parce
qu'elles lui étaient parfaitement inconnues. Et lorsque, à l'occasion
d'un voyage ou d'une émission de télévision, il entendra prononcer
le mot *canchon,* le mot *cabro* ou le nom de famille *Martí,* il se
souviendra peut-être que *canchon,* c'est la « chanson » en picard,
cabro, la « chèvre » en provençal et *Martí,* un nom catalan correspondant à *Martin.*

LES DIALECTES D'OC

Pour préciser en quoi ces dialectes se distinguent des autres langues romanes, les dialectologues se fondent sur une vingtaine de
critères [141], qui se combinent diversement sur le territoire, donnant
ainsi naissance à des subdivisions internes. (*Cf. la carte,* p. 142.)

CATEAU = CHÂTEAU = CASTEL

La géographie linguistique permet de représenter sur le terrain la diversité des évolutions à partir du latin. Ainsi, tous les mots latins en *CA-* (comme CAPRA « chèvre ») ont gardé la consonne initiale du latin, à la fois à l'extrême nord (*kèvre* en picard) et à l'extrême sud (*cabro* en provençal). Mais, dans une vaste zone intermédiaire, on trouve des consonnes initiales très altérées : *chèvre* en français, *chieuve* en gallo, *tchabra* en haut-limousin, *tsabra* en bas-limousin, *sièbre* dans le Forez et même *thevra* en savoyard.

Ces phénomènes d'évolution trouvent une confirmation dans la toponymie, qui a toutefois unifié toutes les consonnes de la zone centrale sur la forme française *Ch-*. On a ainsi :

— au nord, *Le Cateau* (anciennement *Cateau-Cambrésis*), *Catillon*, *Le Catelet*, etc.

— au sud, *Castelnaudary, Castillon, Castelet,* etc.

et, entre ces deux régions : *Châteauroux, Châtillon, Châtelet,* etc.

On remarquera que la ligne qui sépare la région intermédiaire *(Cha-)* de la région sud *(Ca-)* ne se confond pas avec la limite - indiquée en pointillés - des régions d'oïl et d'oc. Elle permet en fait d'établir une subdivision des dialectes d'oc (*cf.* p. 142).

Qui parle occitan aujourd'hui ?

On désigne du terme générique de *langue d'oc* ou *occitan* les idiomes parlés dans le midi de la France, sur un vaste territoire qui va du département de la Gironde, à l'ouest, à celui des Hautes-Alpes, à l'est. Ils sont encore parlés, en concurrence avec le français, par une partie plus ou moins grande de la population selon les endroits, mais il est presque impossible d'évaluer le nombre total de personnes capables de parler ou simplement de comprendre un dialecte occitan, et les chiffres varient selon le critère retenu. En 1963, on estimait à 12 millions le nombre de personnes pouvant au moins le comprendre [142]. Plus récemment, l'estimation tournait autour de 8 millions, dont 2 millions seraient des usagers « à temps plein [143] ».

Aucun recensement systématique n'a été entrepris, mais il existe des enquêtes ponctuelles qui permettent de se rendre compte de la vitalité des langues régionales [144], plus largement pratiquées par exemple dans le Roussillon qu'en Gascogne, le plus souvent mieux conservées dans les milieux ruraux que dans les grandes villes et surtout chez les personnes âgées. Les enquêtes de Gilliéron sur l'ensemble de la France, à la fin du XIXe siècle, portaient encore sur un grand nombre de personnes de moins de quarante ans, tandis que les dernières enquêtes effectuées par les équipes du C.N.R.S. ont plutôt recueilli les témoignages de personnes dont la moyenne d'âge dépassait soixante-dix ans [145].

Le souvenir de Mistral

Pour beaucoup d'entre nous, les parlers du Midi font tout de suite penser à la Provence et à Mistral, ce qui a pour conséquence d'éclipser injustement les autres dialectes d'oc.

La langue des troubadours méridionaux, dont le prestige littéraire remonte au Moyen Age, jouissait à ses débuts d'une certaine unité, mais *langue d'oc* ne se confond pas aujourd'hui avec *provençal*. En effet, dès le XIIIe siècle, des différences ont commencé à se faire sentir, pour aboutir aux subdivisions que nous connaissons aujourd'hui : provençal, languedocien, auvergnat, limousin, gascon...

La fragmentation est réalisée depuis longtemps lorsque, vers le milieu du XIXe siècle, sept jeunes poètes provençaux, parmi lesquels Frédéric Mistral, se réunissent dans le château de l'un d'entre eux pour créer le *Félibrige*. Cette sorte de « Pléiade » provençale avait pour but essentiel la renaissance d'une véritable langue commune, avec, comme premier objectif, la constitution d'une orthographe unifiée représentant aussi fidèlement que possible la prononciation de la langue.

Les problèmes de l'orthographe

Rappelons-nous qu'à cette époque, il n'y avait plus une langue d'oc *unique,* comme au Moyen Age, mais plusieurs variétés dialectales. Pour que chaque mot ait une *seule* forme, il fallait donc choisir un dialecte de référence : tous les premiers félibres étant de la même région, entre Arles et Avignon, ils ont tout naturellement choisi le dialecte de Maillane, patrie de Mistral, comme modèle.

Par la suite, si le Félibrige a eu un retentissement hors de la Provence, c'est surtout grâce à la renommée de Mistral. Ce dernier obtient le prix Nobel de littérature en 1904 et, en octobre 1913, le président Raymond Poincaré fait arrêter le train présidentiel près de Maillane et l'invite à déjeuner dans son wagon.

Il fallait toutefois se rendre à l'évidence. Malgré ces honneurs rendus à son représentant le plus illustre, le Félibrige n'avait pas réussi à opérer l'unité dialectale souhaitée : d'une part, la graphie choisie, trop proche du parler de Maillane, ne s'adaptait pas aisément aux autres parlers occitans ; d'autre part, ce mouvement ne

---

Un peu de provençal

Lou Mas di Falabrego	*Le Mas des Micocoules*
Cante uno chato de Prouvènço	*Je chante une feune fille de Provence*
Dins lis amour de sa jouvènço	*Dans les amours de sa jeunesse*
A travès de la Crau, vers la mar, dins li blad,	*A travers la Crau, vers la mer, dans les blés ;*
Umble escoulan dou grand Oumèro	*Humble écolier du grand Homère*
Iéu la vole segui. Coume èro	*Je veux la suivre. Comme c'était*
Rèn qu'uno chato de la terro	*Seulement une fille de la glèbe*
En foro de la Crau se n'es gaire parla.	*En dehors de la Crau il s'en est peu parlé.*

(Frédéric MISTRAL, *Mireio,* chant premier, Paris, Fasquelle, 1968, p. 2-3)

bénéficiait pas de l'appui d'une force politique assez puissante pour imposer le dialecte de Maillane comme base commune pour tout l'occitan. Devant cet échec du Félibrige, d'autres types d'orthographe ont été proposés, car la nécessité d'une langue écrite commune restait le souci majeur de tous ceux qui parlaient l'une ou l'autre des variétés dialectales de la langue d'oc.

LA LANGUE DE MISTRAL

« Pourquoi Mistral n'est pas Virgile ? Parce qu'il n'a pas écrit en français. »

(André SUARES, Lettre à un inconnu)

« Un grand poète épique est né... un poète qui, d'un patois vulgaire, fait un langage classique, d'image et d'harmonie, ravissant l'imagination et l'oreille. »

Alphonse de LAMARTINE, *Cours familier de littérature,* 1859.

L'Institut d'Études Occitanes

Vers la fin du XIXe siècle, une autre graphie, qui se rapprochait le plus possible de l'ancienne graphie des troubadours, c'est-à-dire de l'époque ayant précédé la fragmentation dialectale, voit le jour hors de Provence. En 1935, Louis Alibert publie une énorme grammaire occitane de 500 pages, avec pour langue de base le languedocien, et non plus le provençal. Mettant à profit l'expérience malheureuse du Félibrige, Alibert prend pour point de départ, non pas le parler d'un village donné, mais des graphies traditionnelles remontant aux troubadours, c'est-à-dire à l'époque où les différenciations ne s'étaient pas encore produites, et permettant diverses lectures selon les variantes de chacun des dialectes.

Ce sont ces mêmes principes qui ont été repris et améliorés dès 1945 par l'Institut d'études occitanes (I.E.O.), dont le siège est à Toulouse, mais qui compte de nombreux centres régionaux. En 1951 paraît un ouvrage de l'occitaniste Robert Lafont, qui applique cette graphie occitane également aux parlers de Provence, concurrençant ainsi la graphie mistralienne sur son propre terrain. Dans les années 70, des efforts ont aussi été faits pour mettre au point, à partir du languedocien, forme la plus proche de la langue

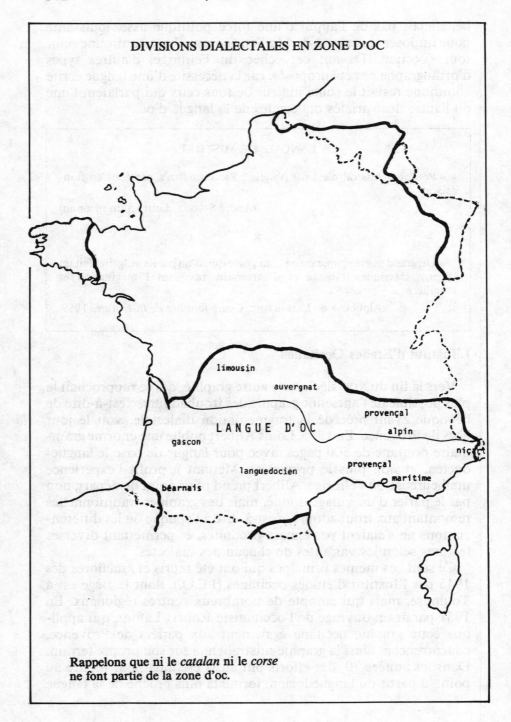

DIVISIONS DIALECTALES EN ZONE D'OC

limousin

auvergnat

provençal

alpin

LANGUE D'OC

gascon

niçois

provençal

languedocien

maritime

béarnais

Rappelons que ni le *catalan* ni le *corse*
ne font partie de la zone d'oc.

classique, une sorte de langue de référence pouvant servir de base à un occitan commun.

Bien que le système graphique de l'I.E.O., dont une des caractéristiques est son indépendance vis-à-vis de l'orthographe française, semble bénéficier aujourd'hui de la faveur de la majorité des jeunes écrivains méridionaux, il reste encore en Provence des mistraliens irréductibles, fidèles à l'orthographe du Félibrige.

Mais la graphie n'est qu'un des aspects du phénomène. Ces « mistraliens » sont en outre farouchement opposés au terme même d'*occitan,* qui, par son caractère généralisateur, aurait pour effet, s'il était adopté, de déplacer, de la Provence vers le Languedoc, le centre de gravité de l'occitanisme [146].

Les divisions à l'intérieur de l'occitan

Si les écrivains du XIX* siècle, puis du XX* siècle, ont éprouvé le besoin d'unifier la graphie, c'est parce que l'occitan n'existe pas en tant que langue commune. En effet, la zone occitane connaît plusieurs variétés différentes (*cf. carte,* p. 142) :

— le **nord-occitan,** qui regroupe le **limousin,** l'**auvergnat** et le **provençal alpin** ;
— le **sud-occitan** (dit « occitan moyen »), qui comprend le **languedocien** et le **provençal (maritime),** auxquels il convient d'ajouter le **niçart** ;
— le **gascon** et le **béarnais,** à l'ouest.

Quelques fils d'Ariane

Pour entrer dans la dialectologie occitane sans se perdre dans le dédale de la diversité des formes qui s'entremêlent, et pour aller rapidement à l'essentiel, il faut se rappeler que l'occitan est généralement resté plus proche du latin, tandis que le français présente des formes souvent très modifiées. Voici un exemple facile à retenir : la voyelle A accentuée du latin, dans des mots comme SALE(M), est restée *a* dans le Midi tandis qu'elle a pris un autre timbre dans la zone d'oïl. On trouve ainsi : *sau* (prononcé *saou*) en gascon, en limousin et en provençal, *sal* en languedocien, mais *sel* en français.

Et, à condition de ne pas vous tromper sur les mots latins d'origine — car le A de SALE(M) n'a pas évolué comme celui de CASTELLU(M), de MATURU(M) ou de LUNA parce qu'il ne se trouvait pas dans la même position dans le mot — vous pouvez vous amuser à trouver les équivalents occitans de mots comme *père, mère, tel, chèvre, mer, chef, nef, clé, pré*, ainsi que tous les infinitifs en *-er*. La voyelle, vous l'aviez deviné, y est restée *a,* comme en latin.

Non seulement les voyelles latines se sont mieux conservées en zone occitane, mais une grande quantité de consonnes latines, aujourd'hui muettes en français, s'y font encore entendre, ne serait-ce que sous une forme légèrement altérée. Ainsi le T entre voyelles du latin (par ex. dans VITELLU(M)) a complètement disparu dans *veau,* mais il subiste encore sous la forme d'un *d* en languedocien *(vedèl)* et en provençal *(vedèu)*. Parmi les mots français, on peut reconnaître dans *salade* ou *daurade,* prononcés avec une consonne finale *d,* des emprunts à l'occitan, car les formes françaises dérivées normalement du latin sont *salée, dorée,* sans la consonne.

Rappelons aussi (*cf. encadré,* p. 139) un autre trait permettant de distinguer le nord-occitan (limousin, auvergnat, provençal alpin) de l'occitan moyen (languedocien, provençal) : le *c* provenant de la succession CA du latin (CANTARE « chanter ») est resté *c* en languedocien et en provençal *(cantar),* mais a évolué en *tch, ts,* etc. dans le nord-occitan *(tchantar, tsantar)*. Remarquons que ces formes sont intermédiaires entre le latin CA- et le français *cha-*.

Le gascon, de son côté, se caractérise par un trait absolument spécifique : il est le seul dialecte, avec le béarnais, à comporter un *h* (véritable consonne prononcée). Mais attention, il ne s'agit pas du maintien du *h* latin, dont on a vu qu'il n'avait même pas pénétré en Gaule puisqu'il ne se prononçait déjà plus au moment de la conquête par Jules César. (*Cf. Une nouvelle consonne apparaît,* p. 54-55.) Ce *h* gascon correspond au F du latin : FILIU(M), FARINA ont abouti à *hiu, haría* en gascon. Dans ce dernier mot, on constate en même temps une autre caractéristique du gascon où, comme en portugais, le N latin entre deux voyelles a disparu : LUNA a abouti à *lua* « lune », GALLINA à *garía* « poule », etc.

On peut encore citer, pour le gascon, la présence d'un *b* correspondant au *v* du français (comme dans l'espagnol et le catalan d'aujourd'hui), trait qui s'étend aussi au languedocien. Cela fait penser à la remarque de Scaliger, humaniste de la Renaissance, qui écrivait : « Heureux peuple, pour qui *vivere est bibere.* »

Le catalan, qui se parle dans le Roussillon, en France, sur toute la côte méditerranéenne jusqu'au-delà de Valence en Espagne et dans les îles Baléares, ne fait pas partie de la langue d'oc. Il se distingue des langues voisines, en particulier :

par le maintien du U latin (prononcé *ou*) : DURU(M) a abouti à *dur* (prononcé *dour*), MATURU(M) à *madur* (prononcé *madour*),

et par la chute de N latin devenu final, dans des mots comme MANU(M) ou BENE, devenus *má* « main », et *bé* « bien ».

On comprend alors pourquoi le nom de famille *Martin* est *Martí* en catalan (qui se dit, vous l'aviez deviné, *catalá* en catalan).

Les parlers corses se rattachent à l'italien

La Corse est devenue française en 1769, l'année même de la naissance du plus célèbre de ses enfants, Napoleone Buonaparte. Auparavant, pendant cinq siècles, elle était restée sous la domination de Gênes, après avoir été sous celle de Pise, de la fin du XIe siècle à la fin du XIIIe siècle. C'est cette occupation pisane qui a laissé l'empreinte la plus durable dans l'île. Très toscanisée, surtout dans le nord-est, en raison des nombreux contacts avec les colons pisans, la langue corse ne se confond toutefois pas avec le toscan, devenu l'italien d'aujourd'hui.

Les différents dialectes corses sont très proches du toscan dans le nord de l'île, mais ils ont beaucoup de points communs avec le sarde dans sa partie méridionale. Tout comme le sarde, le corse a conservé certaines formes du latin éliminées ailleurs [147]. Il s'y est maintenu des distinctions que l'on ne retrouve pas en italien, comme par exemple les finales en *-u* provenant du latin U et devenues *-o* en italien : « le mur » se dit *muru* en corse mais *muro* en italien, le « livre », *libru* en corse et *libro* en italien, « l'année », respectivement *annu* et *anno,* etc.

Alors que le jeune Napoleone, en arrivant à Marseille à l'âge de neuf ans, ne comprenait pas un mot de français — qu'il a d'ailleurs toujours parlé avec un « accent » —, aujourd'hui tous les Corses le comprennent et le parlent parfaitement. Mais, contrairement à ce qui se produit ailleurs, à l'exception de l'Alsace et de la Lorraine, l'usage généralisé du français n'a pas fait reculer sensiblement le parler local, et la fidélité des Corses à leur langue reste exemplaire.

LE FRANCOPROVENÇAL

Le francoprovençal s'étend sur trois pays européens :
— *en France,* dans le Lyonnais, la Savoie, le nord du Dauphiné et une partie du Forez et de la Franche-Comté ;
— en *Suisse romande,* c'est-à-dire dans les cantons de Neuchâtel, de Vaud, de Genève, de Fribourg et du Valais ;
— en *Italie,* dans le Val d'Aoste.
Bien que l'on puisse justifier une division entre une section septentrionale (Fribourg, Neuchâtel, Valais, Vaud) et une section méridionale (Lyonnais, Dauphiné, Savoie, Genève, Val d'Aoste) [148], le morcellement dialectal est tel qu'il a été jugé préférable de ne retenir sur la carte que des indications géographiques.

La spécificité de ce domaine n'a été reconnue que depuis un siècle et la graphie *francoprovençal,* en un seul mot, sans trait d'union, est un moyen pour les spécialistes de montrer l'unité d'un domaine qui n'est pas un mélange de français et de provençal et qui, selon André Martinet, serait de façon plus adéquate nommé *rhodanien.*

Qui parle francoprovençal ?

Le nombre des patoisants s'amenuise de jour en jour, mais les patois ne sont pas morts, comme l'ont montré des enquêtes effectuées ces dernières années. Ainsi, en 1975, il y avait encore à Saint-Thurin, petite commune de 300 habitants dans le département de la Loire, 96 % des habitants qui comprenaient le francoprovençal et 73 % qui le parlaient [149]. Mais si les agriculteurs le parlaient encore en majorité (93 % d'entre eux), il n'y avait que 45 % des ouvriers qui le pratiquaient. D'autres enquêtes en région francoprovençale [150] montrent comment s'opère l'abandon progressif du dialecte francoprovençal par la population.

Comment reconnaître le francoprovençal ?

Il n'est pas facile de caractériser le francoprovençal dans son ensemble, car il s'est diversifié en une multitude de variétés. On

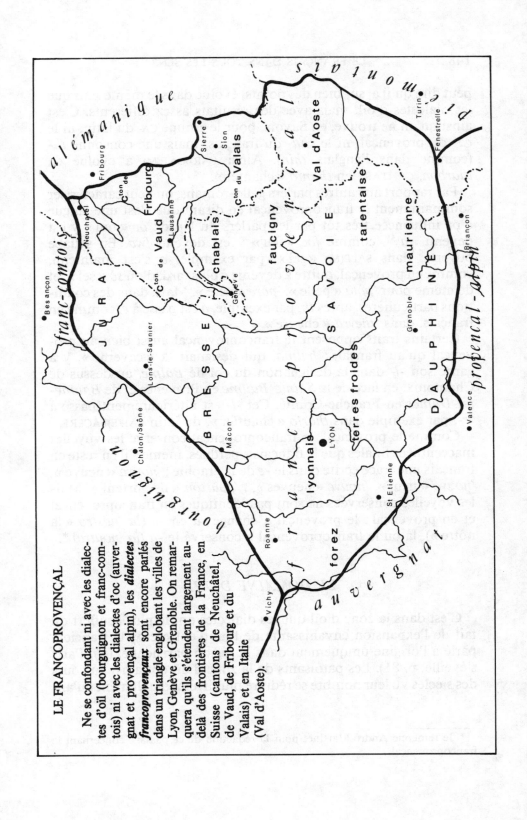

LE FRANCOPROVENÇAL

Ne se confondant ni avec les dialectes d'oïl (bourguignon et franc-comtois) ni avec les dialectes d'oc (auvergnat et provençal alpin), les *dialectes francoprovençaux* sont encore parlés dans un triangle englobant les villes de Lyon, Genève et Grenoble. On remarquera qu'ils s'étendent largement au-delà des frontières de la France, en Suisse (cantons de Neuchâtel, de Vaud, de Fribourg et du Valais) et en Italie (Val d'Aoste).

alémanique

bien-monteis

franc-comtois

JURA

C^ton de Fribourg

C^ton de Vaud

chablais

faucigny

Val d'Aoste

tarentaise

maurienne

provençal-alpin

SAVOIE

DAUPHINE

BRESSE

terres froides

bourguignon

francoprovençal

lyonnais

forez

auvergnat

Besançon

Fribourg

Neuchâtel

Lausanne

Sierre

Sion

C^ton du Valais

Genève

Lons-le-Saunier

Grenoble

Briançon

Valence

Chalon/Saône

Mâcon

LYON

St Etienne

Turin

Fenestrelle

Roanne

Vichy

peut dire qu'il a, sur bien des points, évolué dans le même sens que les dialectes d'oïl, mais avec des résultats assez différents. C'est ainsi qu'on ne trouve, en Savoie, pour le groupe CA- du latin, ni le *ca*- du provençal, ni le *cha*- du français, mais une consonne *th*- (comme dans l'anglais *thin*). Ainsi CARBONE(M) a évolué en *tharbon,* CANTARE en *thantò* « chanter ».

Par rapport aux autres parlers gallo-romans, on peut caractériser sommairement le francoprovençal en disant que c'est une langue d'oc influencée très tôt par les parlers du Nord : *oc* « oui » y est devenu *wa*[151], comme *foc* « feu » y est devenu *fwa*. En syllabe ouverte, dans SALE(M) « sel », par exemple, *a* s'est maintenu, comme en provençal, quitte à devenir *ò* plus tard, d'où *sò* « sel », et de même pour *'pòla* « pelle », *'pòre* « père ». Mais, dans des conditions particulières, après *th,* par exemple, *a* est passé à *e,* comme en français, dans *'thevra* « chèvre ».

Certains traits opposent le francoprovençal aussi bien au provençal qu'au français : *balma,* qui désignait la « caverne », y a gardé son -*l*- dans la désignation du col de *Balme,* au-dessus de Chamonix, en face de la *Sainte-Baume* en Provence et de *Baume-les-Dames* en Franche-Comté. Cet -*l*- est ultérieurement passé à -*r*-, par exemple dans *tharfò* « chauffer », du latin CAL(E)FACERE.

Comme le provençal, le francoprovençal conserve les voyelles inaccentuées finales que le français a perdues, même s'il en reste en français une trace écrite dans le -*e* de la graphie : *'nouva* « neuve », *'nouvo* « neuf », *'nouve* « neuves », *i 'pourton* « ils portent ». Mais les voyelles conservées ne sont pas identiques en francoprovençal et en provençal : le provençal a changé -*a* en -*o* (*la 'nostro* « la nôtre »), là où le francoprovençal a conservé le -*a (la 'noutra)* *.

LE DOMAINE D'OÏL

C'est dans la zone d'oïl que les dialectes ont le plus souffert du fait de l'expansion envahissante de l'un d'entre eux, le francien, parlé à l'origine uniquement dans la région parisienne. (*Cf.* Paris s'éveille, p. 81). Les patoisants de la zone d'oïl ont ainsi au cours des siècles vu leur nombre se réduire plus irrémédiablement qu'ail-

---

* Je remercie André Martinet pour la rédaction de ce passage concernant le francoprovençal.

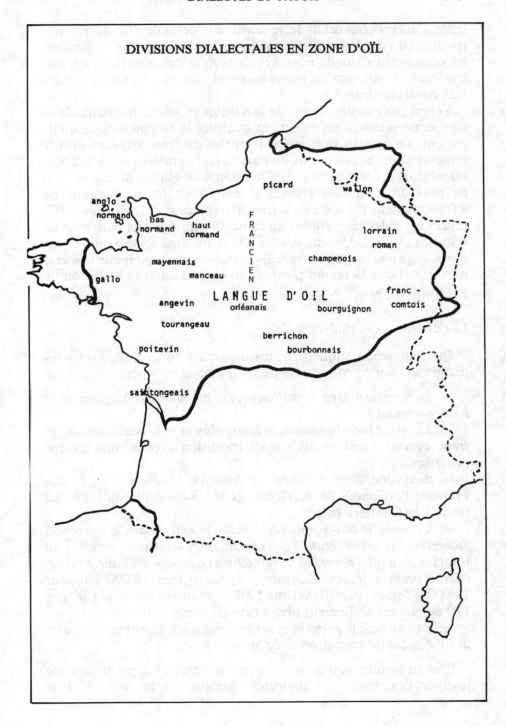

DIVISIONS DIALECTALES EN ZONE D'OÏL

picard

wallon

anglo-
normand

bas
normand

haut
normand

lorrain
roman

F
R
A
N
C
I
E
N

champenois

mayennais

manceau

LANGUE D'OIL

gallo

franc-
comtois

angevin

orléanais

bourguignon

tourangeau

berrichon

poitevin

bourbonnais

saintongeais

leurs. Plus proches du dialecte dominant, celui de l'Ile-de-France, les dialectes d'oïl ont été en quelque sorte infiltrés par ce dernier, en produisant dans de nombreux endroits des situations un peu confuses, où souvent les gens ne savent plus eux-mêmes s'ils parlent patois ou français.

Tel est par exemple le cas de la Saintonge, où les habitants de la région, ne sachant pas comment qualifier la langue unique qu'ils parlent, ne se résolvent pas à l'appeler du français, tout en n'y reconnaissant pas non plus du patois. Ils l'appellent alors souvent du « français écorché [152] ». Les habitants de Haute-Bretagne, eux, en plus de « français écorché », emploient les expressions de « français déformé » ou de « français abrégé ». Et, pour les différences lexicales par rapport au français commun, ils parleront de « surnom », de « dénommé », de « faux nommé », de « nom baroque » alors que le mot du français commun serait pour eux le « vrai mot [153] ». Dans la région picarde, on entend aussi l'expression de « français écrasé [154] ».

Les divisions des dialectes d'oïl

On peut schématiquement distinguer en zone d'oïl, parmi les parlers qui survivent, quatre ou cinq grands groupes :

— au nord, le *picard,* le *wallon* (qui se prolonge en Belgique) et le *haut-normand ;*

— à l'est, le *lorrain roman,* le *bourguignon* et le *bourbonnais ;* le *franc-comtois* étant un dialecte de transition avec la zone franco-provençale ;

— dans une zone centrale, le *francien* (dialecte de l'Ile-de-France), l'*orléanais,* le *berrichon* et le *champenois,* qui s'étend jusqu'à la frontière belge ;

— à l'ouest, le *bas-normand,* le *gallo,* le *mayennais,* le *manceau,* l'*angevin* et le *tourangeau.* Tous ces dialectes sont assez proches du francien. L'*anglo-normand* se rattache à ce groupe de l'ouest : il est encore parlé à Jersey, Guernesey et Sercq (par 10 000 hab. sur 75 000 à Jersey, par 10 000 sur 52 000 à Guernesey et par 60 des 120 personnes réellement originaires de Sercq [155]) ;

— plus au sud, le *poitevin* et le saintongeais forment au contraire des dialectes de transition avec la zone d'oc.

Il serait fastidieux d'énoncer la liste des traits qui permettent de justifier l'existence des dialectes figurant sur la *carte* p. 149.

Tâchons de rendre les choses un peu moins abstraites en indiquant seulement pour certains d'entre eux une caractéristique facile à repérer.

A quoi ressemblent les dialectes d'oïl ?

Parmi les dialectes d'oïl, ceux du nord et de l'est sont ceux qui se différencient le mieux de celui qui est devenu le français. Face au *francien,* le *picard* a pu apparaître au Moyen Age comme un sérieux rival ayant des chances de devenir la langue commune, car c'était alors une langue de chancellerie dans le nord et il jouissait aux XIIIe et XIVe siècles d'un grand prestige littéraire. (*Cf. encadrés* p. 84 et 86.)

Sans prétendre vouloir caractériser le picard par rapport au français, il est amusant de faire remarquer que sur un point au moins le picard et le français semblent avoir eu l'esprit de contradiction : le picard, en effet, dit *canter, keval, canchon* et *vaque,* là où le français prononce *chanter, cheval, chanson* et *vache.* En revanche, pour le *cerf* et la *cité,* on a, en picard, *cherf* et *chité* [156]. (*Cf. encadré* ci-dessous *.)

Les dialectes de l'Ouest, à l'origine très proches du francien, ont dû s'en séparer assez tard. De plus, ils se distinguent difficilement

---

Un peu de picard

LE P'TIT QUINQUIN

Canchon dormoire	*Berceuse*
Dors, min p'tit quinquin	*Dors, mon tout petit,*
Min p'tit pouchin,	*Mon p'tit poussin,*
Min gros rojin.	*Mon gros raisin* [1]*.*
Tu m' f'ras du chagrin	*Tu m'f'ras du chagrin*
Si te n' dors point qu'à d'main.	*Si tu n'dors point (jus)qu'à d'main.*

Alexandre DESROUSSEAUX

---

1. Terme d'affection (dit hypocoristique), comme « mon poussin, mon lapin ».

---

* Je remercie Anne Lefebvre et Fernand Carton de leur aide pour la traduction du *P'tit Quinquin.*

les uns des autres, car les faits y sont très imbriqués. Une caractéristique curieuse à signaler est le maintien en pays gallo (surtout
dans la zone nord des Côtes-du-Nord, de l'Ille-et-Vilaine et du
Morbihan) d'une série de pluriels se distinguant du singulier par les
voyelles finales. Comme nous avons *cheval-chevaux*, ils ont pour
ruisseau, copeau, couteau, oiseau, agneau, pourceau, etc., un singulier en -*è* et un pluriel en -*yaou* : pour « oiseau », un *oisè*, des
oisyaou, etc. Pour « poulet », le singulier est comme en français,
mais le pluriel est aussi en -*yaou* [157].

Ces indications permettent de prendre conscience de certaines
régularités conservées dans les formes dialectales, alors que le français apparaît souvent, en comparaison, comme le domaine de
l'exception et de l'aléatoire.

QUEL AVENIR
POUR LES LANGUES RÉGIONALES ?

La nouvelle orientation des langues régionales

Les quelques indications ci-dessus n'étaient destinées qu'à mettre un peu de « chair » phonique derrière des termes comme *patois* ou *dialecte*. Mais qu'on ne se laisse pas prendre à l'apparente simplicité des faits présentés : souvent les spécificités locales se sont laissé recouvrir par les formes, entendues tous les jours, de la langue dominante, le français. Et les gens, de bilingues qu'ils étaient, deviennent dès lors progressivement unilingues sans le savoir.

L'extinction d'un patois ne se produit pas toujours de la même façon. Dans certaines régions, la langue locale a subi une lente contamination, ce qui risque d'aboutir à des formes de patois francisé, puis de français patoisé et enfin de français régional. Tel est le cas des dialectes d'oïl les plus proches du français, comme le *gallo* ou le *tourangeau*.

Dans d'autres régions, ceux qui parlent le patois le parlent bien jusqu'à leur mort (Forez, Haute-Loire [158], dialectes d'oc et régions de langue non romane), sans étapes intermédiaires de patois plus ou moins francisé. Il semble bien que les îles anglo-normandes (Jersey, Guernesey et Sercq) soient dans ce cas [159].

Pour la zone d'oïl, il s'agit des régions où le patois est le plus éloigné du français. En Bourgogne, les deux solutions « cohabitent » : le patois est encore parlé sans confusion dans le Morvan, tandis que dans le nord de la Nièvre, les gens ne font plus de différence entre le patois et le français [160].

Les unilingues d'une langue régionale sont aujourd'hui des perles rares que les linguistes se signalent en suscitant intérêt et envie car tous éprouvent une sorte d'affection et d'admiration pour ces gens qui détiennent des richesses linguistiques inestimables.

Chez les bilingues français-patois, dont le nombre s'amenuise de jour en jour, on constate aujourd'hui un déplacement de la fonction de la langue régionale. Au lieu de servir uniquement à la communication spontanée pour les besoins quotidiens — ce rôle étant naturellement rempli par le français —, le patois devient un objet d'étude, presque un objet de culte, en même temps qu'un moyen d'affirmer son identité. C'est peut-être là une des chances de sa survie, en tant que langue de l'affectivité et signe d'appartenance à une communauté restreinte et à un lieu particulier.

Enfin, pour les bilingues comme pour la majorité de nos concitoyens qui n'ont pas eu la chance de pratiquer, en plus, une langue régionale, il reste le français. C'est dans ce français régional, toujours varié et parfois inattendu, que survit en partie la diversité des dialectes d'antan.

3.

LE FRANÇAIS EN FRANCE

Variétés régionales

DIVERSITÉ ET GÉOGRAPHIE

On ne peut pas dire « LE français »

Afin d'assurer la prédominance d'une langue « unique et invariable » dans une République « une et indivisible », la Révolution française avait proclamé la nécessité d'abolir les patois. Les grammairiens dès le XVIIᵉ siècle, l'école depuis le XIXᵉ, tentent de faire respecter les règles d'un français unique aux formes fixées une fois pour toutes, formes souvent difficiles à retenir et inexplicablement admirées dans leurs irrégularités les plus folles. Tous ces efforts d'unification ont abouti à la généralisation de la pratique du français sur l'ensemble du territoire et à la stricte réglementation de la langue écrite.

Moins docile, la langue orale que nous entendons et que nous parlons tous les jours a gardé une certaine diversité, aussi bien dans ses mots que dans sa prononciation, mais chacun croit qu'il parle le même français que son voisin, puisque tous deux peuvent se comprendre sans difficulté. Il suffit cependant de prêter un peu l'oreille pour s'apercevoir qu'il n'y a pas *un* français, mais *des* variétés du français : on repère alors des différences appréciables, même dans un milieu qu'on pourrait croire homogène, comme par exemple celui des gens cultivés de résidence parisienne.

Le roi est nu

Les dictionnaires de prononciation du français ont toujours proposé une prononciation unique pour chaque mot, généralement celle de leur auteur. Nous changions les données du problème lorsque, après cinq ans de travail, André Martinet et moi-même avons fait paraître en 1973 le *Dictionnaire de la prononciation française dans son usage réel* [161] : pour la première fois, nous portions atteinte, dans un dictionnaire, au mythe de l'unité de la prononciation du français, et cela pour près d'un mot sur cinq. Les dix-sept personnes dont les prononciations ont été consignées dans ce dictionnaire étaient pourtant toutes d'un bon (pour ne pas dire d'un très haut) niveau d'instruction. Cela faisait apparaître d'autant plus scandaleuse l'existence de latitudes dans le parler de ceux-là mêmes qui, en principe, déterminent la norme. Nous avions en outre pris la précaution de ne retenir que les témoignages de personnes souvent nées en province mais ayant fait un long séjour dans la capitale, ce qui avait eu pour effet d'estomper leurs particularités les plus flagrantes, vestiges des habitudes acquises au cours de leur enfance dans leur province natale. Si, malgré une longue résidence parisienne, des différences s'étaient maintenues dans ce petit groupe d'informateurs, on ne devrait pas s'étonner d'en trouver bien davantage en élargissant l'examen à l'ensemble du pays. C'est cette diversité régionale du français qu'il convient maintenant d'examiner.

La diversité régionale du français

Il faut tout d'abord préciser ce qu'on entend par diversité régionale du français, car il ne faudrait pas la confondre avec la diversité des patois.

Rappelons que les patois sont les formes prises par le latin parlé dans les différentes régions, et que ces patois ont, tout au long des siècles, vécu côte à côte avec le français finalement appris et parlé par toute la population, devenue bilingue patois-français.

Même s'il existe dans la réalité observée des chevauchements inévitables, il faut donc prendre soin de distinguer :

— les *patois,* qui, eux, ne sont *pas* du français. La question de leur diversité a été traitée dans le chapitre précédent ;

— le *français que l'on enseigne,* qui est une sorte d'entité idéalisée, dont chacun se fait une idée, mais que personne ne pratique et qui, par définition, ne peut pas comporter de diversité ;

— enfin, les *variétés du français* quotidien, tant il est vrai que chacun conserve longtemps les particularités de la langue qu'il a apprise dans le milieu et la région où il a vécu, et qui varient d'un lieu à l'autre.

La géographie d'abord

Il ne faut pas se lasser d'insister sur cette place primordiale qu'on doit accorder à la géographie linguistique dans notre pays car, aux premiers mots qu'il prononce, on reconnaît un habitant de Toulouse ou de Strasbourg par rapport à un habitant de Paris, sans pouvoir toujours identifier le milieu social auquel il appartient. Un grand banquier parisien parle et surtout prononce différemment de son confrère toulousain ou alsacien, alors que la prononciation de chacun d'entre eux ressemble beaucoup à celle de son employé le plus modeste, originaire de la même région que lui.

Rappelons-nous que la fragmentation dialectale du latin sur notre territoire a précédé la généralisation du français et que son empreinte dure depuis des siècles : l'existence de ce long passé permet de comprendre pourquoi c'est dans le cadre géographique qu'il faut tout d'abord envisager la variété des usages de cette langue.

Les différences que l'on constate sur le plan de l'âge, du milieu social, du niveau de scolarisation ou de la situation de communication apparaissent toujours comme un renforcement ou une atténuation des caractéristiques d'abord bien identifiées sur le plan régional.

Remettre Paris à sa juste place

Décrire le français dans sa diversité contemporaine, c'est donc tout d'abord tenir compte du facteur géographique, mais c'est aussi prendre conscience — malgré qu'on en ait — du rôle joué par la langue qui se parle à Paris, là où se concentrent la plupart des activités économiques, politiques et culturelles du pays tout entier. Qu'ils habitent Paris ou la province, qu'ils soient ouvriers ou paysans, techniciens, intellectuels ou artistes, et qu'ils le veuillent ou non, tous nos contemporains subissent l'influence de la capitale.

Le phénomène est ancien. On a déjà vu comment, depuis le Xᵉ siècle, avec l'élection d'Hugues Capet comme roi de France en

987 — il y a tout juste mille ans — Paris n'a cessé de prendre de l'importance, sur le plan politique, bien sûr, mais aussi sur le plan de la langue. Aujourd'hui encore, Paris est plus que jamais le lieu de rencontre privilégié où communiquent, en français, des gens venus des six coins de l'Hexagone et des quatre coins du monde, chacun avec ses particularités régionales : c'est dans cette espèce de creuset que cohabitent divers usages du français, en se mêlant et en s'influençant réciproquement.

Il résulte de tous ces contacts que, pour la langue française, le plus juste représentant des usages dynamiques n'est ni le provincial resté dans son terroir, ni le Parisien d'origine, lui-même marqué par sa « province », mais cet être hybride qu'est le « Parisien d'adoption », qu'un linguiste a appelé sans crainte du paradoxe le « Parisien de province ». Ce Parisien type finit par parler une langue difficile à identifier sur le plan régional, au point que l'on peut considérer son usage du français comme « moyen » : né de l'amalgame des différents apports venus de partout dans le creuset parisien, il est à la fois tout Paris et toute la province.

Au grand regret de beaucoup d'entre nous, cette situation, qui arrondit les angles et gomme les différences, risque bien entendu d'aboutir, à plus ou moins longue échéance, à une sorte d'uniformisation insipide de tout ce qui faisait encore naguère la spécificité piquante de chacune des provinces de langue française. Néanmoins, et malgré les effets de « rouleau compresseur » des médias, qui répercutent et amplifient avec constance le parler du Parisien type, nous n'en sommes pas encore là.

Cette diversité se révèle tout d'abord dans le choix des mots.

DIVERSITÉ DU VOCABULAIRE

Mélangeons donc les torchons avec les serviettes...

Je connais un vieux couple résidant à Paris mais d'origine provinciale (donc des « Parisiens types »), qui utilise deux termes différents pour désigner le « grand coussin de forme allongée qui se place à la tête du lit, en dessous des oreillers individuels » : l'époux parle du *polochon* lorsque l'épouse lui montre le *traversin,* et cela, après plus de trente ans de vie commune.

Un autre Parisien d'adoption, longtemps après son arrivée à Paris de sa Savoie natale, continue à parler de *lavette* pour désigner l'objet que les Parisiens appellent un *gant de toilette,* alors que pour eux la *lavette* ne pourrait servir que pour la vaisselle. Cette même *lavette* devient à Brest une *vadrouille.*

D'autre part, le terme de *linge,* qui est à Paris un terme générique pour désigner l'ensemble des objets domestiques en tissu, se réfère en Savoie spécifiquement à une *serviette de toilette.* Dans cet usage du français, si on désire être plus précis, on dira plutôt *linge de toilette* et non pas *serviette de toilette.*

En Provence, le *torchon* renvoie aussi bien au *torchon* (pour essuyer la vaisselle) qu'à *l'essuie-mains* et à la *serviette.* Dans ces conditions, comment ne pas penser à l'expression « mélanger les torchons avec les serviettes » ?

Faisons un tour du côté de la cuisine

Alors que l'on adapte généralement son vocabulaire à celui du milieu dans lequel on vit, c'est dans le domaine de la cuisine et du foyer que se réfugient souvent certaines des formes apprises dans l'enfance et qu'on ne modifie pas par la suite. Il m'est arrivé d'entendre un Parisien de longue date, mais qui avait passé son enfance en Savoie (encore un Parisien type), demander à son épouse, née dans le Sud-Ouest, où se trouvait la *pôche*. A quoi, sans hésiter — et sans se tromper — elle répondait : « La *louche* ? Elle est dans le *poêlon*. » Je ne suis pas sûre que les habitants de régions moins méridionales aient compris que la *louche* était dans la *casserole*.

Toujours dans le domaine de la cuisine, j'ai entendu à Nice une dame parler du *potager* pour désigner, non pas le jardin où l'on cultive des légumes, mais l'emplacement où se trouve le fourneau. Plus curieux encore, l'appareil de cuisson que la plupart des gens nomment une *cuisinière* est souvent appelé, dans certaines régions, une *gazinière,* même si l'appareil ne fonctionne pas au gaz.

J'ai aussi entendu récemment une personne, née en Tunisie et rapatriée à Marseille, employer le mot *plat* pour désigner une assiette (plate). L'*assiette,* m'a-t-elle précisé, ne peut désigner, dans son usage, qu'une assiette *creuse,* et si elle veut parler d'un *plat* (de service), elle dira un *grand plat.*

Voici une autre particularité des gens originaires de Tunisie, qui fait immanquablement sourire les Parisiens : ils *tirent* la vaisselle du placard (comme d'autres *tirent* les marrons du feu).

Toujours dans le domaine de la cuisine, on sait généralement que le poisson qu'on achète sous le nom de *colin* à Paris est un *merlu* dans le Midi, que le *bar* et le *loup* d'une part, la *lotte* et la *baudroie* de l'autre, sont seulement des noms différents pour le même poisson, mais que les uns sont employés dans le Nord, et les autres dans le Midi.

Dîner en chaussons ? Méfiez-vous !

Mais, attention ! Si on vous invite à dîner, ou à souper, sans plus de précision, vous ne pouvez être sûr de rien, car si, à Paris, le *dîner* est le repas du soir, nombreuses sont les régions où c'est le repas de midi, celui du soir étant le *souper.* Comme, à Paris, le *souper* se prend beaucoup plus tard dans la nuit, généralement après le spectacle, il pourrait y avoir des rendez-vous manqués !

Enfin, si l'on me parle de *chaussons,* personnellement je comprendrai qu'il s'agit de ces « petites chaussettes tricotées que portent les bébés qui ne marchent pas encore », alors que pour la plupart des gens autour de moi, les *chaussons* sont des « pantoufles de laine, au talon recouvert ». Ces mêmes personnes, lorsqu'elles veulent parler de ce que j'appelle des *chaussons* (de bébé), emploieront le terme de *bottons*. Et il me faut toujours faire un petit effort sur moi-même pour accepter l'usage, pour moi bizarre, de mes interlocuteurs. Tant il est vrai qu'en matière de langue, ce sont toujours les autres qui semblent dévier de la norme.

Les linguistes enquêtent

L'emploi de mots comme *potager, dîner* ou *botton* peut évidemment être la source de petits malentendus. Il peut aussi devenir un indice permettant à celui qui l'entend de deviner que telle personne est originaire de telle localité, ou encore, pour celui qui l'emploie, de l'utiliser comme un signe d'appartenance à une même communauté linguistique.

Depuis quelques années, des recherches sur les particularités propres à diverses régions se sont multipliées [162], avec, récemment, des études locales ponctuelles portant surtout sur le vocabulaire [163]. Trois études parues entre 1983 et 1987 sur des localités peu éloignées les unes des autres — la ville de Vourey, près de Grenoble [164], la ville de Gap [165] et la ville de Lyon (et ses environs) [166] — permettent de mesurer la vitalité de certains régionalismes, ainsi que leur degré d'extension hors de leur région d'origine.

Lyon a exporté ses mâchons mais gardé ses cuchons

Plusieurs centaines de mots ont été recensés dans cet espace géographique assez réduit, mais peu de ces mots sont communs aux trois enquêtes.

Prenons l'exemple de *cuchon*. Ce mot, à l'origine « tas de foin », n'a aujourd'hui gardé que le sens de « un tas de, beaucoup de », dans des phrases comme : *on voit un cuchon de voitures dans le parc* ou *il y a un cuchon de bois derrière la maison*. Il est encore d'usage courant dans les trois villes de Gap, de Vourey et de Lyon, même chez les jeunes de quinze ans, mais le sens originel de « tas de foin » ne se manifeste qu'en milieu rural [167].

Le *mâchon*, qui désigne à l'origine un bon repas ou un repas plantureux à Lyon, est un mot connu et utilisé dans le Dauphiné, mais il semble inconnu à Gap. A Paris, les personnes que j'ai interrogées avaient entendu le mot, mais pensaient qu'il signifiait au contraire une « petite collation ». C'est aussi le sens qu'il a gardé aujourd'hui chez les jeunes Lyonnais.

Le mot *cuchon,* de son côté, ne semble pas avoir franchi les limites septentrionales du Lyonnais, mais jusqu'où est-il connu dans les régions méridionales ? Autrement dit, quelle est l'importance de la région couverte par ce mot régional ? Telles sont les questions auxquelles devront répondre de prochaines enquêtes linguistiques.

Ne me marchez donc pas sur les agassins !

Bien qu'il y ait dans le français régional certains traits qui n'ont jamais existé dans le patois local, on peut dire, avec le dialectologue Gaston Tuaillon, que le français régional, c'est ce qui reste du dialecte quand ce dernier a disparu. Mais il faut s'empresser d'ajouter que certains régionalismes peuvent devenir du français commun. (*Cf. encadré,* p. 165.)

Dans la région de Grenoble, les commerçants proposent de *ployer* tout ce que vous leur achetez, ce qui fait sourire les gens des autres régions, surtout quand on leur propose de leur *ployer* une motte de beurre, un litre de lait ou un kilo de noix. Cet usage de *ployer* pour « envelopper » semble assez spécifique de la région grenobloise [168].

Connaissez-vous le sens du mot *agassin* ? A l'origine, il signifiait un « cor au pied » dans le dialecte dauphinois. Il a maintenant pris le sens de « pied » dans le français régional de Grenoble, tandis qu'il a gardé à Gap son sens premier de « cor au pied ». A Lyon, les jeunes ne le connaissent pratiquement plus, ou alors dans le sens de « mal au pied ». Cependant le mot a eu une certaine diffusion hors de sa région d'origine et il est bien connu des amateurs de romans policiers : l'écrivain Frédéric Dard, lui-même originaire du Dauphiné, emploie ce mot à plusieurs reprises dans la série des San Antonio, avec le sens de « pied » [169]. Toutefois, *agassin* reste d'un usage tout à fait restreint et familier.

Dans un registre plus littéraire, pensons à la formule de Descartes qui, au cours de son voyage en Allemagne, « méditait dans son *poêle* » : on peut trouver étrange qu'il se soit installé pour méditer dans son appareil de chauffage, jusqu'au moment où l'on apprend

VIEILLES DETTES DU FRANÇAIS AUX LANGUES RÉGIONALES

Devinez de quels dialectes viennent les mots suivants, qui ont été classés selon leur origine dialectale : alsacien, breton, catalan, dialectes d'oïl de l'ouest, gascon, languedocien, limousin, lorrain, lyonnais, normand, picard-wallon, provençal, savoyard et du Val d'Aoste.

Des indices devraient vous mettre sur la voie. Cherchez un peu avant de découvrir les réponses en bas de page.

1	2	4	7	9
abeille	bouquet	flapi	bijou	beurre
aïoli	brioche	guignol	biniou	chope
anchois	câble	jacasser	darne	poêle
aubade	crabe	moutard	dolmen	
auberge	crevette	ronchonner	goéland	
badaud	égrillard		goémon	10
barque	enliser	5		choucroute
brume	falaise		8	frichti
cadenas	flâner	alpage		quiche
cambrioler	garer	avalanche	boulanger	turne
casserole	(se) gausser	chalet	caboche	
cigale	girouette	crétin	cauchemar	11
daurade	grésiller	(se) fâcher	cingler	
esquinter	harpon	luge	coron	chabichou
goujat	houle	mélèze	écaille	jabot
jarre	marécage		escarbille	
langouste	masure	6	estaminet	12
muscade	pieuvre		grisou	
ortolan	potin	cagibi	hagard	barrique
rascasse	quille	califourchon	houille	cadet
salade	ricaner	crachin	houlette	
tortue	varech	dupe	rémoulade	13
troubadour		gaspiller		
truffe	3	lessive		espadrille
		margoulin		galère
	piolet	mitonner		
		palourde		14
				cassoulet
				causse

1 : provençal — 2 : normand — 3 : Val d'Aoste — 4 : lyonnais — 5 : savoyard — 6 : dialectes d'oïl de l'ouest — 7 : breton — 8 : picard-wallon — 9 : lorrain — 10 : alsacien — 11 : limousin — 12 : gascon — 13 : catalan — 14 : languedocien.

que ce mot renvoyait à l'époque à la « chambre pourvue d'un poêle ». Et c'est ce sens que l'on retrouve dans les patois romans de Lorraine [170].

Les mots dialectaux dans le français général

Si l'on consulte les ouvrages spécialisés, on est surpris d'apprendre que tel mot, qu'on croyait de pure souche française, est en fait un emprunt dialectal. Voici, au hasard,

des noms :   *avalanche, barque, boulanger, carlingue, casserole, cauchemar, flaque, glacier,* etc.

des verbes :   *brusquer, cambrioler, fâcher, se gausser, larguer, maquiller, mitonner, vadrouiller,* etc.

des adjectifs : *crétin, dupe, égrillard, faraud, gai, mièvre,* etc.

Tous ces mots, et bien d'autres encore (Pierre Guiraud en a recensé 1 200 [171]), ont enrichi la langue française au cours des siècles. Chaque dialecte a apporté sa contribution, mais il semble bien que ce soient les mots d'origine provençale qui remportent la palme. Dans l'*encadré* (p. 165) figurent seulement quelques dizaines de ces mots dialectaux que nous prenons allègrement pour des mots bien français.

La tournez-vous ou la touillez-vous ?

Il y a des gens qui *touillent* la salade, d'autres qui la *brassent* et d'autres qui tout simplement la *tournent*. On peut aussi la *fatiguer* ou même la *terbouler*.

Curieuse comme une linguiste, j'ai voulu, au cours d'une enquête régionale menée de 1974 à 1978, mesurer l'étendue de la diversité des usages pour quelques mots français familiers et connaître leur répartition géographique [172]. L'enquête portait sur une centaine de personnes réparties sur tout le territoire où l'on parle français en Europe. La récolte a dépassé nos espérances : pour « tourner » la salade, nous n'avons pas trouvé moins de 16 verbes. Il faut ajouter que certaines personnes ont proposé plusieurs réponses, mais qu'aucun terme n'a fait l'unanimité.

Voici ces verbes :

— *tourner* arrive en tête avec plus du tiers des réponses ;

LA SALADE, LA TOURNEZ-VOUS OU LA TOUILLEZ-VOUS ?

La carte ci-dessus a été établie à partir d'une enquête auprès de personnes originaires des différentes régions.

Les mots en MAJUSCULES correspondent à un usage unique et constant de la personne interrogée, les mots en minuscules à un usage en concurrence avec d'autres mots.

Repérez les termes qui vous sont familiers et complétez éventuellement la carte.

— *brasser, mélanger, remuer* sont très employés ;
— *touiller,* moins fréquent, apparaît dans environ 10 % des cas ;
— *fatiguer, mêler, retourner* sont plus rares ;
— *ensaucer, faire, malaxer, mouer, préparer, soulever, terbouler* et *virer* n'apparaissent chacun que chez une seule des personnes interrogées.

On voit que pour décrire ce geste familier, le choix est vaste et que le mot le plus fréquemment employé n'est pas le plus drôle.

Sur la carte p. 167 ont été reportés les différents mots relevés au cours de cette enquête et au cours de sondages plus récents. Il peut être amusant de comparer votre propre expérience aux indications figurant sur cette *carte* (p. 167) et qui ne prétendent pas épuiser le sujet.

Et pour nettoyer par terre ?

Pour nettoyer le sol, on peut utiliser une sorte de chiffon qu'on appelle aujourd'hui le plus souvent une *serpillière,* mais vous connaissez sans doute d'autres mots pour cet objet : *wassingue, cinse,* mais aussi *loque, panosse,* et même *faubert* ou *guenille.*

Ici, les résultats de l'enquête sont encore plus contrastés : on a recensé 21 termes différents, mais il y a un grand gagnant, la *serpillière,* qui est nettement majoritaire.

Viennent ensuite, très loin derrière : *wassingue, cinse, torchon, panosse, chiffon, loque, toile, lave-pont, pièce* et *patte.*

Mais les mots les plus curieux sont ceux qui ont été proposés chacun par une seule personne, comme *emballage, emballe, faubert, gaguchar,* (un) *laplace, guenille, peille, drap de maison, pouques* ou *loque à reloqueter.*

On pouvait s'y attendre, mais on remarque en outre que, dans une même région, par exemple la Champagne, seules les personnes les plus âgées emploient le mot *loque,* soit seul, soit en concurrence avec *serpillière,* tandis que les plus jeunes ne connaissent que *serpillière.* On voit ainsi le mot *serpillière,* en passant d'une génération à une autre, recouvrir progressivement les diverses formes régionales. (*Cf. carte,* p. 169.)

PASSEZ-VOUS LA SERPILLIÈRE OU LA WASSINGUE ?

Aujourd'hui, c'est *serpillière* qui tend à l'emporter, mais il y a encore au moins vingt autres mots en usage pour ce même objet.
La répartition qui figure sur la carte a été établie grâce à une enquête menée il y a une dizaine d'années.

Les mots en MAJUSCULES correspondent à un usage unique et constant de la personne interrogée, les mots en minuscules à un usage en concurrence avec d'autres mots.

Connaissez-vous tous les termes figurant sur cette carte ?
Pouvez-vous en retrouver d'autres ?

DIVERSITÉ DES FORMES GRAMMATICALES

Ça a eu payé !

Passons du vocabulaire à la grammaire.

Vous connaissez probablement le sketch du fantaisiste Fernand Raynaud « La vigne, ça a eu payé, mais ça ne paye plus » où se trouve la forme verbale *ça a eu payé,* dite « passé surcomposé ». Fait unique dans toute la grammaire française, la norme pour l'emploi de ce temps n'est pas clairement définie. Malgré cela, aux questions : « Emploieriez-vous une forme comme :

— *Quand il a eu mangé* ce gâteau, il s'est senti mal,

ou comme :

— *Il a eu coupé, ce couteau.*

et vous semblent-elles correctes ? », les réponses sont toujours catégoriques de la part des usagers.

Posez donc la question autour de vous et vous constaterez que beaucoup de personnes cultivées l'emploient en toute bonne conscience, aussi bien à l'oral qu'à l'écrit, en étant intimement persuadées que c'est la seule forme correcte. Mais d'autres personnes, tout aussi cultivées, et avec le même sentiment de détenir la vérité, refusent de l'employer, en affirmant avec la même vigueur que ce sont là des formes incorrectes et absolument non conformes à la norme. D'autres encore, dont je suis, tout en les jugeant tout à fait utiles, ne peuvent se résoudre à les utiliser.

Qui croire ? Les grammaires et les dictionnaires manifestent les mêmes divergences d'opinion. Ces formes surcomposées sont citées dans *Le bon usage* de Grevisse (p. 597), qui précise cependant qu'elles appartiennent plutôt à la langue parlée. Joseph

L'USAGE DU SURCOMPOSÉ

Pour former un *surcomposé,* on ajoute un auxiliaire de plus à un temps déjà composé. En face du passé composé *quand il a payé,* on a le surcomposé *quand il a eu payé.*

Assez paradoxalement, les personnes qui emploient cette forme, comme celles qui ne l'emploient pas estiment toutes qu'elles suivent la norme.

quand il a eu
(payé)

quand il a eu
(payé)

ça a eu (payé) et quand il a eu (payé)

En simplifiant les données recueillies, on peut dire que, malgré des exceptions, le surcomposé est généralement utilisé dans la partie méridionale de la France, aussi bien dans les propositions subordonnées que dans les propositions principales.

La moitié nord se partage entre ceux qui ne l'emploient jamais et ceux qui ne l'admettent que dans une proposition subordonnée.

Hanse, dans son *Nouveau dictionnaire des difficultés du français moderne* (p. 698), donne un exemple de surcomposé dans une lettre de Mme de Sévigné écrite en 1672. Mais si cet ouvrage détaille les diverses formes du surcomposé (p. 968), beaucoup d'autres dictionnaires et grammaires les passent sous silence, comme si elles n'existaient pas.

Les « amateurs » de surcomposé

Qu'en est-il sur le terrain ? Un sondage [173], effectué au cours de l'enquête régionale dont j'ai déjà parlé, fait apparaître que ces formes sont plus fréquentes et plus répandues dans les domaines d'oc et de francoprovençal, qui connaissent le surcomposé aussi bien dans des propositions subordonnées (quand il *a eu mangé,* il s'est senti mal) que dans des propositions indépendantes (elle les *a eu mises,* ces chaussures). Dans la zone d'oïl, on ne le trouve employé que dans le premier cas, c'est-à-dire uniquement dans des propositions subordonnées et encore, pas partout. (*Cf. carte,* p. 171.)

Une enquête particulière menée par des chercheurs de l'université de Lausanne a révélé que l'usage du surcomposé est majoritaire en Suisse, aussi bien dans les subordonnées que dans les indépendantes [174].

Ces regroupements régionaux à partir de préférences grammaticales, joints à la remarque que je faisais au début de ce chapitre sur les avis divergents de personnes de même niveau culturel, semblent bien montrer que c'est au facteur géographique qu'il faut, pour le français, attribuer la priorité dans la détermination de la diversité des usages.

Ceux pour qui le surcomposé est d'un usage naturel ne sont pas loin de penser que les autres, ceux qui ne l'emploient pas, sont des ignares et qu'ils se privent de distinctions subtiles que leur offre la conjugaison française. Que ces derniers se rassurent : l'observation et l'écoute de nos contemporains montrent qu'ils se débrouillent très bien autrement. Au lieu de « *Quand il a eu mangé* du gâteau, il s'est senti mal », on les entend dire : « *Une fois qu'il a mangé...* » ou « *Après avoir* mangé... » ce qui leur permet, d'une autre manière, de marquer l'antériorité d'un événement par rapport à un autre.

Est-ce pour cette raison que le surcomposé n'est ni vraiment stigmatisé, ni absolument recommandé par la norme ?

DIVERSITÉ DES PRONONCIATIONS

Surtout, ne pas confondre *accent* et *prononciation*

Le problème est tout autre pour la prononciation. C'est dès les premiers mots que se manifeste ce qu'on appelle communément « l'accent » : selon les cas, on le qualifie de façon assez impressionniste et imagée, de pointu, rocailleux, traînant, faubourien ou, de façon un peu plus précise, de parisien, méridional, « chtimi », « pied-noir », etc.

Disons tout de suite que le terme d'« accent » n'est pas pris ici dans le sens où les linguistes l'entendent car, pour eux, l'*accent* est très précisément la mise en valeur d'une syllabe, qui est prononcée avec plus de force, plus de longueur ou à une hauteur différente, par rapport au reste du mot. Selon les langues, la place de l'accent peut être pertinente, comme en anglais ou en italien, ou ne pas l'être, comme en français, où n'importe quelle syllabe peut être accentuée suivant les mouvements d'humeur du locuteur, sans changer le sens des mots.

On ne se méfiera jamais assez de mots comme *accent*, qui semblent avoir le même sens pour l'ensemble des usagers mais qui, pour les spécialistes, ont un sens particulier, très précis et plus restreint. Ils peuvent être source de malentendus.

Je connais la mésaventure d'un journaliste qui, voulant s'informer sur les « accents », c'est-à-dire, dans son esprit, sur les diverses manières de prononcer les mêmes mots par des personnes différentes, et en particulier sur « l'accent parisien », a fait appel à l'ordinateur de la Maison des Sciences de l'Homme, à Paris. Comme l'ordinateur avait été programmé avec le sens que les spécialistes donnent à ce mot, le journaliste a eu la mauvaise surprise d'obtenir des références du type « Indices acoustiques d'éléments segmentaux » ou « La pression sous-glottique, corrélat de la mise en valeur dynamique » ou encore « Faits prosodiques et unités discrètes », et rien de ce qu'il cherchait. Perdu dans cette documentation technique, dont les titres eux-mêmes lui étaient incompréhensibles, il a pu se demander pourquoi les linguistes, dont c'était pourtant le métier, n'étudiaient pas ce que, lui, appelait « l'accent ». Ce qu'il ne savait pas, c'est que pour avoir accès à l'abondante littérature sur ce sujet, ce n'était pas à *accent* qu'il devait chercher, mais à *Variété des prononciations,* à *Diversité phonologique* ou encore à *Prononciations régionales.*

Un grand pain rond

Les quatre voyelles qu'on entend dans le titre de ce paragraphe : *un grand pain rond* sont appelées des voyelles nasales parce que, pour les articuler, une partie de l'air passe par le nez. Le français, à cet égard, fait un peu figure d'exception parmi les autres langues d'Europe puisque, avec lui, seuls le portugais et le polonais connaissent aussi des voyelles nasales distinctes des voyelles orales (appelées ainsi parce que tout l'air passe par la bouche).

En français, *grand* a une voyelle nasale à titre distinctif parce qu'on peut lui opposer *gras* qui, lui, a une voyelle orale. De même, *pain,* grâce à sa voyelle nasale, peut se distinguer de *paix* avec une voyelle orale. Il en est de même de *rond* et de *rôt.* Cette distinction entre voyelles orales et voyelles nasales est respectée par tous ceux qui parlent français mais le nombre des voyelles nasales varie selon les individus [175]. (*Cf. Les 13 voyelles de base,* p. 227.)

Trois ou quatre voyelles nasales ?

Certains distinguent effectivement quatre voyelles nasales différentes, celles de *un grand pain rond,* mais ces personnes se font de plus en plus rares. Il existe en effet depuis plusieurs générations une tendance très générale à confondre, dans une même prononciation, la voyelle de *un* et celle de *pain,* confusion qui s'explique en particulier par la faible fréquence de la voyelle de *un* dans le lexique français. (*Cf. encadré,* p. 175.) La confusion de cette voyelle *un* avec celle de *pain* ne peut en principe poser que peu de problè-

LE PHONÈME *UN* AVANT SA TOTALE DISPARITION

Théoriquement, les voyelles de *brin* et de *brun* ne se prononcent pas de la même façon, mais les gens sont de plus en plus nombreux, surtout dans la région parisienne, à les confondre en les prononçant toutes deux comme de celle de *brin*. Avant que la voyelle *un* ne disparaisse complètement des usages du français, voici la liste — qui ne doit pas être loin d'être exhaustive — des 60 mots où l'on peut encore l'entendre dans certaines régions.

Prononciation « un » ou « in »

		Prononciations diverses
alun	lundi	acupuncteur
brûle-parfum	munster	acupuncture
brun	nerprun	bunker (all.)
bungalow	nuncupation	dumping (angl.)
chacun	parfum	dundee (angl.)
commun	petun	funky (angl.)
défunt	quelqu'un	jumping (angl.)
défunte	remprunter	jungle (angl.)
embrun	tribun	junker (all.)
emprunt	tungstate	junte (esp.)
emprunter	tungstène	lunch (angl.)
emprunteur	tungstique	luncher (angl./fr.)
emprunteuse	tungstite	muntjac (java/angl.)
falun	un	pacfung (chin./angl.)
humble	unciforme	punch (angl.)
importun	unciné	puncheur (angl./fr.)
inopportun	unguéal	punk (angl.)
(à) jeun	unguifère	punkette (angl./fr.)
lumbago	unguis	rhumb (holl.)
		shunt (angl.)
		shunter (angl./fr.)
		zérumbet (persan)

mes de compréhension. Cependant, le contexte ne permet pas toujours de lever l'ambiguïté entre *brin* et *brun, Alain* et *alun, empreint* et *emprunt, intolérant* et *un tolérant,* etc.

Au moment où j'écris ces lignes (janvier 1987), je viens d'en avoir la confirmation en écoutant l'émission du journal télévisé de TF1, dont une partie se déroule à Avoriaz pour le Festival du film fantastique. L'actrice Sabine Azéma, qui prononce *un* comme *in,* s'est rendu compte de l'ambiguïté de ce qu'elle venait de dire car, après avoir affirmé, en parlant d'un metteur en scène « C'est *in* tolérant », elle a ajouté : « Je veux dire qu'il est tolérant. » Et elle a

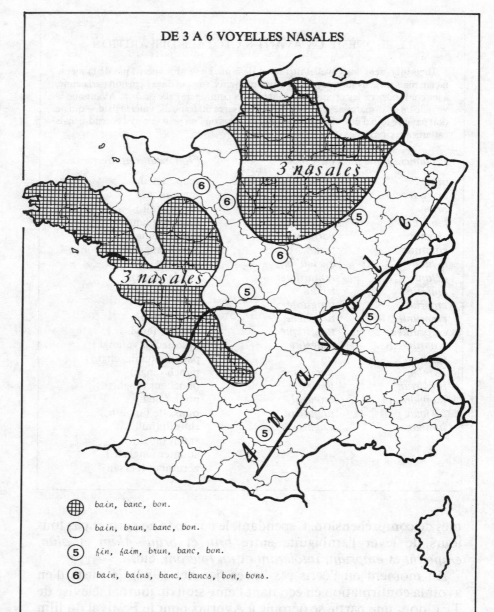

DE 3 A 6 VOYELLES NASALES

⊕ *bain, banc, bon.*

◯ *bain, brun, banc, bon.*

⑤ *fin, faim, brun, banc, bon.*

⑥ *bain, bains, banc, bancs, bon, bons.*

Tous les usagers du français ne distinguent pas le même nombre de voyelles nasales : 3 voyelles (*bain, banc, bon*), 4 voyelles (les trois précédentes, auxquelles s'ajoute celle de *brun*), mais on peut aussi trouver des personnes qui en distinguent 5, ou même 6.

eu raison car tout le monde avait compris *intolérant* et non pas *un tolérant.* Je ne sais pas où est née cette actrice, qui ne distingue donc que *trois* voyelles nasales, mais on peut dire qu'elle suit ainsi une tendance assez générale, et qui se répand de plus en plus.

Toutefois, il y a encore des personnes un peu archaïques (comme moi, mais aussi comme la majorité des populations qui vivent au sud de la Loire et comme de nombreux usagers du français hors de France) qui utilisent, tout à fait naturellement et sans aucun effort, *quatre* voyelles nasales.

Qui dit mieux ? Et peut-on faire mieux ?

Cinq voyelles nasales

Eh bien, oui. Les subtilités de la prononciation du français sont sans limites : il y a des personnes qui distinguent *cinq* voyelles nasales différentes : celles de *un, grand, rond, pain* et *pin.* Chez elles, la distinction se fait généralement par une différence de longueur entre *pain,* plus long, et *pin,* moins long (plus rarement, par une différence de timbre). Cette même distinction existe pour d'autres mots, par exemple pour *vin* et *vingt, faim* et *fin,* etc.

Comme on le voit sur la *carte* (p. 176), ces prononciations ont été enregistrées en Champagne (Aube et Haute-Marne) et dans le Centre (Indre) pour la zone d'oïl, dans l'Ain pour le francoprovençal et dans le Tarn pour la zone d'oc.

Six voyelles nasales

Nous avons trouvé encore plus beau, mais seulement en zone d'oïl (Orne, Eure-et-Loir, Cher). La personne enregistrée dans l'Orne ajoutait aux distinctions précédentes une différence de prononciation entre la voyelle de *vent* (bref) et la voyelle finale de *avant, parents* (long). Un presque centenaire de l'Eure-et-Loir distinguait tous les pluriels grâce à une voyelle nasale longue. Quant au sexagénaire enregistré dans le Cher, près de Sancerre, il ne faisait aucune différence entre les voyelles de *brin* et de *brun.* Il connaissait seulement trois timbres pour les voyelles nasales, mais il avait, pour chaque timbre, une prononciation longue pour le pluriel et une prononciation brève pour le singulier. Il avait en outre la particularité, pour *les lapins,* de prononcer la voyelle finale nasale non seulement longue mais, selon ses propres mots, « comme si le mot se terminait par *-ng* ».

Les voyelles nasales des Méridionaux

Cette prononciation de notre informateur du Cher pour les pluriels du type *lapins* évoque la prononciation que chacun peut identifier comme méridionale et qui peut être rendue par *-ng* : « Tu *vieng,* il est *brung,* c'est *bong,* un *frang,* etc. » Il faut cependant remarquer qu'ici la valeur de cette prononciation est différente : dans le cas des Méridionaux, elle accompagne *toutes* les voyelles nasales sans que soit attachée à cette différence de prononciation une différence de sens (dans le Midi, un *lapin* et des *lapins* sont prononcés tous deux avec *-ng* en fin de mot), tandis que dans l'usage de notre informateur du Cher, seul le pluriel prend *-ng*. Et c'est ce trait qui lui permet de manifester une différence de sens.

Que font les usagers devant une telle diversité ?

Ces différences de prononciation, qui sont parfois porteuses de sens différents pour les personnes qui parlent, passent le plus souvent inaperçues des personnes qui les écoutent. Ou plutôt, les usagers pensent toujours qu'il s'agit d'un « accent » (au sens du langage commun et non pas au sens de prononciation accentuée d'une syllabe) et que cet « accent » vient se surajouter au « vrai » mot, sans en modifier le sens, comme dans le cas des nasales méridionales. Chacun en fait alors abstraction dans ses communications orales avec ses contemporains. Une partie du message transmis risque ainsi d'être perdue pour l'interlocuteur, qui le rétablit avec plus ou moins de succès selon le contexte et la situation.

De cette manière, chacun pense que c'est « l'autre » qui a un « accent » et qui ne parle pas « bien » le français. Le Parisien qui ne distingue que trois voyelles nasales se voit reprocher de confondre les voyelles de *brin* et de *brun* ou de prononcer *franc* presque comme *front* par un Méridional, et ce dernier est considéré comme un « rigolo », parce qu'il ajoute un *-ng* à la fin des mots terminés par une voyelle nasale.

Et pourtant, malgré des différences qui peuvent devenir gênantes pour la compréhension, la langue française reste un instrument de communication qui fonctionne.

4.

LE FRANÇAIS HORS DE FRANCE

*Statut du français et diversité
internationale*

LA SITUATION DU FRANÇAIS

Jusqu'où ira la chute ?

Il est bien loin le temps où le français pouvait s'enorgueillir d'avoir cette position internationale privilégiée qui a été la sienne pendant des siècles. Depuis l'entre-deux-guerres [176], personne ne conteste plus à l'anglais sa première place, tandis que le français, très loin derrière, fait figure de pâle second.

Devant une situation contre laquelle on a estimé qu'il fallait réagir, le général de Gaulle créait, en 1966, le Haut Comité de la langue française, un organisme directement rattaché au cabinet du Premier ministre et ayant pour objet la défense et l'expansion de la langue française.

Aujourd'hui encore, des cris d'alarme se font entendre, comme l'atteste le titre même de la revue *Qui-vive International* [177] et des solutions sont proposées « pour que vive le français » [178].

« Vaste programme », aurait dit le général de Gaulle, surtout lorsqu'on voit que l'anglais, depuis les années 50, est devenu la langue presque unique de la recherche scientifique mondiale.

Le mal-aimé des congrès internationaux

Dans les congrès internationaux, même quand ils se déroulent en France, les communications se font de plus en plus rarement en français, en particulier dans les domaines de la physique, de la chimie et de l'astronautique.

Dans les sciences humaines, la situation est moins catastro-

IMPLANTATION DU FRANÇAIS HORS DE FRANCE

Entre le xviiᵉ et le xxᵉ siècle, la langue française s'est transportée aux quatre coins du monde, dans des pays devenus aujourd'hui pour la plupart indépendants, mais où elle est encore parlée par une partie de la population.

	Arrivée des premiers Français	*Situation actuelle*
xviiᵉ	1604 Canada	Indépendance depuis 1931
	1610 St-Pierre-et-Miquelon	T.O.M. dep. 1946, D.O.M. dep. 1976
	1635 Martinique et Guadeloupe	D.O.M. depuis 1946
	1637 Guyane	D.O.M. depuis 1946
	1638 Sénégal	Indépendance depuis 1963
	1643 Madagascar	Indépendance depuis 1960
	1662 Terre-Neuve	Canada depuis 1949
	1663 Réunion (ex-île Bourbon)	D.O.M. depuis 1946
	1674 Pondichéry	Inde depuis 1954
	1686 Chandernagor	Inde depuis 1951
	1697 Haïti	Indépendance depuis 1804
	1699 Louisiane	États-Unis depuis 1812
xviiiᵉ	1715 Maurice (ex-île de France)	(G.-B. 1810) Indépendance depuis 1968
	1721 Mahé	Inde depuis 1956
	1738 Karikal	Inde depuis 1954
	1742 Seychelles (G.-B. 1794)	Indépendance depuis 1975
	1759 Yanaon	Inde depuis 1954
xixᵉ	1830 Algérie	Indépendance depuis 1962
	1837 Guinée	Indépendance depuis 1958
	1841 Comores	Indépendance depuis 1974
	sauf Mayotte	Collectivité territ. franç., depuis 1976
	1842 Tahiti (Polynésie fran.)	T.O.M. depuis 1946
	1853 Nouvelle-Calédonie	T.O.M. depuis 1946
	1855 Mauritanie	Indépendance depuis 1960
	1860 Liban (Mandat fr. 1920)	Indépendance depuis 1943
	1860 Syrie (Mandat fr. 1920)	Indépendance depuis 1946
	1863 Kampuchea (ex-Cambodge)	Indépendance depuis 1953
	1867 Cochinchine	Viêt-nam depuis 1949
	1880 Congo	Indépendance depuis 1960
	1880 Marquises et Tuamotu	T.O.M. depuis 1946
	1881 Tunisie	Indépendance depuis 1956
	1881 Gambier (Polynésie fr.)	T.O.M. depuis 1946
	1882 Zaïre (ex-Congo belge)	Indépendance depuis 1960
	1883 Annam	Viêt-nam depuis 1954
	1883 Bénin (ex-Dahomey)	Indépendance depuis 1960
	1885 Tonkin	Viêt-nam depuis 1954
	1886 Wallis et Futuna	T.O.M. depuis 1959
	1889 Centrafricaine (Rép.)	Indépendance depuis 1960
	1889 Gabon	Indépendance depuis 1960
	1893 Côte-d'Ivoire	Indépendance depuis 1960
	1893 Laos	Indépendance depuis 1975
	1895 Mali	Indépendance depuis 1960
	1896 Burkina Faso (ex-Hte-Volta)	Indépendance depuis 1960

xxe	1900	Niger	Indépendance depuis 1960
	1900	Tchad	Indépendance depuis 1960
	1911	Cameroun	Indépendance depuis 1960
	1912	Maroc	Indépendance depuis 1956
	1919	Burundi (ex-colonie belge)	Indépendance depuis 1962
	1919	Togo	Indépendance depuis 1960
	1922	Vanuatu (ex-Nles-Hébrides)	Indépendance depuis 1980
	1923	Ruanda (ex-colonie belge)	Indépendance depuis 1962

Réf. *Dictionnaire universel des noms propres*, Le Robert, Paris.

phique, mais on considère comme des raretés les congrès internationaux où les communications se font en majorité en français. Les colloques annuels de la Société Internationale de Linguistique Fonctionnelle [179] sont curieusement dans ce cas. Pourtant, cette association de linguistes, qui a tenu depuis 1974 un congrès par an dans différents pays d'Europe, d'Afrique ou d'Amérique, admet expressément toutes les langues dans ses réunions et rédige ses circulaires en trois langues (le français, l'anglais et la langue du pays où se tient le colloque). Malgré cela, les communications ont toujours été spontanément prononcées et rédigées à plus de 90 % en langue française. Mais cela reste l'exception, et, il faut bien le reconnaître, le français s'exporte de moins en moins bien.

Et pourtant...

L'âge d'or du français

Rappelons que dès le Moyen Age le français s'est exporté au-delà des frontières de la France — et tout d'abord en Angleterre avec Guillaume le Conquérant. A la fin du XIIIe siècle, c'est en français que le Vénitien Marco Polo dicte le récit de ses aventures en Extrême-Orient. A partir du XVIe siècle, c'est encore le français qui remplace peu à peu le latin, jusque-là langue internationale, dans les domaines de la philosophie, de la médecine, de la banque et du grand commerce. Il devient ensuite, dans tous les pays d'Europe, la langue de la diplomatie et de la haute société. Il devient aussi par excellence la langue des sciences et des techniques [180]. Au XVIIe siècle, l'Allemand Leibniz écrit la plupart de ses ouvrages en français et, à la fin du XVIIIe siècle, l'Italien Casanova écrit aussi ses *Mémoires* en français. Jusqu'à la fin de la Première Guerre mondiale, le français restera la seule langue diplomatique pour tous les États d'Europe [181].

Au cours du XVIIe siècle, le français s'était aussi lancé, au-delà des mers, à la conquête de terres lointaines en Amérique et dans l'océan Indien, au XVIIIe siècle en Océanie, enfin, au XIXe siècle, dans une grande partie de l'Afrique. Les dernières extensions datent du début du XXe siècle, avec l'arrivée des colons français au Togo et au Cameroun et des colons belges au Ruanda et au Burundi. (*Cf. encadré,* p. 182-183.)

Le français, bon second

Après des siècles durant lesquels la langue française a été reconnue comme la langue universelle, au point que les souverains étrangers faisaient venir à leur cour des écrivains français de grand renom (Descartes auprès de Christine de Suède, Voltaire chez Frédéric de Prusse), elle n'occupe plus aujourd'hui dans cette fonction que le deuxième rang, et très loin derrière l'anglais. On pense avec un peu d'amertume à la parole prophétique du philosophe anglais David Hume qui, en 1767, disait : « Laissez les Français tirer vanité de l'expansion actuelle de leur langue. Nos établissements d'Amérique, solides et en pleine croissance [...] promettent à la langue anglaise une stabilité et une durée supérieures [182]. »

Le français reste pourtant encore l'une des langues officielles et des langues de travail de grands organismes internationaux [183], tels que : l'O.N.U. (Organisation des Nations unies), dont le siège est à New York. Au cours des assemblées générales, où sont représentés 159 États, près d'un tiers des délégués s'exprime en français ;

l'O.T.A.N. (Organisation du traité de l'Atlantique Nord) à Bruxelles et à Luxembourg ;

l'U.N.E.S.C.O. (United Nations Educational, Scientific and Cultural Organization), à Paris.

Elle est aussi, avec l'anglais et l'arabe, une des langues de la Conférence islamique et de la Ligue arabe. Enfin, le français est, comme l'a rappelé récemment Jacques Chirac, la langue officielle des Jeux olympiques et reste, avec le latin, la langue diplomatique du Vatican.

Le français a beaucoup reculé, mais il n'a pas été éliminé. Sur le plan international, sa situation est devenue précaire. Elle n'est cependant pas tout à fait désespérée. Thierry de Beaucé, ancien directeur des Affaires culturelles au Quai d'Orsay, est résolument optimiste quant au rayonnement de la langue française dans le monde [184].

Le français dans les autres langues

Un signe tout récent du maintien — ou du renouveau — du prestige culturel du français en Amérique : la publication en 1986 d'une cassette intitulée *Culturally speaking* (Forrest Production, Beverly Hills), qui donne une liste de mots et d'expressions de langues européennes susceptibles d'apporter un vernis plus « culturel » à l'anglais parlé et écrit aux États-Unis. Sur les cinq langues présentées dans cette cassette, c'est le français qui, avec 66 mots ou expressions, se classe très loin devant l'italien (26), le latin (19), l'allemand (17) et le yiddish (14).

De nombreuses expressions françaises peuvent aussi s'entendre dans des conversations en allemand, en italien, en espagnol, en portugais et dans bien d'autres langues encore. Le plus souvent, il s'agit d'un vocabulaire entré dans l'usage de tous, même de ceux qui ne savent pas le français et qui ne savent même pas que ces mots sont français.

Généralement, ces mots français utilisés à l'étranger ont pris une acception particulière et très restreinte dans la langue d'accueil. Ainsi la *mise* en portugais n'a que le sens très précis de « mise en plis » (chez le coiffeur) ; les *champignons* en italien ne renvoient qu'aux seuls « champignons de Paris », le terme générique en italien restant *funghi* ; et le *nécessaire*, en espagnol, ne peut être qu'une « mallette de toilette ».

On trouvera dans les *encadrés* p. 186 à 188 quelques exemples de ces mots français passés dans l'usage courant d'autres langues *.

En recul en tant que langue de communication internationale, le français poursuit ainsi, vaille que vaille, une vie parallèle dans les langues étrangères.

---

* Je remercie pour leur aide, en ce qui concerne :
— l'allemand : Dagi et Wolfgang Rolf,
— l'italien : Anna Capelli,
— le portugais : Danièle et Gérard Castello Lopes,
— l'espagnol, Ana Maria et Koldo de Viar, Julia Arnáiz, Rodrigo et Yvonne Medina.

LE FRANÇAIS EN ANGLAIS (Quelques exemples)

Les mots suivants ne sont pas seulement du français. Ils appartiennent aussi à la langue anglaise :

à la mode
(un) beau « un amoureux, un prétendant »
(le) beau monde
(très) chic
comme ci, comme ça
coup d'État
crème de la crème *(sic)* « la fine fleur, le dessus du panier »
déjà vu
double entendre *(sic)*
(par) excellence
fait accompli
faux pas

femme fatale
(c'est) magnifique
laissez faire *(sic)*
malaise
pièce de la résistance *(sic)* « le morceau de bravoure, le clou »
pied-à-terre
qui sait ?
repartee *(sic)*
savoir-faire
tête-à-tête
tour de force
vis-à-vis (the...)
voilà

LE FRANÇAIS EN ALLEMAND (Quelques exemples)

Les mots suivants ne sont pas seulement du français. Ils appartiennent aussi à la langue allemande :

a propos *(sic)*
bonbon
boutique
cache-nez
calembour
canaille
carnet de passage (à la douane)
carte blanche
chacun à son goût
chagrin

chaise longue « divan »
châle
champignons (de Paris)
chef
chignon
cordon-bleu
cravate
croissants
dame
déjà vu

galant homme
gourmand
mode
pardon !
parfum
porte-monnaie
s'il vous plaît
soldat
trottoir
voilà
voyeur

LE FRANÇAIS EN ITALIEN (Quelques exemples)

Les mots suivants ne sont pas seulement du français. Ils appartiennent aussi à la langue italienne :

à la page
bigné « chou à la crème »
boutique
(pasta) brisé *(sic)*
cachet (le médicament)
champignons « champignons de Paris »
charlotte (la pâtisserie)
chic
console « meuble pour tourne-disque »
(uovo) à la coque
coup de foudre
crème de la crème
croissants « brioches »
défilé (de mode)
dernier cri
dessert
en passant
et voilà
esprit (de finesse)

grandeur
gratin (sens culinaire)
(della) haute
laisser-aller
laisser faire
maître (à penser)
marrons glacés
mousse (l'entremets)
pain carré « pain de mie »
paltò « gros manteau »
papillon « nœud papillon »
pardon
parure (de bijoux)
pour cause
puré *(sic)* « purée »
robe-manteau
soubrette « girl de music-hall »
toilette
vinaigrette

LE FRANÇAIS EN PORTUGAIS (Quelques exemples)

Les mots suivants ne sont pas seulement du français. Ils appartiennent aussi à la langue portugaise :

à vol d'oiseau
bâton « rouge à lèvres »
beige
camionnete *(sic)*
champignons « champignons de Paris »
chantilly « crème Chantilly »
capot (de voiture)
chef (de cuisine)
chic
chofer *(sic)* « chauffeur »
crêpes
fauteuil
flan

mise « mise en plis »
(palitos) de la reine « biscuits à la cuiller »
paquete « paquebot »
passe vite « presse-purée »
pneu
ralenti (pour une voiture)
raquete *(sic)* « raquette »
salão « salon »
soutien « soutien-gorge »
tablier « tableau de bord »
tarte
toilette (les vêtements)

LE FRANÇAIS EN ESPAGNOL (Quelques exemples)

Les mots suivants ne sont pas seulement du français. Ils appartiennent aussi à la langue espagnole :

arriviste
bébé
bidé *(sic)* (appareil sanitaire)
bonbons « petits chocolats »
bricolage
bulevar *(sic)* « boulevard, galerie marchande »
buqué *(sic)* « bouquet »
bureau (le meuble)
capo *(sic)* « capot de voiture »
carnet « papiers d'identité »
cassette (de magnétophone)
chalet « villa »
chemilaco « chemise Lacoste »
chiffonnier (le meuble)
chofer *(sic)* « chauffeur »

croissants
entrecot *(sic)*
fular *(sic)* « foulard »
foie gras « n'importe quel pâté »
garage
menage « ménage »
mousse (l'entremets)
nécessaire « mallette de toilette »
parqué *(sic)* « parquet »
prêt-à-porter
ralenti (d'une voiture)
reprise (pour une voiture)
restaurant
(patatas) soufflées « pommes dauphine »
toilette

Autres expressions françaises, relevées dans l'espagnol du Chili :

atelier (d'artiste, d'architecte)
beige
boutique
buffet (le meuble)
(menta) frappé *(sic)* « avec des glaçons »
garage

rouge « rouge à lèvres »
(papas) soufflées « pommes dauphine »
(vino) tchambré *(sic)* « chambré »
tchantilly *(sic)* « crème Chantilly »
tchic *(sic)* « chic »
tchofer *(sic)* « chauffeur »

On parle encore français hors de France

Si le français n'occupe plus la première place comme langue internationale, il n'en reste pas moins utilisé comme langue d'usage, à des degrés divers, aussi bien en Europe que sur les autres continents.

Une *carte* du monde « francophone » (p. 190) permet de constater qu'il est présent sur les cinq continents. Cependant, on ne saurait trop se méfier des cartes de ce genre, dont l'interprétation est délicate. En effet, il faut pouvoir y distinguer les pays où la langue française est la langue officielle et où elle est effectivement parlée par la majorité des habitants (le Québec), de ceux où, tout en étant la langue officielle, elle est peu parlée par la population (Afrique noire). Il faut aussi y déceler la situation très particulière des pays où le français n'est pas la langue officielle mais y est très largement utilisé par les habitants (Afrique du Nord).

Combien de francophones dans le monde ?

Quel que soit le pays (à l'exception peut-être du Canada), rien n'est plus difficile que de trouver des statistiques correspondant à la réalité des usages linguistiques. On ne sait jamais exactement si le nombre de francophones indiqué pour tel pays se rapporte :
— aux seules personnes qui parlent effectivement le français tous les jours ;
— à celles qui sont capables de le parler mais qui utilisent plus souvent une autre langue ;
— à celles qui le comprennent, sans vraiment le parler.
Dans un livre récent, paru en 1986, sur la langue française, l'auteur évalue à 140 millions la population francophone pour le monde entier [185], et certaines estimations sont encore plus optimistes, puisqu'elles vont jusqu'à 200 ou même 300 millions. Pour atteindre de tels chiffres, il faudrait prendre en compte toutes les populations potentiellement francophones parce qu'elles ont le français pour langue officielle, et non pas le nombre des habitants qui ont le français pour langue d'usage. Or ce dernier est le seul qui nous intéresse ici. Pour s'en faire une idée, en regroupant des données éparses [186], on obtient les évaluations suivantes :

10 millions pour l'Europe (sans la France) ;
15 millions pour l'Afrique du Nord et le Moyen-Orient ;
10 millions pour l'Amérique (Canada, États-Unis, Antilles) ;
7 millions pour l'Afrique noire ;
4 millions pour le reste du monde (océan Indien, Asie, Océanie).

Avec les 55 millions d'habitants de la France, on arrive à un total d'environ 100 millions de véritables « francophones ». Mais ces chiffres, difficiles à confirmer, sont évidemment très contestables.

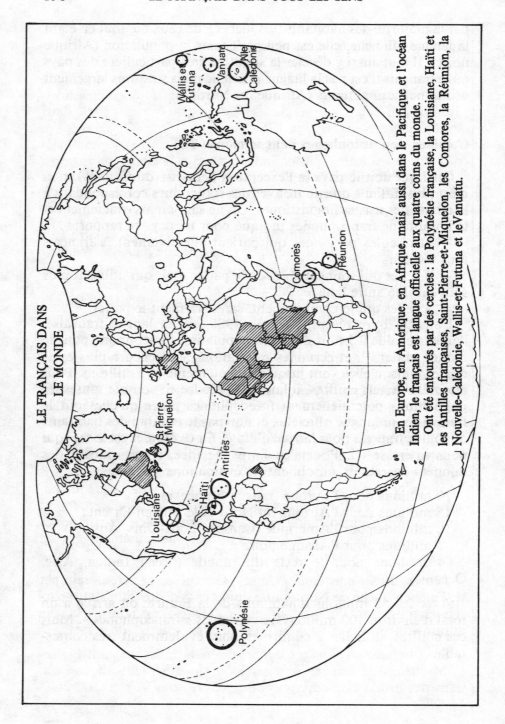

LE FRANÇAIS DANS
LE MONDE

En Europe, en Amérique, en Afrique, mais aussi dans le Pacifique et l'océan Indien, le français est langue officielle aux quatre coins du monde. Ont été entourés par des cercles : la Polynésie française, la Louisiane, Haïti et les Antilles françaises, Saint-Pierre-et-Miquelon, les Comores, la Réunion, la Nouvelle-Calédonie, Wallis-et-Futuna et le Vanuatu.

Aperçu de la francophonie hors de France

Renonçons donc aux précisions chiffrées et faisons un rapide tour d'horizon des pays où l'on parle le français. Nous reviendrons plus loin, en détail, sur les caractéristiques du français parlé dans certains d'entre eux. (*Cf.* p. 195 *et suiv..*)

Comme on peut le voir sur la *carte* « Le français dans le monde » (p. 190), le français, comme langue d'usage, s'étend, en Europe, au-delà des frontières de la France, à la Belgique (*cf.* p. 195-198), au grand-duché du Luxembourg, à la Suisse et à une petite partie de l'Italie. (*Cf.* p. 198-199.)

Au *Luxembourg,* le français jouit d'un prestige séculaire car, dès le Moyen Age, les souverains y étaient souvent des Wallons mariés à des princesses françaises. En 1946, le français y a supplanté l'allemand comme langue officielle. Cependant, les Luxembourgeois sont généralement trilingues, et leurs conversations familiales quotidiennes se déroulent en luxembourgeois, qui est un dialecte germanique[187].

En *Italie*, depuis des siècles la langue française a été la langue du Val d'Aoste, comme elle l'était de l'ensemble du duché de Savoie, dont le territoire recouvrait aussi une partie du Piémont. Elle avait même été décrétée langue officielle écrite de la Savoie en 1536, trois ans avant de l'être en France (édit de Villers-Cotterêts, 1539)[188]. En 1860, la Savoie est définitivement annexée à la France, mais les vallées du Piémont, dites « vaudoises », et la vallée d'Aoste restent sous la domination italienne. La loi constitutionnelle par laquelle, en 1948, le français redevient, avec l'italien, langue officielle pour la seule vallée d'Aoste, n'a malheureusement jamais été réellement appliquée. De ce fait, seules les personnes âgées et quelques francophones militants maintiennent encore l'usage d'un français qui s'italianise de plus en plus[189].

Les îles anglo-normandes (Jersey, Guernesey et Sercq), reliquat de l'ancien duché de Normandie, jouissent encore d'un statut particulier autorisant l'usage du français, qui n'est cependant la langue administrative (avec l'anglais) que dans la seule île de Jersey.

En *Amérique du Nord*, en dehors des petites îles de Saint-Pierre-et-Miquelon, le français est parlé quotidiennement au Canada, dans des proportions diverses selon les régions. (*Cf.* p. 200-207.)

On trouve aussi des communautés francophones aux États-Unis : en Louisiane (*cf.* p. 208), dans le Missouri, dans la haute vallée du Mississippi, dans le village de Frenchville en Pennsylvanie, et en Nouvelle-Angleterre (Vermont, Maine, Rhode Island, New Hampshire, Massachusetts et Connecticut) [190], sur la côte est des États-Unis.

Dans les *Antilles*, outre les Antilles françaises (Martinique, Guadeloupe et dépendances) (*cf.* p. 209), qui sont des départements d'outre-mer (D.O.M.), la République de Haïti, indépendante depuis 1804, a gardé le français comme seule langue officielle [191]. Rappelons qu'au lendemain de la Seconde Guerre mondiale, c'est sans doute grâce au vote de Haïti que la langue française a été acceptée comme langue de travail à l'O.N.U., à une seule voix de majorité. Toujours dans les Antilles, il reste encore deux petites communautés francophones dans les îles Vierges américaines, toutes deux à Saint Thomas.

En *Amérique du Sud,* la Guyane française est devenue un département d'outre-mer en 1946, après avoir été une colonie depuis le milieu du XIXe siècle.

En *Afrique*, dans les 18 pays de langue officielle française (seule ou avec d'autres langues) la grande majorité de la population n'est pas francophone. En contrepoint, dans les trois pays du Maghreb (Maroc, Algérie et Tunisie), la langue française n'est pas langue officielle mais elle est comprise et parlée par une partie appréciable de la population. (*Cf.* p. 210-218.)

Au *Moyen-Orient*, le Liban mérite une mention spéciale. A Beyrouth, depuis le XIXe siècle, la plus grande partie de la population a parlé couramment le français, qui y était enseigné dans de nombreuses écoles privées. Parmi les anciens élèves des pères jésuites français se trouvent *tous* les présidents de la République libanaise, des dizaines de ministres et des centaines de députés et de hauts fonctionnaires [192]. Il est remarquable que le français ait gardé un tel prestige dans ce pays, alors que le mandat de la France n'a duré que vingt-trois ans, de 1920 à 1943. L'anglais y gagne progressivement du terrain depuis une vingtaine d'années mais, en face de l'anglais, devenu langue du commerce et de la banque [193], le français semble toujours faire figure de langue de culture.

Dans *l'océan Indien*, le français est resté la langue de l'élite intellectuelle de Madagascar longtemps après l'indépendance (1960) et, en 1975, on estimait que 20 % environ des Malgaches savaient le français [194]. Toutefois, en 1972, on a pu assister, dans les hauts-plateaux, à de violentes manifestations contre le français « langue d'esclavage », tandis que les habitants des régions côtières défilaient au contraire aux accents de la *Marseillaise* [195].

Au nord de Madagascar, les *Comores* comptent quatre îles principales, devenues des territoires d'outre-mer en 1958. Seule Mayotte a choisi de rester française après le référendum de 1974. Le français y est la langue des relations extérieures mais il est très peu parlé par la population.

Parmi les petites îles qui entourent Madagascar, seule l'île de la Réunion, anciennement *île Bourbon*, est un département d'outre-mer (depuis 1946). C'est aussi l'île la plus anciennement occupée par des Français, dès le XVIIe siècle. Bien qu'il n'existe aucune statistique à ce sujet, on peut estimer que le nombre de personnes qui parlent le français dans cette île s'élève à un peu plus du quart de la population [196].

Dans l'île Maurice voisine, anciennement *île de France*, et dans les Seychelles, situées bien plus au nord, si l'anglais est la langue officielle, le français a gardé une place importante dans la vie des autochtones et jouit d'un certain prestige social [197].

En *Asie*, le français n'existe plus qu'à titre de vestige dans les anciens comptoirs de l'Inde, mais la situation est un peu différente dans les pays de l'ancienne Indochine française, où soixante-quinze ans de colonisation avaient instauré un bilinguisme authentique chez une partie de la population et où, malgré un déclin régulier commencé il y a trente ans, le français garde son prestige pour les élites intellectuelles. Ce prestige se maintient surtout au Laos et au Kampuchea (ex-Cambodge), mais au Viêt-nam, le français a complètement cessé d'être une langue véhiculaire dans l'enseignement supérieur. En outre, depuis 1970, on constate une avancée de plus en plus sensible de l'anglais dans la vie quotidienne [198].

En *Océanie*, c'est dans trois groupes d'îles que le français est présent : d'une part, dans deux territoires d'outre-mer, la Nouvelle-Calédonie et la Polynésie française, qui comprend les îles Marquises, Gambier, Tuamotu, Australes et les îles de la Société (Tahiti), d'autre part, dans un ancien condominium franco-britannique, les Nouvelles-Hébrides, devenu en 1980 un État indépendant, le Vanuatu.

En Nouvelle-Calédonie, le français est à la fois la langue officielle et la principale langue véhiculaire, tandis qu'en Polynésie, il est utilisé à peu près à égalité avec le tahitien, et au Vanuatu, à peu près à égalité avec l'anglais [199].

Au nord-est de la Nouvelle-Calédonie, les îles de Wallis et Futuna, après avoir été placées sous protectorat français entre 1887 et 1959, sont aujourd'hui un territoire d'outre-mer assez original puisque chaque île a conservé son roi.

LA DIVERSITÉ DU FRANÇAIS HORS DE FRANCE

Comme cela a été fait pour les variétés régionales du français de France, nous examinerons d'un peu plus près certaines variétés du français parlé hors de France : en Belgique, en Suisse, au Canada, en Louisiane, aux Antilles et en Afrique.

LE FRANÇAIS EN BELGIQUE

Le flamand et le français

Constituée en 1830, la Belgique est, depuis le haut Moyen Age, coupée en deux par une frontière linguistique horizontale allant de Verviers à Courtrai avec, au nord, le pays flamand de langue germanique, et au sud, le pays wallon de langue romane. La situation y est particulièrement complexe aujourd'hui du fait que le français de l'Ile-de-France s'est propagé non seulement en Wallonie mais aussi en Flandre, dans les milieux aristocratiques, dès le Moyen Age. Le français y est donc devenu très tôt la langue de la religion, de l'administration, la langue de la culture et de l'écrit dans l'ensemble du territoire. Au XIVe siècle, des efforts pour détrôner le français se font jour en Flandre, mais sans grand succès, car la bourgeoisie se francise aussi peu à peu et le français devient, dès le milieu du XVIIIe siècle, la langue de tous les habitants des villes, en Flandre comme ailleurs [200].

Aujourd'hui, comme on peut le voir sur la *carte* (p. 196), le

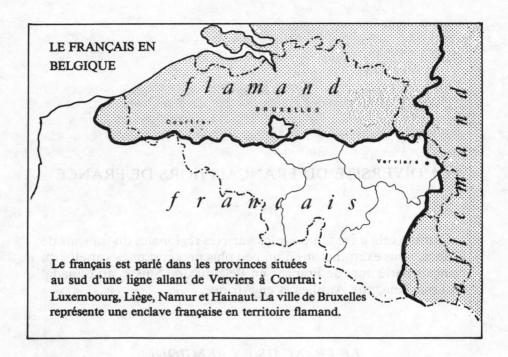

LE FRANÇAIS EN BELGIQUE

flamand

BRUXELLES

Courtrai

Verviers

français

allemand

Le français est parlé dans les provinces situées
au sud d'une ligne allant de Verviers à Courtrai :
Luxembourg, Liège, Namur et Hainaut. La ville de Bruxelles
représente une enclave française en territoire flamand.

français est la langue usuelle de toute la région wallonne, avec,
en territoire flamand, l'enclave francophone importante de
Bruxelles.

A quoi ressemble le français parlé en Belgique ?

« L'accent » belge est facilement identifiable, mais il est difficile
de le caractériser en propre, car les prononciations diffèrent d'un
point de la Belgique à l'autre. Jacques Pohl [201] a pourtant réussi à
résumer en six points principaux les traits qui permettent de le
reconnaître :
— la distinction générale des voyelles de *brin* et de *brun* ;
— le maintien de la distinction entre le *a* de *patte* et celui de
pâte, par une différence de longueur (et non pas de timbre) ;
— l'opposition d'une voyelle brève à une voyelle longue pour
des mots comme *aimé/aimée, cri/crie, nu/nue, bout/boue* ;
— l'articulation en deux syllabes des mots du type *lion, buée,
nouer* ;

— la prononciation *ou* de la voyelle *u,* dans *huit* ou *enfuir* (articulée comme dans *oui* ou *enfouir*) ;

— la tendance des consonnes finales sonores (comme dans *Serbe, perde, douze, marge*) à devenir des consonnes sourdes se confondant alors avec celles de *serpe, perte, douce, marche*.

Moins répandues mais assez fréquentes, surtout dans les milieux populaires de Bruxelles, on peut citer d'autres caractéristiques, comme la différence de prononciation entre *bouleau* et *boulot, maux* et *mots,* (cha)*peau* et *pot,* ainsi que la nasalisation des voyelles devant consonne nasale (par exemple, *même* prononcé comme si ce mot s'écrivait *minme*).

PETIT LEXIQUE FRANCO-FRANÇAIS [202]
(BELGIQUE)

ajoute (nom fém.)	« ajout »
auditoire	« salle de cours »
avoir le temps long	« s'ennuyer d'attendre »
bonbon	« biscuit sec »
brosser un cours	« sécher un cours »
calepin	« cartable »
carte-vue	« carte postale illustrée »
chicon	« endive »
drache	« pluie battante »
dracher	« pleuvoir à verse »
drap	« serviette de toilette »
farde	« dossier, chemise »
femme à journée	« femme de ménage »
filet américain	« steak tartare »
fricassée	« omelette au lard »
légumier	« marchand de légumes »
nonante	« quatre-vingt-dix »
pain français	« baguette »
pâté	« petit gâteau à la crème »
pistolet	« petit pain rond »
pli	« raie » (des cheveux)
pralines	« chocolats »
quartier	« petit appartement »
savoir	« pouvoir »
septante	« soixante-dix »
tapis-plain	« moquette »
tomber faible	« s'évanouir »
torchon	« serpillière »

Aucun de ces traits, souvent conservateurs de formes anciennes, n'est propre à la Belgique et on peut les retrouver dans l'une ou l'autre région de France. C'est leur constance et leur fréquence qui doivent être retenues pour caractériser « l'accent » belge.

Sur le plan lexical, les termes spécifiquement belges sont foison. On en trouvera un échantillon très incomplet et très subjectif dans l'*encadré* « Petit lexique franco-français (BELGIQUE) » (p. 197).

LE FRANÇAIS EN SUISSE ROMANDE

Trois langues officielles

Langue officielle, au même titre que l'italien et l'allemand, le français de Suisse se distingue peu du français des régions voisines en France (Franche-Comté, Bourgogne, Savoie) : la frontière politique entre la Suisse et la France n'est pas une frontière linguistique. D'autre part, le français jouit d'un grand prestige auprès des élites de Suisse alémanique, qui connaissent bien mieux le français que les élites de Suisse romande ne connaissent l'allemand [203].

Le français parlé en Suisse

Parmi les caractéristiques que cet usage du français partage avec les régions de l'est de la France et une partie de la Belgique, citons la prononciation d'une voyelle ouverte (comme celle de *port*) à la fin de *pot, mot, sabot, abricot,* qui permet encore dans ces régions, comme en Belgique francophone, de distinguer *pot* de *peau, mot* de *maux,* la voyelle finale de *sabot* de celle de *beau,* la voyelle finale d'*abricot* de celle d'*artichaut,* etc.

Plus spécifiquement suisses sont certaines unités lexicales comme *panosse* pour « serpillière » (*cf. carte,* p. 169), *relaver* pour

LE FRANÇAIS EN SUISSE ET EN ITALIE

(Voir carte page suivante)

En Suisse, le français est parlé, à l'ouest d'une ligne qui va de Bâle à Sion, dans les cantons de Genève, de Vaud et de Neuchâtel, dans la moitié occidentale du Valais et du canton de Fribourg, ainsi que dans le Jura bernois, récemment séparé du canton de Berne.

En Italie, le français est langue officielle dans le Val d'Aoste et il est encore parlé dans les vallées vaudoises du Piémont.

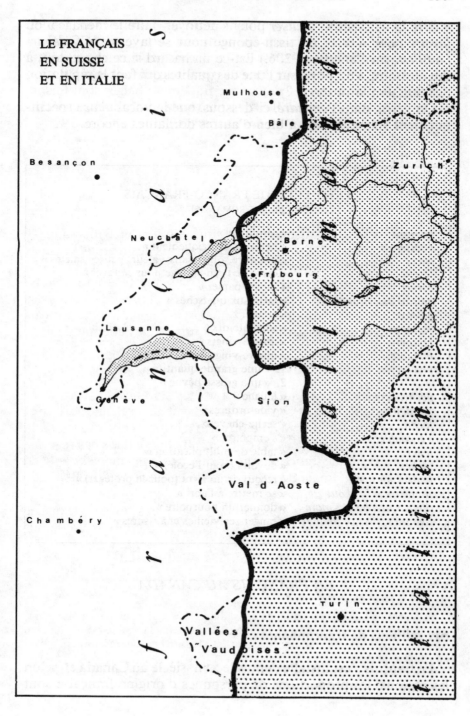

**LE FRANÇAIS
EN SUISSE
ET EN ITALIE**

Mulhouse

Bâle

Besançon

Neuchâtel

Berne

Fribourg

Zurich

Lausanne

Genève

Sion

Val d'Aoste

Chambéry

Turin

Vallées
Vaudoises

« faire la vaisselle », *poutser* pour « nettoyer, faire le ménage » ou *lavette* pour « carré de tissu-éponge pour se laver ». (*Cf. débar-bouillette* au Canada, p. 206.) Est-ce un hasard si ce choix, tout à fait aléatoire, s'est porté sur l'une des qualités qui font la réputation des Suisses : la propreté ?

On verra, dans l'*encadré,* ci-dessous, que le vocabulaire spécifiquement suisse s'étend à bien d'autres domaines encore.

PETIT LEXIQUE FRANCO-FRANÇAIS
(SUISSE ROMANDE)

panosse	« serpillière »
poutser	« nettoyer énergiquement »
cheni	« désordre, objet sans valeur, petites saletés »
lavette	« carré de tissu-éponge pour se laver »
cornet	« sac en papier »
gâteau aux pruneaux	« tarte aux quetsches »
galetas	« grenier »
septante	« soixante-dix »
huitante	« quatre-vingts »
nonante	« quatre-vingt-dix »
une crevée	1. « une grande quantité »
	2. « une grosse bévue »
pôche, pochon	« louche »
dévaloir	« vide-ordures »
foehn	« sèche-cheveux »
s'encoubler	« s'empêtrer »
livret	« table de multiplication »
tâches	« devoirs (pour l'école) »
fourrer un livre	« recouvrir un livre (pour le protéger) »
se mettre à la chotte	« se mettre à l'abri »
donner une bonne-main	« donner un pourboire »
réduire ses vieux souliers	« ranger ses vieilles chaussures »

LE FRANÇAIS AU CANADA

Six millions de francophones

Le français s'est installé depuis le XVII⁰ siècle au Canada et, selon les régions, les proportions de personnes d'origine française sont variables [204] : très faible dans les provinces de l'ouest, la présence française est largement majoritaire au Québec et se signale, dans les provinces de l'est, par un usage linguistique particulièrement digne d'attention, celui des Acadiens.

En ce qui concerne le Canada, il faut se garder de confondre la population d'origine ethnique française et la population qui parle encore français quotidiennement. En effet, si les pourcentages sont à peu près équivalents pour le Québec (80 % d'origine ethnique française et 82,5 % parlant français à la maison), ils sont assez divergents dans les autres régions, l'anglais ayant progressivement supplanté le français, surtout pour la jeune génération. Au Nouveau-Brunswick, sur près de 36 % d'habitants d'origine française, soit 251 000 personnes, il n'y en avait en 1981 que 216 000 (soit seulement 31 % du total des habitants) pour qui le français était resté la langue d'usage. En Nouvelle-Écosse, où la très grande majorité des habitants est anglophone, sur 8,5 % d'origine française, on n'en trouve plus que 2,9 % qui parlent français tous les jours. Dans les provinces de l'ouest, les pourcentages des Canadiens parlant français à la maison sont de 3,8 % pour l'Ontario et de 3 % pour le Manitoba (soit environ en tout 363 000 personnes) et de moins de 1 % pour les autres provinces (soit moins de 62 000 personnes). (Source : Statistiques du Canada 1981.)

Pour l'ensemble du Canada, l'un des seuls pays où les statistiques linguistiques soient précises, on évalue à 6 millions le nombre de « vrais » francophones, dont un peu plus de 5 millions vivent dans la province du Québec. (*Cf. carte,* p. 202.)

Les Acadiens, un peuple sans géographie

C'est surtout pour les Acadiens que le problème de la survie de la langue française se pose de façon particulièrement aiguë : ces descendants des premiers Français installés en Amérique, originaires surtout du Poitou, de l'Aunis et de la Saintonge, s'étaient installés, vers 1604, sur les côtes de ce qui est aujourd'hui la Nouvelle-Écosse.

Liés par leur histoire et par leur langue [205], les Acadiens n'ont pas de géographie : vous aurez beau chercher l'Acadie sur une carte du Canada, vous ne la trouverez pas. Les jeunes Acadiens eux-mêmes, interrogés récemment (1977) au cours d'une enquête, ne sont pas d'accord sur la délimitation de l'Acadie [206].

LE FRANÇAIS AU CANADA

Yukon
1 %
230

Territoires du Nord-Ouest
1,4 %
635

Colombie
Britannique
0,5 %
15 125

Alberta
1,3 %
29 550

Saska-
tchewan
1 %
10 085

Manitoba
3 %
31 040

Ontario
3,8 %
332 945

Québec
82,5 %
5 256 830

Terre-Neuve
0,3 % 1810

Nlle Ecosse
2,9 %
24 450

Nouveau-Brunswick
31 %
216 580

Ile du Prince Edward
8 %
3 725

Pour chaque province ont été indiqués les pourcentages des personnes parlant le français en famille par rapport à la population totale de la province, ainsi que le nombre de personnes auquel correspondent ces pourcentages.

(*Source :* Statistiques du Canada, 1981.)

Aujourd'hui, il y a des Acadiens mais il n'y a pas d'Acadie, et l'origine même de ce nom reste obscure. Certains pensent que le nom d'Acadie est celui que Champlain, par erreur, aurait attribué aux côtes de l'actuelle Nouvelle-Écosse, par confusion avec *Arcadia,* nom donné un siècle plus tôt aux côtes de la Virginie en raison de la douceur de vivre à laquelle elles semblaient inviter. Une autre théorie voudrait que ce soit plutôt un nom d'origine indienne, car il existe des toponymes comme *Tracadie* (Nouveau-Brunswick) ou *Shubenacadie* (Nouvelle-Écosse) où se retrouve le même suffixe. On aurait alors pour *Acadie* le choix entre un mot indien de la langue micmac signifiant « emplacement d'un camp » et un autre mot indien, mais de langue malécite, signifiant « terre fertile ». C'est en tout cas ce nom qui, malgré leur dispersion géographique, réunit les Acadiens, dont l'histoire comporte des épisodes dramatiques.

Le « Grand Dérangement »

C'est en 1755, un siècle et demi après leur arrivée, que prend place ce que les Acadiens ont appelé « le Grand Dérangement », qui est aussi la période la plus noire de leur histoire.

Après avoir été jusqu'en 1670 l'objet de luttes entre la France et l'Angleterre, ce qu'on appelait alors « l'Acadie » (c.à.d. la Nouvelle-Écosse actuelle) reste française de 1670 à 1713, date à laquelle elle passe sous la domination anglaise. Mais les Acadiens, qui avaient toujours désiré rester neutres dans les querelles qui opposaient les Anglais et les Français, refusent de prêter serment au roi d'Angleterre [207]. Jugés indésirables par le gouvernement britannique, ils sont déportés en 1755 : embarqués de force sur quarante-six bateaux réunis à Grand-Pré, une grande partie d'entre eux sera dispersée dans plusieurs régions des actuels États-Unis. Beaucoup périront en mer, mais certains finiront par s'installer en Louisiane, après un détour par Saint-Domingue : ce sont eux que l'on appelle les *Cajuns* ou *Cadjins,* ce qui représente la prononciation locale approximative du mot *Acadiens.* (*Cf.* p. 208.) D'autres, avec la complicité des Indiens, se réfugient dans les forêts de l'actuel Nouveau-Brunswick. D'autres enfin sont envoyés en Angleterre ou renvoyés en France.

Toute cette tragique aventure n'a réellement eu d'écho mondial qu'un siècle plus tard, lorsque le poète américain Henry Longfellow a retracé, en un long poème de 1 400 vers, la triste histoire d'Evangeline Bellefontaine : cette jeune fille de Grand-Pré, cruellement séparée de son fiancé Gabriel par la déportation et qui passe ensuite sa vie à sa recherche. Elle finit par le retrouver à Philadelphie, mais trop tard : ils sont alors tous deux très vieux et il est mourant. Traduit en quinze langues, ce long poème, à travers l'histoire d'Evangeline, a fait connaître au monde entier l'existence des Acadiens.

Ce peuple, amoureux de son passé et de sa religion, a pris pour hymne national un cantique, l'*Ave maris stella,* et comme drapeau, celui de la France, avec, dans le bleu, l'étoile à cinq branches de Marie [208]. Ces habitants d'un pays disparu ont su, malgré les épreuves, conserver vivante la langue de leurs aïeux, tant il est vrai, comme le rappelle Antonine Maillet, que : « Être acadien, c'est être descendant de quelqu'un, ce n'est pas occuper un territoire. »

Le français au Québec

Comparé au destin heurté des Acadiens, celui des populations qui ont colonisé la vallée du Saint-Laurent à partir de Québec, Trois-Rivières et Montréal pour former la *Nouvelle-France,* ou *Canada,* apparaît comme plus uni et plus heureux : en un siècle, les populations parviennent à se souder par un peuplement continu [209]. L'accroissement du nombre des francophones s'est ensuite poursuivi régulièrement : il a été multiplié par dix de 1760 (65 000) à 1851 (670 000), puis de nouveau presque par dix de 1851 au milieu du XXᵉ siècle (5 000 000 au Québec en 1971).

C'est en 1763, cinquante ans après l'Acadie, que le Canada devient à son tour une colonie anglaise. A cette époque, un quart de la population du Québec était anglophone, et Montréal devait rester à majorité anglophone jusqu'en 1871. Depuis, Montréal est devenue la deuxième ville francophone du monde, après Paris et à égalité avec Bruxelles. La ville de Québec, de son côté, est aujourd'hui presque entièrement francophone.

Ptsi-z-infin et grin-minmin...

En débarquant au Québec, on est frappé par des prononciations comme *ptsi-z-infin et grin-minmin* (« petits-enfants et grand-

maman ») et on peut avoir, au début, quelques difficultés à identifier des mots comme *banc, gant, vent,* prononcés comme un
Parisien prononcerait *bain, gain, vin.* En fait, les Québecois distinguent aussi bien que les Parisiens entre *banc* et *bain,* mais ils le font
avec des timbres différents. Très rapidement, on s'habitue à ce
décalage, comme à celui de *p'tit* prononcé *p'tsi.*

Une caractéristique bien connue de la prononciation du français
au Canada consiste en effet dans ce que les linguistes appellent,
dans leur jargon, l'assibilation des occlusives (assi*b*ilation et non
pas assi*m*ilation). Il s'agit de la prononciation *ts* pour *t* (dans
(par)*ti, tiens, tu, tuer*) et de *dz* pour *d* (dans *dis, dieu, du, duel*) [210]. Ce
phénomène se produit au Québec, et, dans une moindre mesure,
en Ontario [211], mais ne touche pas les Acadiens [212]. Ces derniers
ont, de leur côté, pour particularité de prononcer *guerre* ou *curé*
comme si ces mots s'écrivaient *djerre* ou *tchuré* et, bien entendu,
Acadien, comme *Acadjin.* (*Cf.* les *Cadjins* ou *Cajuns* de Louisiane.)

Cependant, d'une manière générale, tous les francophones du
Canada ont des traits communs de prononciation [213], à l'exception
des Acadiens qui, en raison de leur histoire bousculée, se sont
trouvés isolés et ont donc maintenu des archaïsmes spécifiques :
par exemple, la prononciation avec *ou* de la voyelle de *pomme*
(rappelons-nous la querelle des « ouistes » en France au XVIIᵉ siècle). (*Cf.* p. 102.)

En ce qui concerne le lexique, les différences sont beaucoup
moins sensibles entre les diverses provinces, et on trouvera dans
l'*encadré* « Petit lexique franco-français (Canada) » (*cf.* p. 206-207)
un certain nombre de mots qui pourraient prêter à confusion en
Europe, mais qui sont tous compris dans l'ensemble du Canada.
Ce lexique permettra de comprendre sans équivoque le sens des
phrases présentées en fin de liste *.

* Je remercie Catherine Philipponneau, professeur à l'université de Moncton,
qui m'a communiqué tous les documents concernant les Acadiens et leur
langue.

PETIT LEXIQUE FRANCO-FRANÇAIS
(CANADA)

amarrer (XX) (ses chaussures)	« attacher » (ses chaussures)
appareiller (XX) (la terre)	« préparer la terre pour les semailles »
(s') appareiller (XX)	« s'habiller »
assez	« très, beaucoup »
bleuets	« myrtilles »
boucane	« fumée »
cabaret	« plateau (de service) »
cartable	« classeur »
casher (un chèque)	« toucher » (un chèque)
champlure	« robinet »
charrue	« chasse-neige »
chavirer (XX) (un seau)	« renverser » (un seau)
(se) chavirer (XX)	« se faire du souci, devenir fou »
chialer	« maugréer, râler »
chaussette	« pantoufle »
couverte	« couverture » (de lit)
débarbouillette	« gant de toilette » (petite pièce de tissu)
escousse, secousse (X), *élan* (XX)	« moment, laps de temps »
espérer (XX)	« attendre »
filière	« classeur métallique »
grand bord (XX)	« salle de séjour »
gréements (XX)	« les meubles »
gréyer (la table)	« mettre » (la table)
(se) gréyer, (se) dégréyer (XX)	« s'habiller », « se déshabiller »
hardes (XX)	« vêtements » (non péjoratif)
(le) large (XX)	« la grande forêt »
ligne à linge	« corde à linge »
linge	« vêtements » (extérieurs)
magasiner, faire son magasinage	« faire ses courses, ses achats »
(se) mâter (XX)	« se cabrer »
mitaine	« moufle »
(un) mousse	« un petit garçon »
pas mal	« assez »
(c'est) pas pire	« (c'est) très bien »
patenter, patenteur	« bricoler », « bricoleur »
pêcher (XX) (du gibier)	« prendre » (du gibier)
peindre	« peindre (un tableau) »
peinturer	« peindre (un mur) »
platte	« ennuyeux »
portrait	« photographie »
(n'avoir plus que la) ralingue	« être maigre comme un clou »
sacoche	« sac de dame »

tabagie [X]	« bureau de tabac »
virer de bord [XX]	« s'en retourner »
virer (la terre) [XX]	« retourner (la terre) »

[X] terme employé surtout au Québec.
[XX] terme employé surtout par les Acadiens.

QUELQUES PHRASES ENTENDUES AU CANADA

Ils sont allés à l'hôtel pour une petite secousse.
« Ils sont allés à l'hôtel un petit moment. »
A matin, le postillon était chaud, il était encore sur la brosse.
« Ce matin, le facteur était ivre, il n'avait pas encore dessaoûlé. »
Elle plume des patates pour le dîner.
« Elle épluche des pommes de terre pour le déjeuner. »
Elle est en famille, elle va accoucher ben vite.
« Elle est enceinte, elle va accoucher très vite. »
Sa mère lui a donné une belle catin pour sa fête.
« Sa mère lui a donné une belle poupée pour son anniversaire. »
Au magasin général, ils ont du butin à la verge.
« Au magasin général, ils ont du tissu au mètre » (la verge = 0,91 mètre).
Il est parti dans les bois chercher des cocottes et il s'est écarté.
« Il est parti dans les bois chercher des pommes de pin et s'est égaré. »
Y a un char qu'a fessé un p'tit suisse.
« Il y a une voiture qui a heurté un petit écureuil gris. »
Le téléphone n'a pas dérougi.
« Le téléphone n'a pas cessé (de sonner). »
Elle braillait à chaudes larmes.
« Elle pleurait à chaudes larmes. »
Conseils à la gardienne :
« 1. *donner la bouteille au bébé ;*
  2. *lui faire faire son rapport ;*
  3. *l'emmener se promener en carrosse.* »
Conseils à la dame qui garde les enfants :
« 1. donner le biberon au bébé ;
  2. lui faire faire son rot ;
  3. l'emmener se promener dans son landau. »

LE FRANÇAIS EN LOUISIANE

Trois variétés de langues en plus de l'anglais

Fondée en 1682, la Louisiane, baptisée ainsi en l'honneur de Louis XIV, n'est restée française que pendant quatre-vingts ans. Après un épisode anglo-espagnol, elle est cédée en 1803 par Bonaparte aux Américains, pour la somme de 15 millions de dollars. Les premiers immigrants avaient vu leur nombre augmenter grâce à la venue des Acadiens en 1755 (les *Cajuns* ou *Cadjins*) et, en plus des nouveaux apports de réfugiés venus de France après la Révolution, la population francophone de Louisiane s'est encore accrue d'un grand nombre d'esclaves noirs venus des Antilles.

Ces trois types de peuplement expliquent les trois variétés de langues que l'on peut distinguer en Louisiane [214] :

— le français colonial, appelé encore *vieux français créole* (Nouvelle-Orléans et plantations le long du Mississippi). Cette langue a conservé des voyelles longues à l'oral et connaît également une forme écrite ;

— l'acadien (ou *cajun*), seulement oral. C'est la variété la plus répandue et elle ressemble au français parlé par les Acadiens du Canada ;

— le *black creole* (ou *créole louisianais*), encore appelé *gombo French* ou *courimavini*. Ce n'est pas du français, mais un créole proche du créole antillais, qui est surtout parlé dans le sud de l'État.

En 1869, l'anglais devient langue officielle et le français disparaît presque complètement des programmes jusqu'en 1968. A cette date, le français acquiert le statut de langue officielle et la Louisiane crée un Conseil pour le développement du français en Louisiane (CODOFIL).

Aujourd'hui, malgré les efforts du CODOFIL, il semble que la langue française continue de régresser (env. 300 000 francophones) et que seules les personnes âgées continuent à la pratiquer et à la faire vivre [215].

LE FRANÇAIS AUX ANTILLES ET EN GUYANE

Le créole et le français

Départements d'outre-mer comme la Guyane, les Antilles françaises se composent de la Martinique et de la Guadeloupe, avec ses dépendances : les Saintes, Marie-Galante, la Désirade, Saint-Barthélemy et la partie française de Saint-Martin. Le français y est évidemment langue officielle et il y est compris par la plus grande partie de la population.

Cependant, comme en Guyane, à la Réunion, à Haïti et à l'île Maurice, la langue d'usage y est bien plus souvent le créole, qui est une langue formée au XVIIe siècle à la suite des contacts entre colonisateurs parlant français et esclaves parlant diverses langues africaines. Ces esclaves avaient été réunis sur les côtes occidentales de l'Afrique avant d'être embarqués pour les colonies. Les créoles français ne sont pas du français mal parlé ou simplifié, mais des langues à part entière, qui se distinguent parfaitement du français. Les Antillais et les Guyanais sont donc généralement bilingues créole-français.

Quelques caractéristiques du français aux Antilles

Si l'on demande à un Français « métropolitain » de caractériser le français parlé aux Antilles, il répond généralement que les Antillais ne prononcent pas les *r* dans des mots comme *roue, terre, porte*, etc. Cette impression est trompeuse car le plus souvent la consonne est bien présente, mais elle est articulée si faiblement à l'arrière de la bouche, qu'on l'entend mal. En prêtant un peu l'oreille, on se rend compte que *roue* ne se confond nullement avec *houe*, ni *terre* avec *taie*, ni *porte* avec *pote,* etc. Ici encore, comme pour le Canada, il suffit de quelques instants pour établir les correspondances entre ces usages du français et celui auquel on est accoutumé.

Sur le plan du lexique, certaines expressions sont seulement d'un emploi un peu surprenant pour le *métro* (« Français de France ») à son arrivée aux Antilles : ainsi « un conducteur au volant de son *transport en commun* » pour « au volant de son autobus » ou « la farine *a pris fin* » pour dire qu'il n'y en a plus. C'est au bout d'un certain temps qu'il comprendra que le mot *linges* renvoie plutôt à des vêtements extérieurs et qu'un enfant *vorace* est simplement gourmand. D'autres termes, comme le *zouc* « la fête », *zouquer* « danser » ou *tébé* « fou », complètement inconnus hors des Antilles, apportent réellement des difficultés dans la communication *.

LE FRANÇAIS EN AFRIQUE

L'Afrique francophone

Les pays africains dits d'expression francophone occupent une bonne moitié de la surface de l'Afrique, depuis la Mauritanie à l'ouest jusqu'au Tchad à l'est et jusqu'au Zaïre, au Ruanda et au Burundi au sud. Pour tous ces pays, à l'exception du Sénégal où l'influence française s'est manifestée dès le XVIIe siècle, l'implantation du français ne remonte qu'au XIXe siècle, avec l'ère coloniale. Il a d'abord été véhiculé par l'armée [216] si bien que, par exemple, en République centrafricaine et au Tchad, il existe un « français militaire », qu'on appelle encore « français tirailleur » ou « français tiraillou », et qui s'est particulièrement développé à l'occasion des deux guerres mondiales. Il laisse aujourd'hui la place au « français des écoles [217] ». (*Cf. carte du français en Afrique*, p. 211.)

Le français d'Afrique

Il n'y a pas *un* français d'Afrique, de même qu'il n'y a pas *un* français de France, mais toutes les variétés du français parlé en Afrique ont un point commun : c'est aujourd'hui un français « scolaire », c'est-à-dire pratiquement toujours appris à l'école, et non pas une langue apprise en famille. Chacune des nombreuses langues africaines marque alors à sa manière le français parlé dans la région.

Un exemple extrême est représenté par la phrase suivante, où se manifeste en français un phénomène propre au bantou, langue où les règles d'accord grammatical se répercutent sur tous les mots de la phrase : « Nous voulons des hôpit*aux* pour les hommes et des

---

* Je remercie Danielle Saada pour son aide.

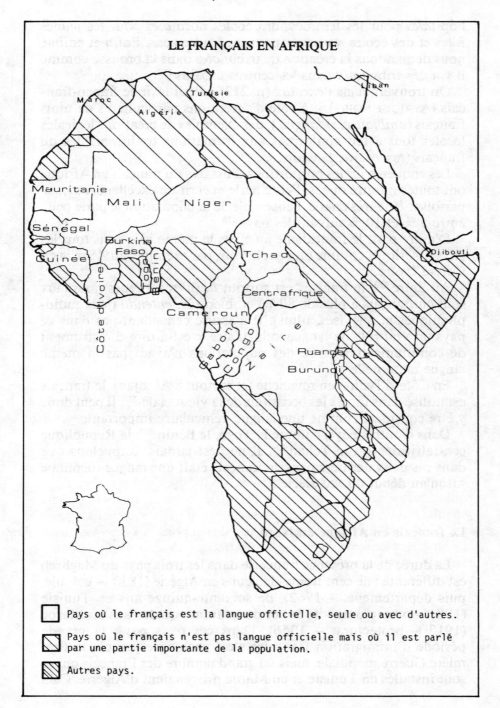

LE FRANÇAIS EN AFRIQUE

Maroc

Tunisie

Algérie

Liban

Mauritanie

Mali

Niger

Sénégal

Burkina
Faso

Guinée

Côte d'Ivoire

Togo

Bénin

Tchad

Djibouti

Centrafrique

Cameroun

Gabon

Congo

Zaïre

Ruanda

Burundi

☐ Pays où le français est la langue officielle, seule ou avec d'autres.

▨ Pays où le français n'est pas langue officielle mais où il est parlé
par une partie importante de la population.

▦ Autres pays.

hôpit*ales* pour les femmes, des écoles norm*ales* pour les jeunes filles et des écoles *normaux* pour les jeunes gens. En*fin* et en*fine*, nous demandons la création de tribun*ales* dans la brousse comme il y a des tribun*aux* dans les centres urbains [218]. »

On trouvera dans l'*encadré* (p. 213) « Petit lexique franco-français (AFRIQUE NOIRE) », à côté d'acceptions particulières de mots français (*ambiance, vidange*...), des exemples de créations lexicales locales tout à fait conformes aux formations traditionnelles du français (*essencerie, boyesse*...).

Les enquêtes sur les proportions d'usagers du français en Afrique ont toutes montré que, si l'élite parle et écrit un excellent français, parfois même très châtié, l'ensemble de la population le parle peu : entre 5 % et 10 % suivant les pays [219].

D'autre part, le français ne joue pas le même rôle dans tous les pays d'Afrique, comme on peut le voir, par exemple, au Zaïre et en Côte-d'Ivoire.

Au Zaïre [220], le français est surtout *lu* (livres, revues, journaux sont en français à plus de 80 %) et, bien sûr, *entendu* (jeux radiophoniques et télévisés, films). Il n'assure cependant pas dans ce pays un vrai rôle de langue véhiculaire, c'est-à-dire d'instrument de communication entre des populations n'ayant pas la même langue maternelle [221].

En Côte-d'Ivoire, en revanche (et surtout à Abidjan), le français est utilisé dans toutes les occasions de la vie sociale [222]. Il peut donc y être considéré comme une langue véhiculaire importante.

Dans d'autres pays, comme le Togo, le Bénin [223], la République centrafricaine ou le Tchad [224], il ne l'est jamais. Rappelons que dans ces deux derniers pays, le français était une langue inconnue jusqu'au début du XXe siècle.

Le français en Afrique du Nord

La durée de la présence française dans les trois pays du Maghreb est différente : de cent trente-deux ans en Algérie (1830 — colonie, puis départements – 1962), de soixante-quinze ans en Tunisie (1881 – protectorat – 1956) et de quarante-quatre ans au Maroc (1912 – protectorat – 1956). Dans ces trois pays, la grande période d'immigration française s'est prolongée jusqu'à la Première Guerre mondiale, mais un grand nombre des Français qui se sont installés en Tunisie et au Maroc provenaient d'Algérie. Cela

PETIT LEXIQUE FRANCO-FRANÇAIS
(AFRIQUE NOIRE) [225]

ambiance	« fête » (Zaïre)
ambianceur	« celui qui fait la fête, fêtard » (Zaïre)
arachides	« cacahuètes » (Zaïre)
(en) *arbre*	« (en) bois » (Ruanda et Burundi)
(faire la) *bouche*	« se vanter »
(serrer la) *bouche*	« refuser de dire la vérité »
boyesse	« domestique de sexe fémin » (Ruanda et Burundi)
boyerie	« logement réservé aux domestiques » (Ruanda et Burundi)
cadavéré	« fainéant, fatigué » (Niger)
chaîne	« fermeture à glissière » (Niger)
deuxième bureau	« maîtresse, amante » (Zaïre, Rép. centrafricaine)
(cher) *dit*	« (cher) ami » (Zaïre)
essencerie	« poste à essence » (Sénégal)
fringueur, sapeur	« qui soigne son aspect vestimentaire » (Congo, Niger)
gâté	« abîmé » (Cameroun, Côte-d'Ivoire, Mali, Sénégal, Zaïre)
grassir	« grossir (pour une femme enceinte) » (Cameroun)
grossir	« grossir, prendre du poids » (Cameroun)
grigriser	« jeter un sort » (Niger)
gros mots	« grands mots, mots savants » (Zaïre)
marabouter	« jeter un sort » (ensemble de l'Afrique de l'Ouest)
mouiller (un cours)	« sécher (un cours) » (Niger)
(avoir des) *serpents*	« avoir des coliques » (Ruanda et Burundi)
(il) *tombe*	« il pleut » (Ruanda et Burundi)
torcher	« éclairer avec une lampe électrique » (Cameroun, Côte-d'Ivoire, Rép. centrafricaine)
vidanges	« bouteilles vides » (Zaïre)

explique en partie qu'un certain nombre d'expressions françaises soient communes aux trois pays d'Afrique du Nord.

Il y avait en Tunisie, avant l'indépendance, un nombre aussi grand d'Italiens que de Français, mais tous parlaient aussi le français. Au contraire, au Maroc, les autres étrangers ont de tout temps été beaucoup moins nombreux que les Français. En Algérie, les étrangers — surtout des Espagnols, mais aussi des Italiens et des

Maltais — avaient été naturalisés, en quelque sorte d'office, par la loi de 1889. Préalablement, en 1870, les autochtones israélites avaient déjà pu acquérir la nationalité française, grâce au décret Crémieux [226]. Ce sont eux qui ont été les premiers bénéficiaires des établissements scolaires français, alors que les musulmans n'ont fréquenté l'école française qu'à partir du début du XXe siècle.

Néanmoins, en ce qui concerne l'Algérie, on peut dire qu'à cette époque, et surtout à partir de 1930, le français avait déjà pénétré partout [227]. Cela signifie que, contrairement au reste de l'Afrique francophone, c'est surtout par des communications orales et non pas uniquement par l'école que le français a pris place dans la vie des habitants. Il est également significatif que cette date marque aussi le moment où les Français d'Algérie n'ont plus éprouvé le besoin d'apprendre l'arabe.

Après l'indépendance, tous les efforts ont été faits en vue d'une arabisation massive de l'enseignement dans les trois pays du Maghreb, mais avec un recul du français plus net en Algérie qu'en Tunisie, par exemple, où le président Bourguiba, tout en proclamant que l'arabe était en Tunisie la langue nationale et la langue de culture, a été, avec le président Léopold Sédar Senghor, l'un des plus ardents défenseurs d'une organisation internationale de la francophonie. Au Maroc, après une période d'arabisation intense, les autorités ont estimé plus raisonnable en 1958 de replacer le français à égalité avec l'arabe, qui reste cependant la seule langue officielle.

Aujourd'hui, malgré la poussée inévitable de l'anglais, le français garde dans les trois pays du Maghreb un statut privilégié. Les inscriptions en français côtoient les indications en arabe sur les routes, dans les rues et dans les lieux publics. Dans les trois pays, le français est enseigné à partir de la troisième année du primaire (entre dix et vingt heures par semaine) [228].

Dans le secondaire, le français est la deuxième langue obligatoire, et certaines matières, telles que les mathématiques, les sciences, les techniques, sont enseignées uniquement en français. Une enquête effectuée en Tunisie, sur 100 lycéens en fin de cycle secondaire, fait apparaître en 1970 que dans 35 % des cas, tous les membres de la famille parlent le français ; mais ce pourcentage s'élève à 56 % si l'on ne tient compte que des frères et sœurs. Cette même enquête indique que les communications avec l'administration se font de préférence en français et que les élèves à la récréation communiquent dans les deux langues, mêlant le plus souvent dans une même phrase le français et l'arabe [229]. Une autre enquête révèle que le français, à des degrés divers de correction, est en tout cas parlé en Tunisie par toute personne scolarisée [230].

La féminité du « r » français

Il est un trait curieux de la prononciation du français en Afrique du Nord, qui divise la population selon les sexes : les hommes prononcent le *r* du français de préférence « roulé [r] et de la pointe de la langue, comme en italien (et comme en France du temps de Molière) tandis que toutes les femmes le prononcent du fond de la gorge » à la parisienne [ʁ]. (*Cf. les schémas*, p. 239.)

Aucune de ces deux articulations ne présente de difficulté pour des personnes dont la langue maternelle est l'arabe car, dans cette langue, ces deux consonnes existent et permettent même de distinguer des mots différents. Ainsi, par exemple, le verbe signifiant « envoyer » et le verbe signifiant « se laver » se distinguent par la présence d'un *r* roulé dans /jarsəl/ « il envoie » et celle d'un *r* de type français dans /ja ʁ səl/ « il se lave ». Il n'y a donc pas plus de raisons, pour des arabophones, de prononcer le *r* français d'une manière que de l'autre. Pourquoi, dans ces conditions, constate-t-on des choix divergents pour les hommes et pour les femmes ?

L'explication [231] doit être recherchée dans la prononciation avec des *r* roulés des militaires et des premiers instituteurs des débuts de la colonisation. Comme, à cette époque, seuls les hommes apprenaient le français, ils ont été également les seuls à connaître et à transmettre cette prononciation. Lorsque les filles, bien plus tard, ont appris le français, c'était avec des professeurs qui prononçaient les *r* du fond de la gorge, à la française. Ce sont elles qui propagent aujourd'hui la norme du *r* non roulé, et c'est en partie de là qu'a dû se répandre l'idée que le *r* non roulé était l'apanage des filles.

Une enquête menée en Algérie en 1983 [232] a confirmé que toutes les femmes scolarisées âgées de moins de quarante ans prononcent des *r* postérieurs à la française, tandis que les hommes sont partagés entre la crainte de paraître efféminés et le désir de se conformer à la norme scolaire.

Avant le français, il y avait le sabir

Un autre élément doit entrer en ligne de compte pour expliquer l'existence de prononciations du *r* roulé en Afrique du Nord aux débuts de la colonisation. Il existait en effet, avant l'arrivée des Français, une langue dont la prononciation comportait des *r* roulés, et qui servait de langue de transaction et de négociation entre les Européens et les populations parlant arabe. Cette langue, appelée *lingua franca* ou *sabir,* mêlait des mots italiens, espagnols, portugais et arabes, dans une syntaxe réduite à l'essentiel. Cette langue jouait parfaitement son rôle dans les échanges commerciaux, avec cette particularité que chacun croyait que c'était la langue de l'autre. Le général Faidherbe le note en 1884 : « Ce qu'il y a de curieux, c'est qu'en se servant de ce langage, le troupier est persuadé qu'il parle arabe, et l'Arabe, qu'il parle français [233]. »

LE GRAND TURC DE MOLIÈRE NE PARLAIT PAS TURC

La langue de ce passage du *Bourgeois gentilhomme* n'est pas une invention de Molière, qui a utilisé le *sabir*, langue simplifiée formée de mots espagnols, italiens et arabes, qui a longtemps servi de langue du commerce entre tous les pays du pourtour de la Méditerranée. On l'appelait aussi *lingua franca.*

Sabir	*Traduction*
Se te sabir,	Si toi savoir,
Te respondir ;	Toi répondre ;
Se non sabir,	Si toi pas savoir,
Tazir, tazir.	Te taire, te taire.
Mi star Mufti.	Moi être Mufti.
Ti qui star ti ?	Toi, qui être toi ?
Non intendir :	Toi pas comprendre :
Tazir, tazir.	Te taire, te taire.

Molière, *Le Bourgeois gentilhomme*, acte IV, sc. v

Cette langue a connu une grande diffusion en Afrique du Nord, mais également au Proche-Orient, et quand Gérard de Nerval, en 1843, veut se faire comprendre au Liban, où le français n'en était encore qu'à ses débuts, c'est en *sabir* ou *langue franque* qu'il s'exprimait. D'ailleurs, sans le savoir, nous avons tous été mis en contact avec ce *sabir* dans *Le Bourgeois gentilhomme* (acte IV, scène v), où Molière fait malicieusement croire à Monsieur Jourdain que c'est du turc. (*Cf. encadré,* p. 216.)

PETIT LEXIQUE FRANCO-FRANÇAIS
(AFRIQUE DU NORD)

à la baballah	« à la hâte, n'importe comment [X] »
(faire des) *balbizes*	« faire des choses insignifiantes, inutiles et même un peu bêtes [X] »
le *cachoune*	« la cachette »
caillasse	« caillou »
la *chkoumoune*	« le mauvais œil, la poisse »
crier (quelqu'un)	« gronder, engueuler (quelqu'un) »
(je vais) *m'étendre*	« (je vais) me reposer, m'allonger »
estagnon	« bidon d'huile d'olive [X] »
fatigué	« malade »
hlou	« sympathique »
un *kif*	« un plaisir »
kifer	« prendre son pied »
un *kifiste*	« un bon vivant »
mabrouk	« félicitations »
par force	« bien entendu »
(laver le) *par-terre*	« (laver le) sol, le carrelage »
rasra, rasratique	« angoisse, angoissant »
rkik	« peu sympathique, antipathique »
rognonnade	« longe de veau [XX] »
shra	« demeuré, un peu fou »
tchatcher, faire la tchatche	« bavarder, tailler une bavette [XX] »

[X] utilisé surtout en Tunisie.
[XX] utilisé surtout en Algérie.

Et les Pieds-Noirs ?

A l'époque de la colonisation, les Maghrébins n'ont pas appris le français uniquement à l'école. Ils le parlaient tous les jours avec les colons européens, ces Français d'Afrique du Nord dont la langue constituait un régionalisme particulier.

Le retour en France, dans les années 60, des Pieds-Noirs — nom donné à l'origine aux seuls Français d'Algérie, puis aussi, plus tard, à ceux de Tunisie et du Maroc — a permis de mieux connaître leur parler volubile, aux intonations chantantes. Il suffit d'écouter les anciennes chansons d'Enrico Macias, certains sketches de Guy Bedos ou de Michel Boujenah, certains films de Roger Hanin ou encore la comédie *La famille Hernandez* pour s'en faire une idée.

On trouvera dans l'*encadré* « Petit lexique franco-français (AFRIQUE DU NORD) » (p. 217) quelques exemples de ce vocabulaire, dont certains éléments tendent à passer dans le français commun.

5.

QU'EST-CE QUE LE FRANÇAIS ?

Spécificité et structure

QU'EST-CE QU'UNE LANGUE ?

Le paradoxe des langues

La diversité des usages, dont seuls quelques aspects ont été évoqués dans les pages précédentes, n'est pas une particularité du français. Toutes les langues connaissent des variétés : un Bavarois ne parle pas comme un Prussien, un Anglais ne parle pas comme un Américain ou un Australien, il ne parle pas non plus comme un Écossais ou un Irlandais, un Égyptien ne parle pas comme un Marocain, un Chinois de Pékin ne parle pas comme un Chinois de Hong Kong. Et pourtant, les linguistes eux-mêmes n'hésitent pas à décrire l'allemand, l'anglais, l'arabe, le chinois, comme s'ils oubliaient cette diversité.

Au-delà de cette diversité reconnue comme inhérente à toute langue, ils ont en effet réussi à mettre en évidence une base commune. Si un Anglais et un Américain arrivent à se comprendre malgré des différences sensibles, c'est sans doute que cette diversité peut être surmontée. Qu'il s'agisse de l'anglais, du français ou de tout autre idiome, une langue apparaît alors comme un instrument de communication tout à fait original et plein de contradictions, à la fois *divers*, puisque chacun le fait fonctionner à sa manière et selon ses besoins, et nécessairement *unique* pour que chacun puisse comprendre l'autre.

On voit donc que la communication est au centre des préoccupations du linguiste : son premier souci est de cerner le plus précisément possible les éléments qui permettent d'établir cette communication au moyen des langues, qui sont des instruments particulièrement adaptés à cette fonction.

Les sons et les mots du français

Pour analyser les sons et les mots du français et pour comprendre comment ils s'établissent en système, il faut accepter d'opérer avec certaines notions de linguistique qui seront brièvement exposées ci-dessous.

Quelques rares termes techniques indispensables, tels que *monèmes* ou *phonèmes*, ne doivent pas rebuter le lecteur, qui est seulement invité à prendre, pour la lecture des quinze pages qui suivent, une allure de croisière.

Mots et monèmes : la première articulation

Pour communiquer oralement, nous utilisons ce que nous appelons communément des mots et que les linguistes appellent plus précisément des *monèmes*. Ces unités linguistiques ont une forme prononcée (par exemple, en français, le mot *fil*) et un sens (ici, « brin long et fin de matière textile »).

Mais attention ! un *monème* n'équivaut pas toujours à un mot : dans *un grand jardin*, il y a bien trois monèmes et trois mots (*un + grand + jardin*) alors que dans *un jardinet*, il y a seulement deux mots, mais encore trois monèmes (« un » + « jardin » + « petit », par l'intermédiaire du diminutif *-et*). Un mot unique peut aussi comporter plusieurs monèmes. Ainsi, dans une forme verbale comme *aimerions*, il y a trois monèmes : le monème « aimer », le monème « conditionnel » et le monème « 1re personne du pluriel ». Voilà pourquoi les linguistes se méfient un peu du *mot*, qui est clairement identifiable à l'écrit mais un peu flou à discerner à l'oral, et lui préfèrent le terme de *monème* (que d'autres écoles linguistiques appellent *morphème*, ou *sème*, etc.).

Les monèmes sont donc des unités à deux faces :

— une face *phonique*, constituée par la suite des sons utilisés pour les prononcer ;

— une face *sémantique*, qui est le sens.

On dit que ce sont des unités significatives.

En français, *clé, jardin* ou *fil* sont des unités significatives, ou *monèmes*.

La deuxième articulation : les phonèmes

La partie *phonique* de ces unités significatives s'articule à son tour en éléments d'une tout autre nature, les **phonèmes**, qui ne comportent qu'une seule face, uniquement phonique, sans contrepartie sémantique. Cette face phonique apparaît avec plus d'évidence lorsque l'on entend un mot étranger sans le comprendre.

La fonction des phonèmes, elle aussi, est différente de celle des monèmes. Elle n'est pas **significative** mais **distinctive** : dans *fil*, *f* ne

---

QU'EST-CE QU'UNE LANGUE ?

Voici, résumés dans une brève définition où chaque mot compte, les traits indispensables pour identifier une langue.

« Une **langue** est un instrument de communication
selon lequel l'expérience humaine s'analyse,
différemment dans chaque communauté,
en unités douées d'un contenu sémantique
et d'une expression phonique, les **monèmes** ;
cette expression s'articule à son tour
en unités distinctives et successives, les **phonèmes,**
en nombre déterminé dans chaque langue,
et dont la nature et les rapports mutuels
diffèrent eux aussi d'une langue à l'autre. »

André Martinet

---

signifie rien ; il en est de même pour *i* et pour *l*. Mais *f* est distinctif en français parce qu'il permet de distinguer *fil* (avec *f*) de *mil* (avec *m*), de *vil* (avec *v*), etc. De même, *i* est distinctif parce que cet élément permet de différencier *fil* de *fol* (avec *o*), de *foule* (avec *ou*), etc. Enfin *l* est distinctif parce que *fil* (avec *l*) renvoie à autre chose que *figue* (avec *g*) ou *fine* (avec *n*).

On aura compris que dans *foule*, il n'y a que trois phonèmes (de même que dans *figue* ou dans *fine*) car il est essentiel de ne pas confondre les phonèmes, qui sont des **sons distinctifs**, avec les lettres de l'alphabet, qui n'en sont que la représentation écrite approximative.

On dira, que *fil, mil, vil, fol, foule, figue, fine*, etc. sont des **monèmes** du français.

De leur côté, *f, m, v, o, ou, g, n* sont des **phonèmes** du français.

Ce qui précède n'est qu'une application pratique à la langue française de la définition d'une langue établie par André Martinet dans ses *Éléments de linguistique générale*, et c'est de cette définition que découlent tous les principes de la linguistique fonctionnelle. (*Cf. encadré* « Qu'est-ce qu'une langue ? », p. 223.)

Le « noyau dur » de la langue

L'amateur de français qui, par la lecture méritoire des précédents chapitres, a été mis en condition pour acquérir une conscience aiguë de la multiplicité des formes du français, peut maintenant se demander quelle mouche pique le linguiste, qui se complique la vie à rechercher les formes les plus aberrantes du français dans l'entremêlement de ses variétés. Ce lecteur aimerait sans doute évoluer sur un terrain moins mouvant, et qu'on lui dise plus simplement ce qui constitue l'essentiel de la langue française, c'est-à-dire d'une part les sons de base, les *phonèmes*, qui servent à former les mots (ou plus exactement les *monèmes*), et d'autre part les mots eux-mêmes, leurs formes, leurs origines, leurs sens et leurs combinaisons.

Voici donc, enfin, le « noyau dur » de la langue : tout d'abord les *phonèmes* (les sons) (*cf.*, p. 225-240) puis les *monèmes* (les mots), eux-mêmes décrits selon leur forme phonique (*cf.* p. 241-248) et leur forme graphique (*cf.* p. 249), puis selon les sens qu'ils véhiculent (*cf.* p. 261-278).

LES SONS DU FRANÇAIS

Les sons et les lettres

Chacun de nous écrit généralement beaucoup moins qu'il ne parle. Et pourtant, si on vous demande de décrire la forme d'un mot français, c'est très spontanément sa forme écrite que vous évoquerez (même si certaines lettres sont seulement écrites et ne sont jamais prononcées).

La chose écrite, en effet, a pris une telle importance dans l'histoire du français qu'il faut se faire violence pour penser à la langue orale indépendamment de sa manifestation graphique. Or, dans l'histoire de toutes les langues, la forme parlée a toujours précédé l'écriture, qui n'en est qu'une transposition plus ou moins fidèle.

Si l'on veut comprendre comment fonctionne la langue française, il ne faudrait pas commencer par étudier sa forme écrite, qui est loin d'être sa réplique exacte. Repoussons donc au chapitre suivant les problèmes liés à l'orthographe et rappelons seulement qu'il faut résister à la tentation de confondre le son (de la parole) et la lettre (de l'écriture) : si, dans *fil,* il y a bien trois sons et trois lettres, tel n'est pas le cas pour *riz* (trois lettres et deux sons), ni pour *eau* (trois lettres et un seul son).

Dans tout ce qui suit, les termes de consonne et de voyelle renverront donc toujours à la prononciation et jamais aux lettres de l'écriture.

Les 18 consonnes de base du français

Pour former les monèmes du français, on utilise *18 consonnes* de base, les 16 qui se trouvent au début des mots suivants :

pain	*fin*	*teint*	*sein*	*chim(panzé)*	*Quint*
bain	*vin*	*daim*	*zinc*	*geint*	*gain*
main		*nain*			

lin rein

et trois autres consonnes : celle qui se trouve, par exemple, à l'initiale de *yeux* (ou de *hiatus*) et à la fin de *paille* (prononcée comme le *y* de *foyer*), celle qui se trouve à la fin de *living* (prononcée comme en anglais) et celle qui se trouve à la fin de *vigne.*

La consonne finale de *paille, veille, pille, nouille*, etc. (rappelons qu'il s'agit de la prononciation et non pas de l'écriture) est acceptée comme française sans discussion. La seconde, plus récente, fait figure d'intruse : c'est celle que nous employons à la fin de mots comme *parking, camping* ou *lifting*, qu'on suppose empruntés à l'anglais.

Le *lifting,* c'est quoi ? demandent les anglophones

Il faut pourtant aujourd'hui se résoudre à intégrer cette consonne au système de sons du français. Toutes les enquêtes [234], dans toutes les régions, montrent que ce phonème de l'anglais, orthographié *ng*, était, jusqu'au milieu du siècle, rendu en français au moyen du son français *gn* (comme dans *vigne*), ou du son *n* (comme dans *copine*). Mais si vous écoutez comment les gens prononcent aujourd'hui des mots comme *parking* ou *meeting*, vous entendrez une consonne très proche de celle que nous avons déjà remarquée chez les Méridionaux à la suite des voyelles nasales (« le *paing*, c'est très *bong* »). Cela revient à dire que le français compte de nos jours une consonne de plus à la finale : à côté des consonnes qui terminent *tétine* et *intime*, il y a la consonne finale de *lifting*, qui s'en distingue parfaitement.

Vous ne le saviez peut-être pas, mais ce dernier mot, malgré les apparences, n'est pas vraiment un mot anglais. Il n'a pas pu être emprunté à cette langue puisque les Anglais ne le connaissent pas dans ce sens. Il est une création française faite au moyen de la terminaison -*ing*, qui est devenue un suffixe français servant à former de nouveaux mots. En effet, un linguiste anglophone [235] citant dans un article en anglais cette forme *lifting*, utilisée par les Français, a éprouvé le besoin d'en donner entre parenthèses la traduction en anglais (*face lift*), montrant ainsi que le terme *lifting* isolé n'était pas compréhensible pour un anglophone. Mais le *lifting* français n'est pas un exemple unique. D'autres inventions françaises, telles que le *footing*, le *caravaning* ou le tout récent *zapping* se révèlent aussi de purs produits de la langue française.

Faut-il s'en plaindre ou s'en réjouir ? On verra plus loin que ce nouveau son du français s'intègre parfaitement dans le système consonantique traditionnel de notre langue.

Le *niais* et le *brugnon* dans le même *panier*...

Notre système de sons s'est ainsi enrichi d'une consonne supplémentaire, appelée **nasale vélaire** par les phonéticiens : **nasale** parce que pendant son articulation une partie de l'air passe par le nez (comme pour *m* et *n*), et **vélaire** parce qu'elle s'articule en reportant l'arrière de la langue vers le voile du palais (comme pour les consonnes de *Quint* et de *gain*). Dans le même temps, en revanche, une autre consonne nasale, naguère très vivante, connaît aujourd'hui une certaine désaffection, surtout de la part des plus jeunes : la **nasale palatale**, que certains prononcent encore dans *brugnon*, dans *accompagné* ou à la finale de *trogne,* se confond de plus en plus avec la succession -*ni*- que l'on trouve dans *niais*, *union* ou *panier*. C'est pourquoi cette nasale palatale ne figure pas dans le tableau des 18 consonnes de base du français (cf. p. 229).

Les 13 voyelles de base

L'une des caractéristiques les plus marquantes du français, qui est aussi l'une des sources de difficultés pour ceux qui apprennent notre langue, est la richesse de son système vocalique. Non contente de distinguer les 10 voyelles *orales* de :

lit	*lu*	*loup*
thé	*jeûne*	*paume*
taie	*jeune*	*pomme*
	fa	

elle connaît aussi au moins 3 voyelles *nasales* :

front

frein

franc

Cela fait un total de 13 voyelles de base, c'est-à-dire plus du double des voyelles de l'espagnol, qui n'en connaît que 5 (correspondant aux 5 voyelles de l'alphabet latin).

On pourrait encore y ajouter une autre voyelle *orale*, celle de *pâte* ou de *mâle*, mais cette dernière perd du terrain dans les usages contemporains car elle se confond de plus en plus avec la voyelle de *patte*, ou de *malle*.

On pourrait enfin y ajouter aussi la voyelle longue de *maître*, distincte chez certains de la voyelle brève de *mètre*, mais la tendance à la confusion de ces deux voyelles — la longue et la brève — est encore plus avancée.

L'inventaire des voyelles nasales pourrait être complété par la voyelle de *brun*, mais, comme on l'a déjà vu (*cf. Trois ou quatre voyelles nasales,* p. 174), la tendance est aujourd'hui à confondre les voyelles de *brin* et de *brun*, ce qui ramène à trois le nombre des voyelles nasales du système de base.

Un *e* « muet » qui se fait entendre

Il est une voyelle dont rien n'a été dit jusqu'ici et qui pourtant tient une grande place dans l'enseignement de la prononciation du français : c'est la voyelle traditionnellement appelée « *e* muet », qui désigne habituellement aussi bien le *e* de *melon* ou de *tenir* (où il est facultatif) que celui de *frelon* ou de *dehors* (où il est indispensable).

L'articulation de cette voyelle se confondant le plus souvent avec celle de *feu* ou de *peur*, quand elle est prononcée, il n'est pas nécessaire aujourd'hui de la faire figurer comme un phonème distinct de /ø/ ou de /œ/ dans le tableau du système vocalique du français.

En résumé, nous dirons que le système de base des sons distinctifs — ou phonèmes — du français compte 31 unités : 18 consonnes, 10 voyelles orales et 3 voyelles nasales qui, en se combinant, permettent de former tous les mots de la langue.

LES PHONÈMES DU FRANÇAIS

LES CONSONNES

	bilabiales	labiodentales	dentales	sifflantes	chuintantes	vélaires
sourdes	p	f	t	s	ʃ	k
	pain	*fin*	*teint*	*sein*	*chim*(panzé)	*Quint*
sonores	b	v	d	z	ʒ	g
	bain	*vin*	*daim*	*zin*(c)	*geint*	*gain*
nasales	m		n			ŋ
	main		*nain*			(parki)*ng*
			j		l	r
			y(aourt)		*lin*	*rein*
			semi-		latérale	spirante
			voyelle		apicale	uvulaire

LES VOYELLES

	orales				*nasales*	
	i	y	u		ẽ	õ
	lit	*lu*	*loup*		*frein*	*front*
	e	ø	o			
	thé	*jeûne*	*paume*			
					(œ̃)	ã
	(ɛ:)	ɛ	œ	ɔ		*franc*
	maître	*taie*	*jeune*	*pomme*	(brun)	
		a	(ɑ)			
		patte	(*pâte*)			

Les phonèmes mis entre parenthèses (les voyelles de *pâte*, de *maître*, et de *brun*) sont aujourd'hui en voie d'élimination. La nasale palatale /ɲ/ de *vigne* n'a pas été représentée sur le tableau des consonnes parce qu'elle est aujourd'hui le plus souvent remplacée par [n + j], comme dans *panier*.

Les sons représentés dans la graphie par *u* dans *nuit* et par *ou* dans *oui*, appelés semi-voyelles parce qu'ils ne forment pas syllabe, sont à rattacher aux phonèmes *u* et *ou* que l'on entend dans *pus* ou *pou*.

Pourquoi cette disposition en tableau ?

On aura probablement remarqué que les mots où se trouvent les phonèmes retenus dans l'inventaire de base (*pain, fin, teint*... pour les consonnes, *lit, lu, loup*... pour les voyelles) sont disposés dans un certain ordre dans les tableaux présentés ci-dessus. Cette disposition n'est pas aléatoire : elle veut souligner les liens qui unissent les éléments phoniques du français. (*Cf. encadré,* p. 229 [236].)

Ce que représentent les colonnes verticales

Si *pain, bain, main* ont été placés dans la même colonne verticale, c'est parce que leurs consonnes initiales se prononcent avec les mêmes organes et au même point du canal vocal : elles s'articulent toutes trois en rapprochant les deux lèvres — ce sont des **bilabiales**. Dans la colonne suivante, *fin* et *vin* s'articulent au moyen de la lèvre inférieure placée contre les dents du haut — ce sont des **labiodentales**. Dans la troisième colonne, *teint, daim* et *nain* s'articulent avec la pointe de la langue contre les dents du haut — ce sont des **dentales**, et ainsi de suite.

La consonne finale de *parking* trouve ainsi tout naturellement sa place, dans le tableau des consonnes du français, au croisement de la ligne horizontale *main, nain* (parce que son articulation est nasale) et de la colonne verticale *Quint, gain* (parce que ces trois consonnes /k, g, ŋ/ s'articulent toutes trois à l'arrière de bouche).

Le tableau, au fond, c'est de l'art figuratif

Devant le système consonantique du français, représenté comme il l'est dans les livres de phonologie au moyen des signes de l'alphabet phonétique international, à savoir :

$$
\begin{array}{ccccccc}
p & f & t & s & \int & & k \\
b & v & d & z & ʒ & & g \\
m & & n & & & & ŋ \\
& & & \overline{j \quad l \quad r} & & &
\end{array}
$$

on croit se trouver devant de l'abstraction pure, mais quelle erreur ! C'est en fait, pour l'essentiel, un tableau figuratif avec, en filigrane, le profil des organes vocaux, orientés vers la gauche : lèvres, dents, palais, voile du palais, luette... (*Cf. encadré* p. 231.)

APPAREIL PHONATOIRE

fosses nasales

palais dur

voile du palais

langue

alvéoles

luette

dents

pharynx

lèvres

épiglotte

oesophage

trachée artère

cordes vocales

ARTICULATION DES PRINCIPALES CONSONNES FRANÇAISES

Si le voile du palais
se relève, tout l'air
passe par la bouche.

[ʃ] = ch (chat)
[ʒ] = j (jour)
[ŋ] = ng (living)

l'air passe
par la bouche

P f   t s ʃ   k   (avec vibration des cordes vocales)

b v   d z ʒ   g

l'air passe
par le nez

m   n   ŋ   Afin de permettre une lecture plus aisée, les

articulations des palatales /ɲ/ et /j/,

langue creusée   de la latérale /l/ et de l'uvulaire /r/ [ʁ]

langue plate   n'ont pas été représentées sur ce schéma.

Ce que représentent les lignes horizontales

Les lignes horizontales regroupent les phonèmes ayant un trait articulatoire commun, les deux premières lignes représentant des consonnes *orales.*

Ce qui différencie la série des consonnes de la première ligne *(pain, fin, teint, sein, chim*(panzé), *Quint)* de celles de la seconde ligne *(bain, vin, daim, zin(c), geint, gain)* peut être mis en évidence en appuyant les doigts sur la pomme d'Adam et en prononçant successivement le *p* de *pain* puis le *b* de *bain,* le *f* de *fin* puis le *v* de *vin,* etc., tout en évitant de prononcer la voyelle qui suit. Les petites vibrations que l'on perçoit au bout des doigts pour *b,* pour *v,* etc., sont produites par l'air qui se fraye un passage au travers de deux petits replis internes de la trachée artère, au niveau du larynx, les *cordes vocales.* Elles vibrent pendant l'émission de *b, v, d,* etc. On dit que ce sont des consonnes *voisées* ou *sonores,* tandis que les consonnes *p, f, t,* etc., sont dites *sourdes* parce qu'elles sont articulées sans aucune vibration des cordes vocales.

Il faut reconnaître que les termes de sourdes et de sonores, dont il faut bien se contenter parce que ces termes sont consacrés par l'usage chez les phonéticiens, ne sont pas très bien choisis, d'autant plus que les consonnes *sourdes,* comme *p, f* ou *s,* sont des consonnes plutôt « fortes », prononcées avec une grande tension musculaire, alors que les *sonores b, v* ou *d* sont des consonnes plus relâchées et, en quelque sorte, plus « douces ».

La ligne *main, nain,* (park)*ing* est celle des consonnes *nasales* (l'air passe en partie par le nez), tandis que pour les consonnes initiales des deux premières lignes *(pain, fin,...* et *bain, vin,...),* tout l'air passe par la bouche.

r, l et *ill* font bande à part

Les six consonnes sourdes, les six consonnes sonores et les trois consonnes nasales se trouvent ainsi liées les unes aux autres par des traits articulatoires communs, chacune d'entre elles partageant au moins un trait articulatoire avec au moins une des autres consonnes, ce qui est mis en évidence par la disposition des phonèmes sur le tableau.

Si les consonnes /l/, /r/, /j/ n'ont pas été intégrées dans le tableau, c'est parce qu'elles ne partagent aucun trait distinctif avec les autres consonnes. En effet, la consonne de *lin* est la seule pour laquelle l'air passe sur les côtés de la langue. On dit que c'est une **latérale.** Celle de *paille,* par son articulation un peu « mouillée », est la seule à être de ce type : on dit que c'est une **semi-voyelle palatale.** Quant à celle de *rein,* son articulation, souvent uvulaire, est très variable selon les régions et a été différente suivant les époques, mais elle ne partage aucun trait avec les autres consonnes du tableau.

Ce sont divers rapprochements de ce type qui ont permis d'établir que tous les sons inscrits sur le tableau sont des unités distinctives du français.

Tout son n'est pas un phonème : les « r » du français

L'analyse qui précède a peut-être fait comprendre pourquoi les linguistes tiennent tellement à ne pas confondre les sons et les phonèmes. En effet, si tout phonème se manifeste par un son, l'inverse n'est pas vrai : tout son attesté dans une langue n'est pas forcément un phonème.

Si vous entendez le mot *riz* prononcé comme on le fait aujourd'hui à Paris, en articulant la consonne *r* du fond de la gorge au niveau de la luette (les linguistes disent que c'est une *spirante uvulaire*), ou comme on l'articulait du temps de Molière, c'est-à-dire en la roulant de la pointe de la langue (ce serait alors une *vibrante apicale*), le message transmis portera toujours sur cette « graminée servant de base d'alimentation dans de nombreux pays, surtout de l'Extrême-Orient ». Néanmoins, les deux prononciations du *r* apparaissent, même à l'oreille du non-spécialiste, comme prodigieusement différentes. Pourtant, aucun linguiste ne les considérera comme deux phonèmes différents en français car, qu'il soit prononcé avec une *spirante uvulaire* ou avec une *vibrante apicale,* le mot entendu évoquera toujours la même réalité : le RIZ. Ces prononciations différentes nous apporteront seulement des indications sur l'origine urbaine ou rurale de celui qui parle.

Les choses en iraient tout autrement si, au lieu de prononcer une *vibrante apicale,* on prononçait une autre consonne, par exemple une *latérale apicale,* c'est-à-dire un *l,* dont la prononciation est cependant assez voisine. Avec cette autre consonne, c'est un autre sens qui serait manifesté, celui de *lit,* « pièce d'ameublement destinée à recevoir un matelas sur lequel on peut s'allonger pour dormir ». Il ne s'agit plus alors de simples nuances de prononciation permettant d'identifier la personne qui parle ou de deviner sa région natale, mais de quelque chose de tout à fait fondamental sur le plan de la langue, puisque le remplacement de la consonne *r* par la consonne *l* permet de passer du sens « riz » au sens « lit » et donc de modifier le message. C'est sur ces différences pertinentes pour la communication que se fondent les linguistes pour identifier les sons de base d'une langue donnée, qu'ils appellent des **phonèmes**.

Comment déterminer le « noyau dur » ?

On a vu que seules certaines personnes distinguent aujourd'hui entre les voyelles de *brin* et de *brun*. On dira qu'elles distinguent *deux* phonèmes là où d'autres n'en connaissent qu'*un* seul.

De même, l'habitant du Cher (*cf.* p. 177-178) qui distingue entre *lapins* (avec une voyelle nasale suivie de -*ng* à la finale) et *lapin* (avec une voyelle nasale simple), possède une voyelle nasale de plus que l'habitant du Midi qui, lui, fait suivre indifféremment toutes les voyelles nasales finales d'un appendice consonantique -*ng,* ce qui l'empêche d'utiliser cette caractéristique comme révélatrice d'un sens différent.

On a également vu qu'il existe encore des gens qui distinguent entre les voyelles de *patte* et de *pâte* alors que d'autres les confondent, des gens qui prononcent *saule* différemment de *sole* (mais pas tous). Il y a aussi des gens qui prononcent différemment *sole* et *sol* (mais pas tous). Cela signifie que tous les gens qui parlent français n'ont pas le même nombre de phonèmes ni les mêmes phonèmes.

Dans ces conditions, on peut se demander selon quels critères nous avons choisi les phonèmes que nous avons retenus dans le système de base, pour le « noyau dur ». Ce choix s'appuie sur l'observation des usages du français les plus récents.

Les tendances actuelles

Les enquêtes menées depuis une cinquantaine d'années [237] sur la prononciation du français en France et hors de France ont toutes montré une assez belle convergence progressive vers un système phonologique très proche de celui qui s'élabore dans le creuset parisien tout en bénéficiant des apports des autres régions où l'on parle le français. Nous voyons ainsi se confirmer l'hypothèse que nous faisions lorsque, dans le *Dictionnaire de la prononciation française dans son usage réel,* André Martinet et moi-même avions choisi de décrire les prononciations de 17 personnes, cultivées, de résidence parisienne mais avec des attaches provinciales, comme représentatives d'un usage qui serait en quelque sorte la moyenne entre les divers usages du français.

La méthode d'investigation

Avant d'aboutir à cette moyenne, encore faut-il commencer par identifier chez chaque membre de la communauté les distinctions qu'il observe.

Pour faire apparaître rapidement les distinctions phonologiques que pratique un individu donné, différents questionnaires ont été élaborés à partir de paires de mots ne se distinguant que par un seul son, comme *faim/vin, pomme/paume, mettre/maître,* etc., que les linguistes appellent des **paires minimales.**

Le premier questionnaire phonologique a été inventé par André Martinet [238], qui l'a utilisé auprès de 400 officiers dans un camp de prisonniers en 1941. J'en ai moi-même préparé un certain nombre.

L'un d'entre eux, sous une forme déguisée, est présenté en *encadré* (p. 236) sous le titre : « Les recettes de la tante Riboulet ». Ce texte traite apparemment de recettes de cuisine, mais il est en fait composé avec des mots destinés à mettre en évidence toutes les distinctions phonologiques éventuelles que peut faire un lecteur. A côté des mots permettant de repérer les distinctions essentielles et communes à l'ensemble de la population, j'y ai ajouté, sans toujours y croire, certains mots où pourraient encore apparaître des phonèmes historiquement attestés mais normalement disparus aujourd'hui.

Les quelques expériences que j'ai tentées pour mesurer la validité de ce petit test m'ont permis de me rendre compte que certains de nos contemporains font encore des distinctions insoupçonnables. Tel est le cas, par exemple, d'une jeune Parisienne, âgée de vingt-sept ans en 1982, qui, dans sa prononciation, pratiquait une distinction entre *fin* et *faim.* A la suite de la lecture des « Recettes de la tante Riboulet », qui a servi en quelque sorte de révélateur,

LES RECETTES DE LA TANTE RIBOULET

Ce texte cache un test permettant d'établir le système phonologique de chaque individu. Il contient ce que les phonologues appellent des *paires minimales* (*cf.* p. 235), comme *jeune/jeûne, pomme/paume* ou *brin/brun*.

Sans être un linguiste professionnel, vous pourrez facilement en découvrir beaucoup d'autres, mais la reconnaissance de ces couples de mots quasi homonymes dépendra évidemment de votre propre prononciation. Ainsi, *brin/brun* n'est pas une paire minimale pour un jeune Parisien mais elle l'est pour un Méridional. En revanche, *pomme* et *paume*, distingués à Paris, ne le seront pas dans le Midi.

Je ne sais pas si je vais me rappeler une des fameuses recettes de ma tante, celle qui était née à Cognac, qui s'était mariée avec un médecin de Maubeuge et qui travaillait rue de la Paix. Quand elle était jeune, je l'ai souvent vue venir installer sa tente sur le terrain de camping qu'elle avait loué près du parking de la mairie. Dans son foyer, tout était prévu car c'était la reine des cuisinières, l'atmosphère était gaie, ses menus attiraient des nuées d'invités, mais, une fois toutes les six semaines, ma foi, elle pratiquait le jeûne. Ses recettes, qui enthousiasmaient ses amis, sont assez farfelues, essayez-les si ça vous tente, ou si ça vous chante.

Avec un couteau pointu, elle taillait de grosses rouelles de porc dans le filet, mais vous pouvez aussi mettre un bon morceau de veau, avec un os. Il ne serait pas sot d'utiliser à la rigueur de l'agneau de bonne race, mais c'est plus coûteux. On fait macérer la viande crue, émincée en petits carrés, pendant des heures sous le vasistas, ouvert à cause de la buée, dans une assiette creuse, avec de l'huile, des feuilles de vigne, quelques pommes avec leur peau, ou pelées ou passées au mixer, du citron vert, des grains de pavot et du curcuma — c'est une poudre jaune qu'on trouve facilement parmi les produits exotiques, entre les baies de poivre rose et l'épice aux cinq parfums. Mettez aussi du sel et du piment des îles. N'en mettez pas des tas, ça va piquer ! Vous appuyez bien avec la paume de la main, pour que la viande soit bien imprégnée. Mais surtout, il ne faut pas l'égoutter.

Faites cuire ensuite les échalotes hachées dans un bon verre de vin sec, genre muscadet ou bourgogne blanc, jusqu'à ce que le liquide soit complètement évaporé. Je sais qu'elle faisait revenir le tout sur le gaz, mais je ne saurais dire combien de temps elle laissait sa viande mijoter lentement sur le feu baissé. Si, par hasard, la viande est trop desséchée, ne soyez pas malheureux, vous pouvez augmenter l'onctuosité en ajoutant une tasse de lait, à condition de ne pas la noyer. L'ensemble doit être d'un beau ton brun, pas trop foncé. Vingt minutes avant la fin, pour obtenir une sauce bien liée, on met de la crème — au moins un pot — un bouquet d'estragon frais et deux brins de persil. Elle allait le cueillir dehors, même quand il y avait de la boue sur le sol, et le rapportait dans un drôle de petit panier en mauvais état. Elle déposait ensuite sa casserole sur le bout du buffet, à côté de la bibliothèque, dans le living. Elle la plaçait assez haut pour que le chat n'y pose pas les pattes et ne fasse pas de taches, mais chacun pouvait aller humer le plat. Avant de le goûter, elle attendait toujours la fin, ma tata. Faites-en autant, si vous n'avez pas trop faim.

> Ma tante accompagnait ce plat de champignons sautés ou en beignets, de céleri cru ou d'une jardinière de légumes, d'artichauts violets de Bretagne au beurre fondu ou en soufflé, ou, faute de légumes frais, tout simplement de riz ou même de pâtes, si ce n'était pas une noce ou un jour de fête.
> Essayez cette recette. On vous prendra pour un maître. Moi, je l'ai faite au mois de juillet dernier, et j'ai eu du succès. Si vous n'avez pas tout retenu, n'ayez pas honte, je vous l'écrirai et je vous faciliterai la tâche en vous donnant aussi celle de la dorade farcie de crabe et de sole, celle de l'aileron de requin à la nage, du pâté de lion au cresson, de la terrine de renne aux oignons ou enfin celle de l'antilope en daube.
> Mais oui, c'est vrai, je le peux !

cette jeune personne a ensuite précisé qu'elle prononçait différemment les voyelles finales de *crétin* et de *certain,* celles de *pin* et de *pain ;* puis elle a fourni toute une liste de mots montrant qu'effectivement il y avait bien là pour elle deux phonèmes distincts. Or, selon les historiens de la langue, cette distinction, autrefois très répandue, n'existe plus à Paris depuis des siècles.

Les modifications de la langue

On voit ainsi que l'évolution phonétique prend quelquefois des chemins tout à fait inattendus, à la surprise même des professionnels de l'histoire du français.

Le non-spécialiste, de son côté, ne voit pas du tout comment une langue peut changer, même si cela lui apparaît comme une évidence lorsqu'il considère cette langue à plusieurs siècles de distance. En fait, tout semble concourir pour brouiller les pistes, surtout lorsque la langue considérée est le français.

D'une part, l'idée qu'on se fait de cette langue se confond généralement avec sa forme écrite. Or, cette forme écrite est depuis longtemps codifiée, réglementée, stabilisée. Apparemment donc elle n'a pas changé. D'autre part, lorsqu'on prend malgré tout conscience que certaines évolutions se sont produites, il faut se faire violence pour admettre qu'une langue puisse se modifier sans cesser de fonctionner. En effet, les gens ont, pendant tout ce temps, continué à communiquer et à se comprendre.

Cherchons donc dans la littérature des traces de la langue parlée d'autrefois.

Comment on prononçait au temps de Molière

Relisons *Le Bourgeois gentilhomme* et soyons un peu attentifs à la leçon du maître de philosophie, car, tout en expliquant à Monsieur Jourdain ce que sont les consonnes et les voyelles du français, c'est une véritable description de la prononciation au XVIIᵉ siècle qu'il nous fournit. Particulièrement révélateurs sont les détails qu'il donne pour l'articulation du *d* et du *r,* qui ne se prononçaient pas alors comme aujourd'hui.

Le maître de philosophie indique avec précision que le *d* se prononce « en donnant du bout de la langue au-dessus des dents d'en-haut », c'est-à-dire un peu comme cette même consonne se prononce en anglais contemporain, alors qu'en français, on l'articule de nos jours plus communément avec le bout de la langue contre les dents supérieures et non pas au-dessus de celles-ci.

La prononciation du *r* est encore plus éloignée de ce qu'on entend aujourd'hui, tout au moins en ville. Molière multiplie les précisions : il s'articule « en portant le bout de la langue jusqu'au haut du palais, de sorte qu'étant frôlée par l'air qui sort avec force, elle lui cède et revient toujours au même endroit, faisant une manière de tremblement ». On aura peut-être reconnu dans cette description, non pas la consonne très faible que nous prononçons en majorité aujourd'hui du fond de la gorge — la *spirante uvulaire* [ʁ], pour être précis — mais une consonne pour laquelle la pointe de la langue relevée vient battre à coups répétés et rapides contre l'avant du palais, comme en italien ou en espagnol, et aussi comme cet *r* roulé que l'on entend encore dans bien des coins de la campagne française, mais plus rarement dans les villes. (*Cf. encadré* p. 239.)

Cette scène du *Bourgeois gentilhomme* devient beaucoup plus amusante, mais cette fois à l'insu des acteurs, lorsque l'interprète du maître de philosophie ne se rend pas compte qu'il prononce des *r* du fond de la gorge, comme il a l'habitude de les prononcer, tout en décrivant une articulation roulée de la pointe de la langue. Mais les professionnels de la phonétique sont alors les seuls à rire — au second degré — de cet effet comique involontaire.

Le mec et le mac

Les *r* étaient donc encore roulés de la pointe de la langue au XVIIᵉ siècle : nous en avons la confirmation en relisant Molière.

LA PRONONCIATION DE « r »

AUJOURD'HUI

AU TEMPS DE MOLIÈRE

Le dos de la langue se rapproche mollement de la luette et laisse passer l'air en flot continu.

L'articulation ne se fait pas à l'arrière mais à l'avant de la bouche par de petits battements répétés de la pointe de la langue au-dessus des dents supérieures

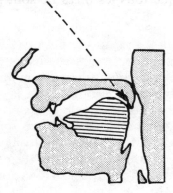

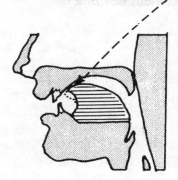

[ʁ]

Prononciation de /r/
à Paris aujourd'hui
(spirante uvulaire)

[r]

prononciation de /r/
au temps de Molière
(vibrante apicale)

Plus près de nous, nous pouvons trouver des attestations, sonores cette fois, de prononciations aujourd'hui révolues, dans les dialogues de films des années 30.

Il y a cinquante ans, la distinction était très nette, à Paris, entre le *a* de *patte,* prononcé très en avant, tout près de *è,* et le *â* de *pâte,* articulé très en arrière, tout près du *o* de *col.* Il y avait, à cette époque, une chanson qui commençait ainsi : « Nuit de Chine, nuit câline, nuit d'amour... », et, lorsqu'on l'entend aujourd'hui sur un vieux disque, on a l'impression que la chanteuse ne dit pas *nuit câline* mais *nuit colline,* tant son *â* est postérieur et arrondi.

Dans une autre chanson du début du siècle, Bruant fait rimer *tertre* avec *Montmartre,* qu'il prononce *Montmertre.*

Autre trace encore vivante dans l'usage actuel, de ces prononciations anciennes : le mot d'argot *mec* aujourd'hui passé dans le vocabulaire familier des jeunes. Ce mot est l'abréviation de *maquereau*. Ainsi s'est prolongé dans *mec* l'ancienne prononciation, assez proche de *mèquereau*, qu'avait anciennement ce mot. Aujourd'hui, le mot *mec* a pris le sens plus général de « personne de sexe masculin » et se distingue de *mac*, nouvelle abréviation de *maquereau*, qui a gardé son sens premier de « souteneur ». Malgré l'étymologie, identique pour les deux mots, on peut donc dire que tous les *macs* sont des *mecs*, mais que tous les *mecs* ne sont pas forcément des *macs*.

LA FORME DES MOTS

Mots et monèmes

Rappelons tout d'abord que les unités significatives minimales permettant de communiquer ne sont pas les mots mais les monèmes, qui répondent à un concept plus précis (*cf. encadré* « Qu'est-ce qu'une langue ? », p. 223) : dans le mot *maisonnette,* il y a deux unités de sens, l'une correspondant évidemment au sens de « maison », et l'autre, manifestée par le suffixe *-ette,* correspondant au sens de « petit ». Il y a donc deux monèmes associés dans le mot écrit *maisonnette,* exactement comme il y a deux monèmes séparés dans *petite maison,* la séparation des deux monèmes n'apparaissant nettement que dans la forme écrite. Mais tenons-nous-en, pour l'instant, à la forme orale.

L'allure des mots français

Si l'on compare le français à la plupart des autres langues romanes, dialectes de France compris, on est frappé par « l'usure » phonétique subie par les formes latines pour aboutir au vocabulaire français d'aujourd'hui. Ainsi, le mot *foie* compte seulement trois phonèmes en français, alors qu'il en a cinq en espagnol *(higado)* et six en italien *(fegato),* deux langues dans lesquelles les consonnes du latin ont laissé des traces tout à fait audibles. En français, c'est seulement par une gymnastique de l'esprit qu'on parvient à retrouver les consonnes disparues, et encore, pas toujours. On y parvient en évoquant, par exemple pour *croire,* des composés comme *crédible* ou *crédule,* qui ont été empruntés tardivement au latin avec leur *d* d'origine (CREDERE). Dans *lier, nier,* c'est un *g* qu'il faudrait reconstituer : on le reconnaît dans *ligature* et *négation.* Mais dans le cas d'un mot comme *oie,* nous n'avons aucun moyen, dans l'inventaire lexical du français, de retrouver le *c* du latin AUCA, tandis qu'il est encore présent dans l'italien *oca.*

Tout cela conduit à penser qu'il doit être plus facile à un Français de comprendre l'italien qu'à un Italien de comprendre le français. En effet, parce que nous avons en français *crédible* et *crédule* à côté de *croire,* nous pouvons deviner sans trop d'efforts que le mot italien *credere* veut dire « croire », tandis qu'inversement nous fournissons dans nos mots français trop peu d'indices pour permettre à l'auditeur italien de deviner quelle consonne (ou quelle voyelle) nous avons fait disparaître. Ce peut être un *d,* comme dans *croire* (ital. *credere*) ou dans *foi* (ital. *fede*), mais aussi un *t* comme dans une *roue* (ital. *ruota*), ou *g* comme dans *tuile* (ital. *tegola*), ou *s* comme *tête* (ital. *testa*), ou encore *qu* comme dans *eau* (ital. *acqua*), etc.

Le français, langue des calembours

Une des conséquences les plus importantes de cette évolution phonétique très « poussée » du français pour le fonctionnement de la langue d'aujourd'hui est le nombre particulièrement grand d'**homophones,** c'est-à-dire de mots de sens différents, mais qui se prononcent de la même façon et qu'on ne peut donc pas différencier à l'oreille. On cite toujours la série *sain, saint, sein, ceint, seing, cin(q),* mais il y en a beaucoup d'autres : *ver, vert, vers, ver(re), vair — saut, seau, sot, sceau — temps, tant, taon, tan — nid, ni, nie — roux, roue — trop, trot —* et, pour tous les verbes de la 1re conjugaison, la série *aimez, aimer, aimé, aimée.* La liste de ces homophones est inépuisable.

Il n'y a pas de quoi s'en réjouir si l'on se place au strict point de vue de la fonction de communication, puisque ce qui est dit par un locuteur peut avoir plusieurs interprétations pour son interlocuteur (encore que la plupart du temps le contexte décide sans ambiguïté s'il s'agit d'un *sein* ou d'un *saint,* d'un *saut* ou d'un *sot,* du *temps* ou du *taon*).

En revanche, que de possibilités expressives à partir de ces formes ambiguës ! Ce qui apparaissait comme un inconvénient

QUELQUES CALEMBOURS
(voulus ou inconscients)

Puisque le *calembour* est un jeu de mots fondé sur l'homonymie, c'est-à-dire sur une identité de sons correspondant à une différence de sens, le français semble être par excellence la langue des calembours, car, en raison d'une évolution phonétique particulièrement poussée, de nombreux mots de sens différents ont abouti dans cette langue à une même forme phonique.

Entre deux mots, il faut choisir le moindre
(Paul VALÉRY)

Et le désir s'accroît quand l'effet se recule
(CORNEILLE, Polyeucte, I, I, 42)

On s'enlace — Puis un jour — On s'en lasse — C'est l'amour
(Victorien SARDOU)

(Une coquette d'âge mûr, minaudant devant un jeune homme)
— Méfiez-vous, jeune homme, je suis rusée !
— Oh ! Madame, c'est un « r » que vous vous donnez.
(STENDHAL, Correspondance)

(Elle) Il me faut, disons le mot, cinquante mille francs...
(Lui) Par mois ?
(Elle) Par vous ou par un autre !
(Sacha GUITRY)

Dans ces meubles laqués, rideaux et dais moroses,
Danse, aime, bleu laquais, ris d'oser des mots roses !
(Alphonse ALLAIS)

... Mais le bébé, il sait pas,
il sait pas à quel sein se dévouer ;
pour lui, c'est la mère à boire...
Elle était bonne pour moi, ma mère,
c'était une mère veilleuse.
(Marc FAVREAU, alias SOL, Les Œufs limpides)

... les poules sortirent du poulailler   *(texte dicté...*
dès qu'on leur avait ouvert la porte...

... les poules sortirent du poulailler   *... texte écrit)*
des cons leur avaient ouvert la porte...
(Extrait d'un bêtisier anonyme)

devient alors une qualité, dont les écrivains et les poètes se servent abondamment à des fins stylistiques, et que tous les usagers sont tentés d'utiliser en jouant sur les mots. Qui, un jour ou l'autre, n'a

pas tiré parti des similitudes de sons correspondant à des différences de sens pour tenter quelques calembours ?

La langue française semble même être faite pour cet exercice qui,
à la réflexion, mérite plus de considération que le mépris dans
lequel on le tient généralement. Il demande en effet une grande
agilité d'esprit et une certaine dose d'imagination, en même temps
qu'une bonne connaissance de la langue française. Et je me suis
toujours demandé pourquoi, après s'être fait plaisir en jouant ainsi
avec les mots, les gens en général s'excusent d'avoir fait un « mauvais » calembour. Pourquoi « mauvais » ?

On cite toujours Victor Hugo, pour qui « le calembour est la
fiente de l'esprit qui vole », mais pourquoi ne pas évoquer Valéry ?
Quand il conseille : « Entre deux mots, il faut choisir le moindre »,
il ne dédaigne pas de faire un calembour en jouant avec les ambiguïtés phoniques de la langue française.

Le lecteur se divertira peut-être en découvrant (ou en redécou-
vrant), dans l'*encadré,* p. 243, d'autres exemples plus ou moins
réussis et surtout plus ou moins conscients de ces jeux de mots, qui
sont typiquement français. En effet, pour une série de mots,
comme par exemple *sain, saint, sein, ceint, cin(q),* qui se prononcent de la même façon en français, on a, en italien, des formes avec
lesquelles aucun calembour n'est possible : *sano, santo, seno, cinto,
cinque.* Il en serait de même en espagnol ou en portugais.

Les définitions sibyllines des mots croisés

Les définitions des mots croisés profitent aussi de la plasticité du
vocabulaire français pour jouer sur les sens des mots et sur leurs
différentes formes phoniques ou graphiques.

Voici quelques définitions qui sont drôles (surtout si on les prononce à haute voix). Remarquons que, si elles font sourire les
cruciverbistes, elles ne les aident guère à trouver la solution :

« état de grasse »	=	*obésité*
« objet d'arrhes »	=	*acompte*
« gros maux »	=	*calamités*
« cheik en blanc »	=	*émir*

(Exemples tirés de Jean DELACOUR, *Dictionnaire des mots d'esprit,*
Paris, 1976.)

Des formes différentes pour un même sens

Les calembours et les définitions de mots croisés qui viennent d'être cités s'appuient sur cette propriété du français d'avoir, pour une même forme sonore, par exemple le son [so], des sens différents, par exemple « seau », « saut », « sot », etc. Inversement, il existe dans le vocabulaire français de nombreux cas où c'est, au contraire, le même sens qui est représenté par des formes différentes.

Dans les douze mots suivants : *aveugle, binocle, monocle, oculaire, oculiste, œil, œillade, œillère, œillet, ophtalmie, ophtalmologiste* et *zieuter,* on retrouve le même sens « œil » sous six formes différentes, représentées par *-eugle, -ocle, ocul-, œil-, ophtalm-* et *zieu-.* Dans ce cas, les linguistes, dans leur jargon, parlent de **variantes formelles,** ou **morphologiques,** du même monème « œil ».

La grande variété de ces formes correspondant au même sens n'est pas un cas isolé en français, où la dérivation se fait de deux façons différentes : par formation populaire ou par formation savante. Dans la liste ci-dessus, *œil, œillade, œillère, œillet* et *zieuter* sont des dérivations à partir du français populaire *œil* (ou *yeux*), tandis que *oculiste, oculaire, monocle, binocle* et même *aveugle* sont des mots savants formés directement sur le latin OCULU(S), et *ophtalmie, ophtalmologiste* sont empruntés directement au grec OPHTALMOS.

C'est là une des originalités du français, où les mots savants formés, ou re-formés, à partir du latin ou du grec se mêlent sans cesse aux formations populaires. Cette particularité explique dans une certaine mesure la richesse de la morphologie française et sa complication.

Les formations latines et grecques

Les emprunts au latin ont été très précoces, puisque c'est le latin qui, dès l'époque de Charlemagne, a servi de modèle et de source principale au renouvellement du vocabulaire : des mots comme *figure, virginité, trinité, vérité,* ou comme *calice, candélabre, céleste, adultère, église, maculer, miracle, nature, question,* etc., ont tous été empruntés au latin avant le XIVe siècle. Il s'agit très souvent à cette époque de vocabulaire religieux, mais il y a aussi *aroma-*

LE FRANÇAIS ENTRE LE LATIN ET LE GREC

On parle souvent de l'origine gréco-latine du vocabulaire savant. Le même sens peut être rendu par des préfixes différents, dont l'un emprunté au latin et l'autre au grec : AQUA- et HYDRO-, SUPER- et ÉPI-, ÉQUI- et ISO-, etc.

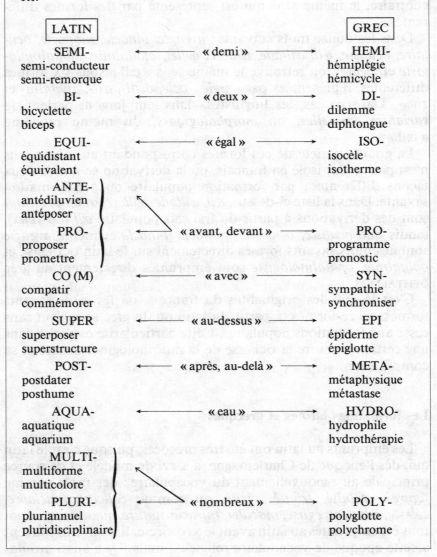

LATIN		GREC
SEMI-	← « demi » →	HEMI-
semi-conducteur		hémiplégie
semi-remorque		hémicycle
BI-	← « deux » →	DI-
bicyclette		dilemme
biceps		diphtongue
EQUI-	← « égal » →	ISO-
équidistant		isocèle
équivalent		isotherme
ANTE-		
antédiluvien		
antéposer		PRO-
PRO-	← « avant, devant » →	programme
proposer		pronostic
promettre		
CO (M)	← « avec » →	SYN-
compatir		sympathie
commémorer		synchroniser
SUPER	← « au-dessus » →	EPI
superposer		épiderme
superstructure		épiglotte
POST-	← « après, au-delà » →	META-
postdater		métaphysique
posthume		métastase
AQUA-	← « eau » →	HYDRO-
aquatique		hydrophile
aquarium		hydrothérapie
MULTI-		
multiforme		
multicolore		POLY-
PLURI-	← « nombreux » →	polyglotte
pluriannuel		polychrome
pluridisciplinaire		

tiser, basilic, élément, occident, orient, administrer, clarifier, etc., d'usage plus courant.

Pour le vocabulaire d'origine grecque, l'emprunt s'est fait soit directement, soit par l'intermédiaire du latin classique, qui lui-même l'avait emprunté au grec : *académie, emblème, épiderme, épithète, agate, apathie, archipel, athée,* etc. Tous ces exemples sont du XVIe siècle [239].

La situation actuelle

L'habitude est donc ancienne de puiser aux sources gréco-latines, et la langue française y a acquis une certaine raideur, qui va jusqu'à empêcher, dans de nombreux cas, toute dérivation à partir d'un mot du français actuel. Comment dériver en effet de nouveaux mots à partir de *nœud,* de *loi,* de *nain,* de *jeu,* sans repartir du latin *(nodosité, légiférer, nanisme* ou *ludique)* ?

Pour les mots se terminant par une voyelle, les dérivations populaires se font aisément en insérant un *t* [240] : *abri* donne *abriter* et *chapeau, chapeauter ; café* donne naissance à *cafetière* comme *tabac* à *tabatière.* Le cas de *tabac* est intéressant, car *tabatière* comporte un *t* là où on attendait une manifestation de la consonne finale de la forme écrite : en fait, la forme *tabaquière* a existé, mais elle a ensuite été refaite par analogie avec les autres dérivations en *t.* Le cas de *sirop* donnant *siroter* est tout à fait semblable et atteste une formation populaire, tandis que *sirupeux,* composé à partir du même mot, est une formation savante.

Les mots savants n'en ont pas toujours l'air

Mots savants et mots populaires se mêlent sans cesse dans la langue quotidienne et, sous leur air anodin, les mots *fraternel, sécurité, fragile, frigide* ne sont plus sentis comme des formations savantes, à côté de *frère, sûr, frêle* et *froid,* qui sont au contraire les produits d'une évolution normale du latin au français. Le pli est si bien pris qu'aujourd'hui, sur *voix,* nous formons tout naturellement *vocal,* sur *lait, lacté,* sur *ciel, céleste,* sur *mer, maritime,* en utilisant non pas la base française mais la base d'origine latine.

Il est vrai que dans tous ces cas on ne voit pas comment on pourrait faire autrement. Mais il y a mieux. Sur *charité,* l'adjectif qui vient à l'esprit est *charitable*. Or, depuis quelque temps, on ne parle plus d'œuvres de charité, ou de bonnes œuvres, mais d'organisations *caritatives,* comme si ce terme savant apportait à ces bonnes œuvres une dose supplémentaire de respectabilité.

De même, aujourd'hui, on dit plus facilement d'une personne qu'elle est *mature* (mot qui remonte au latin MATURA(M), mais qui est un emprunt plus récent à l'anglais) plutôt que *mûre,* adjectif en principe équivalent mais que l'on préfère utiliser pour qualifier les fruits et les légumes.

La forme des mots est élastique

En dehors de l'évolution phonétique, qui a réduit les trois syllabes latines de CREDERE à la syllabe de *croire,* de même que les deux syllabes de ROTA à la syllabe unique de *roue,* il est un autre type d'évolution, qui a pour effet d'agir sur la longueur des énoncés linguistiques : le *chemin de fer métropolitain,* après s'être appelé le *métropolitain,* est aujourd'hui le *métro.* De même, on a connu la *voiture automobile,* puis l'*automobile* et enfin l'*auto.*

Ces évolutions trouvent une place dans la théorie de l'information, qui établit une relation entre la fréquence d'une unité linguistique et son « coût », c'est-à-dire, en gros, sa longueur : plus une expression est employée, moins elle apporte d'information, ce qui conduit à faire moins d'efforts pour la prononcer et pour la mémoriser. C'est ainsi que peuvent s'expliquer le passage d'une forme longue, comme *voiture automobile,* à *auto.*

Il ne faudrait cependant pas croire que le destin des mots est toujours d'avoir des formes de plus en plus réduites. L'aventure de *cinématographe* illustre bien la faculté des mots à s'abréger et à s'allonger sous la pression de la fréquence d'emploi.

L'invention que les frères Lumière avaient appelée *cinématographe* a vite connu suffisamment de succès pour aboutir assez rapidement à la forme réduite *cinéma.* Cette distraction s'est ensuite tellement popularisée que le mot s'est encore raccourci en *ciné* (ou, pour certains, en *cinoche*). Les gens sont allés au *ciné* jusqu'à l'époque où l'avènement de la télévision a eu pour effet de vider les salles. Le mot a vu sa fréquence d'emploi décroître et sa forme s'est allongée. Du coup, les gens disent maintenant qu'ils vont au *cinéma,* en rendant au mot un « coût » mieux adapté à sa nouvelle fréquence d'emploi.

LA FORME ÉCRITE

L'oral relégué au second rang

Les chapitres précédents ont cherché à faire ressortir les traits qui caractérisent le français *oral,* en lui donnant ainsi la priorité, alors qu'une longue tradition l'a de tout temps relégué très loin derrière la langue *écrite.* Le prestige attaché à cette langue écrite remonte au Moyen Age, à l'époque où la langue française, à côté du latin, était devenue à son tour une langue qui s'écrivait.

Prestige de la langue écrite, oui, mais aussi prestige de son complément diabolique, l'orthographe, qui, pour la plupart des gens, a fini par se confondre avec la langue elle-même.

Comme un Phénix qui renaît de ses cendres

Curieux destin que celui de l'orthographe française qui, au cours des siècles, a emprunté au latin des vêtements trop larges, dans lesquels flottent les formes amincies de ses mots usés par l'évolution phonétique (*cf. L'allure des mots français*, p. 241).

Après avoir souffert de l'insuffisance de l'alphabet latin pour représenter les nouveaux sons du français, l'orthographe des mots s'est ensuite compliquée pour remédier à cet état de choses, et permettre en particulier de distinguer entre des homophones de sens différents. Elle est ainsi peu à peu devenue l'orthographe que nous connaissons : tyrannique et souvent incohérente.

Et pourtant, elle conserve aujourd'hui des admirateurs, qui adorent ce qu'ils nomment ses subtilités, mais elle a aussi ses

FLORILÈGE D'INCOHÉRENCES ORTHOGRAPHIQUES

Que dire de l'attachement des Français réputés cartésiens à ces bizarreries orthographiques dont on trouvera ci-dessous un très modeste échantillon ?

Des prononciations différentes pour une même orthographe :

ch-	[k-]	*ch*iromancien, *ch*oléra	[ʃ-]	*ch*irurgien, *ch*ômage
-qu-	[-k-]	é*qu*ilibre, é*qu*arisseur	[-kɥ-]	é*qu*ilatéral, é*qu*ateur
oi-	[o-]	*oi*gnon	[-wa-]	m*oi*gnon
-at	[-a]	célib*at*, grab*at*	[-at]	m*at*
-ac	[-a]	tab*ac*, estom*ac*	[-ak]	l*ac*, ham*ac*
-emme	[-am]	f*emme*	[-ɛm]	g*emme*
-am	[-ã]	Ad*am*	[-am]	macad*am*
-et	[-ɛ]	carn*et*, robin*et*	[-ɛt]	n*et*
-er	[-e]	défi*er*, ram*er*	[-ɛr]	fi*er*, am*er*
mon-	[-ø-]	*mon*sieur	[-õ-]	*mon*seigneur
-ieur	[-ø]	mons*ieur*	[-œr]	r*ieur*
-is	[-i]	rad*is*	[-is]	jad*is*
-il	[-i]	gent*il*, fus*il*, out*il*	[-il]	c*il*, ex*il*, prof*il*
-ix	[-i]	crucif*ix*	[-iks]	phén*ix*
-ill-	[-ij-]	f*ill*e, s*ill*age	[-il-]	v*ill*e, v*ill*age
-ils	[-il]	des f*ils* (de fer)	[-is]	des f*ils* (de famille)
-guille	[-gij]	an*guille*	[-gɥij]	ai*guille*
-baye	[-bɛi]	ab*baye*	[-baj]	co*baye*
-oya-	[-ɔja-]	g*oya*ve	[-waja-]	v*oya*ge
-tient	[-si]	qui balbu*tient*	[-tjɛ̃]	qui entre*tient*
-vent	[-v]	qui cou*vent*	[-vã]	au cou*vent*
-tions	[-sjõ]	des por*tions*	[-tjõ]	nous por*tions*

Des orthographes différentes pour la même prononciation :

le phonème /s/		le phonème /ã/		le phonème /ɛ̃/	
s	dans *sale*	an	dans *tant*	en	dans *moyen*
ss	dans *caisse*	am	dans *camp*	ein	dans *sein*
ç	dans *français*	ean	dans *Jean*	ain	dans *sain*
sc	dans *sceau*	en	dans *cent*	aim	dans *daim*
t	dans *inertie*	em	dans *temps*	in	dans *brin*
c	dans *cité*	aen	dans *Caen*	im	dans *timbre*
		aon	dans *paon*	yn	dans *syncope*
				ym	dans *thym*

détracteurs, qui proposent des réformes pour supprimer ce qu'ils appellent ses aberrations. (*Cf. encadré,* p. 250.)

De cette bataille, c'est elle qui semble sortir victorieuse car elle est toujours là, immuable et intransigeante. Depuis qu'elle est obligatoire à l'école, on ne compte plus ses martyrs et, depuis trois ans, elle a aussi ses champions.

Les championnats de l'orthographe

Au moment même où l'on constate que les Français ne connaissent plus l'orthographe, le succès récent des « championnats de l'orthographe » apporte un démenti assez surprenant à ceux qui pensaient qu'elle n'intéressait plus personne.

En 1985, le magazine *Lire*, sous l'impulsion de Bernard Pivot, organise les premiers championnats de l'orthographe. Que plus de 50 000 personnes acceptent d'envoyer 25 francs pour avoir le droit de participer aux éliminatoires est déjà étonnant, mais que les championnats de 1986 aient réussi à rassembler devant leur écran plus de 5 millions de téléspectateurs pour la publication des résultats, le 6 décembre 1986, voilà qui change l'image de marque de l'orthographe. Plus précisément, les chiffres fournis par Médiamétrie [241] indiquent que, pour la dictée finale, il y avait 1 200 000 personnes (de quinze ans et plus) devant leur écran : 700 000 hommes et 500 000 femmes qui, en majorité, avaient moins de cinquante ans. Ils ont probablement tous fait la dictée, qui désormais ne semble plus être un pensum : elle est devenue une distraction, et on y joue, comme on se passionne pour le jeu télévisé « Les chiffres et les lettres ». Il faut se rendre à l'évidence : l'orthographe attire les foules.

Du côté des résultats, c'est moins brillant. A part l'exceptionnel demi-finaliste qui, en 1985, s'était distingué par une dictée sans aucune faute, le champion de 1986 a tout de même fait une faute et demie, et le dernier candidat classé sur les 117 finalistes de 1986 en a fait plus de quinze (la moyenne des fautes de tous les finalistes étant de sept) [242]. On peut donc penser qu'un Français moyen aurait fait plus de vingt fautes.

Nous adorons notre bourreau

Comment expliquer cet engouement pour une distraction somme toute assez peu gratifiante ? En effet, les participants, dans leur majorité, pouvaient simplement constater à la fin de l'épreuve leur niveau d'incompétence : n'avoir fait *que* 10 ou 15 fautes dans un texte de 35 lignes leur permettait de se classer dans la bonne moyenne ! Il paraît que dans les lycées des jeunes de dix-huit ans ont même dépassé 50 fautes et, malgré cela, un rapide sondage a montré que ces mêmes jeunes ne sont guère favorables à une réforme de cette orthographe, qui pourtant les pénalise.

Qu'est-ce qui peut donc les fasciner ?

Plus généralement, comment peut-on en même temps considérer que pour un écolier l'orthographe soit obligatoire et indispensable, et accepter comme banal un total de 20 fautes d'orthographe, dans une dictée d'une page, chez des adultes de toutes professions ?

Masochisme, ou goût du paradoxe chez ces amateurs inconditionnels de l'orthographe qui respectent et adorent leur bourreau ? Ces questions restent sans réponse, mais une seule chose est sûre : aucun des récents projets de réforme [243], du plus anodin au plus audacieux, n'a pu aboutir, parce que les avis sont partagés sur cette orthographe inutilement compliquée. (*Cf. encadré*, p. 253.)

L'âge d'or de l'orthographe

Et pourtant, en ancien français, les choses n'avaient pas trop mal commencé. Malgré l'insuffisance des 23 lettres de l'alphabet latin ancien (sans distinction de *v* et de *u,* ni de *i* et de *j*) pour noter tous les nouveaux sons du français naissant, la forme graphique avait tant bien que mal réussi à se calquer sur la prononciation : à « mer » correspondait la forme écrite *mer,* à « clair », la forme *cler* et, pour « hier », on écrivait *ier.*

L'écriture était presque phonétique à cette époque, mais des difficultés subsistaient pour trouver des équivalents graphiques aux nouveaux sons du français. Toutefois, il faut croire que jusqu'à la fin du XIIe siècle les jongleurs, les ménestrels et les poètes pouvaient s'en contenter, car ils savaient leurs textes presque par cœur et n'avaient donc pas besoin d'en faire une véritable lecture.

POUR ET CONTRE L'ORTHOGRAPHE

SAINTE-BEUVE	« L'orthographe est le commencement de la littérature. »
ALAIN	« L'orthographe (...) est une sorte de politesse (...). Il faut s'habiller selon l'usage, parler et non crier, écrire enfin selon l'orthographe. »
COLETTE	« J'adore les mots d'une orthographe compliquée. »
VIALATTE	« L'orthographe est toujours trop simple. Il y aurait intérêt à compliquer ses règles... Quand on est amoureux de la langue, on l'aime dans ses difficultés. On l'aime telle quelle, comme sa grand-mère, avec ses rides et ses verrues. »
THÉOPHRASTE	« Quel intérêt à simplifier l'orthographe sous prétexte que de jeunes crétins sont rebelles à son enseignement ? »

(Les Lettres françaises, 6 janv. 1966.)

MARTINET	« L'existence, dans leur langue, d'une orthographe grammaticale représente pour les francophones un terrible handicap. Si le temps qu'on consacre, souvent en vain, à son acquisition était mis à profit pour autre chose, le Français ne serait peut-être plus ce Monsieur qui ignore la géographie et qui est si faible en calcul mental. »
VENDRYES	« ... un système conventionnel établi de toutes pièces par la volonté de quelques savantasses. »
VALÉRY	« L'absurdité de notre orthographe, qui est, en vérité, une des fabrications les plus cocasses du monde, est bien connue. Elle est un recueil impérieux ou impératif d'une quantité d'erreurs étymologiques artificiellement fixées par des décisions inexplicables. »
BRUNOT	« ... une plante parasite... »
CATACH	« L'orthographe française... a seulement deux siècles de retard. »
BLANCHE-BENVENISTE et CHERVEL	

« ... l'orthographe ne peut pas être améliorée : puisque c'est un mal profond, elle ne peut être que supprimée. »

Sur les murs de la Sorbonne en 1968 : « L'orthographe est une mandarine. »

Le grand changement

Au XIIIe siècle, pour l'orthographe, tout se gâte. En passant des mains des poètes à celles des juristes et des clercs de notaire, plus exigeants sur l'identification sans équivoque de termes écrits, qui devaient effectivement être lus et compris, la langue écrite va se transformer. Les formes graphiques s'étoffent, s'allongent et surtout s'éloignent de plus en plus des mots prononcés. On n'écrit plus *ier* mais *hier ;* ce qui s'écrivait *vint* (pour « 20 ») s'orthographie alors *vingt,* où l'on retrouve le *g* de l'équivalent latin VIGINTI.

Dans l'alphabet latin qui servait à écrire le français, on ne distinguait ni U de V, ni I de J, et une forme française comme *feue* pour « fève », par exemple, était jusque-là ambiguë, car *v* était la forme initiale et *u* la forme interne de la même lettre. D'autre part, la voyelle *u* s'écrivait aussi *u* à l'intérieur des mots, et *v* au début.

L'absence d'accents ajoutait à la confusion : la forme *feue* pouvait se comprendre « fève » ou « feue » (féminin de *feu* « décédé »). Pour remédier à ces ambiguïtés, on ajoute alors une consonne étymologique. Dans la nouvelle graphie, la présence du *b* dans *febue* indique que la lettre *u* ne doit pas se lire comme la voyelle *u* mais comme la consonne *v,* correspondant au B du latin FABA. On retrouve des traces de cette habitude dans le nom de famille *Lefèvre,* graphié encore *Lefebvre* ou *Lefébure,* où le *b* rappelle celui du latin FABER « forgeron ».

La confusion des deux lettres U et V a fait naître le prénom *Louis,* qui n'est que l'une des deux lectures possibles de (C)LOVIS. Ce prénom d'origine germanique s'écrivait aussi CLOUIS avec un *c* initial, déjà faible à l'époque mérovingienne, et qui s'est ensuite complètement effacé [244].

Pour les mêmes raisons, on écrit *adiouter* (inspiré par le latin ADJUXTARE « ajouter ») au lieu de *aiouter,* pour indiquer par la présence du *d* que *i* représente ici la consonne *j.* Sur la lancée, on écrit *temps* (latin TEMPUS) au lieu de *tems,* et, dans beaucoup de mots écrits, apparaissent des consonnes qui n'étaient jamais prononcées.

On notera que pour ne pas dérouter nos lecteurs nous notons les formes latines en y distinguant le V du U, et le I du J. Mais si l'on voulait se conformer aux habitudes romaines il faudrait employer le même caractère pour U et V, ainsi que pour I et J.

Le souci étymologique se perçoit aussi dans la graphie du chiffre « 6 », précédemment écrit avec un *s* final *(sis),* et qui prend à cette époque un *x,* sur le modèle du latin SEX « six ». Par analogie, le même sort est réservé à *dis* qui devient *dix,* et on ferme pudiquement les yeux sur le fait que *dix* vient de DECE(M) et non pas de *DEX [245].

L'abondance des lettres non prononcées dans les graphies officielles et dans les documents administratifs a fait dire aux mauvaises langues que, au-delà du souci de retrouver les étymologies latines — ce qui levait toute ambiguïté —, il y avait chez les clercs un autre intérêt, beaucoup plus matériel, celui-là : comme plus tard Balzac et Alexandre Dumas, ils étaient payés à la ligne.

On peut en fait trouver bien d'autres raisons à cette invasion de

L'ORTHOGRAPHE AU COURS DES SIÈCLES [246]

XIIe   Alphabet latin (23 lettres). Toutes les lettres écrites correspondent à des sons : *fame* « femme », *abe* « abbé », *cler* « clair ».

XIII-XVe Pour une meilleure lisibilité des textes, alors tous manuscrits, on ajoute des consonnes non prononcées : *debuoir* pour « devoir », *adiouter* pour « ajouter ». En outre, *doi* devient *doigt*, *vile* devient *huile*...

XVIe   Introduction des consonnes *j* et *v* dans les textes imprimés.
         Un système d'accents sur les voyelles, mis au point par les imprimeurs, permet de supprimer des consonnes superflues : *école* remplace *eschole*. Mais l'orthographe proprement dite n'existe pas. Distinction entre *u* et *v*, *i* et *j* pour distinguer la valeur vocalique de la valeur consonantique. Elle n'est pas encore codifiée et plusieurs graphies sont admises. Les nouvelles graphies sont adoptées plus rapidement en Hollande et en Flandres qu'en France.

XVIIe L'orthographe devient l'art d'écrire les mots selon un modèle admis.
         On écrivait *-ois* pour *étois*, *François*, mais on prononçait *ais*.

XVIIIe La nouvelle orthographe triomphe. On généralise l'emploi de *é*.
         On adopte définitivement *è* pour *succès*, *après*, etc., au lieu de *succes*, *apres*.
         On adopte aussi *-ais* pour *étais*, *Français* (grâce à Voltaire).
         Les consonnes intérieures disparaissent : *mesme* devient *même*, *teste* devient *tête* etc. Restent quelques oublis : *baptême*, *sculpteur*, *dompter*, *cheptel*...
         La norme est alors la moyenne des pratiques graphiques des imprimeurs.
         La 3e édition du *Dictionnaire de l'Académie* (1740) est à la base de l'orthographe moderne, mais c'est à partir de la 6e édition (1835) qu'on lui accorde un rôle prescriptif.

XIXe   Cette édition revient à une orthographe étymologique, en rétablissant des consonnes précédemment supprimées et en introduisant des consonnes grecques : *analise* redevient *analyse* et *misantrope*, *misanthrope*. Naissance de l'orthographe grammaticale : variation en genre et en nombre des noms et des adjectifs, conjugaison des verbes et phénomènes d'accord. L'orthographe devient obligatoire, dans l'Administration comme à l'Université.
         En 1878, l'Académie accepte d'ajouter une 26e lettre : *w* (7e éd.).

XXe   Les projets de réforme se succèdent sans grand résultat.
         Le *Dictionnaire de l'Académie* disparaît des ateliers d'imprimerie.

LA LEÇON D'ORTHOGRAPHE DU BOURGEOIS GENTILHOMME

En lisant avec attention cette édition originale du *Bourgeois gentilhomme,* on peut repérer quelques-unes des caractéristiques de l'orthographe au XVIIᵉ siècle : *foy, oüy, maistre, vray, r'aprochant,* etc.

52   LE BOURGEOIS
MONSIEUR JOURDAIN.
A, E, A, E Ma foy oüy. Ah que cela est beau !
MAISTRE DE PHILOSOPHIE.
Et la voix, I, en r'aprochant encore davantage
les machoires l'une de l'autre , & écartant les
deux coins de la bouche vers les oreilles, A, E, I.
MONSIEUR JOURDAIN.
A, E, I, I, I, I. Cela est vray. Vive la Science.
MAISTRE DE PHILOSOPHIE.
La voix, O, se forme en r'ouvrant les machoi-
res, & r'aprochant les levres par les deux coins,
le haut & le bas, O.
MONSIEUR JOURDAIN.
O, O. Il n'y a rien de plus juste. A, E, I, O, I,
O. Cela est admirable ! I, O, I, O.
MAISTRE DE PHILOSOPHIE.
L'ouverture de la bouche fait justement com-
me un petit rond qui represente un O.
MONSIEUR JOURDAIN.
O, O, O. Vous avez raison , O. Ah la belle
chose , que de sçavoir quelque chose !
MAISTRE DE PHILOSOPHIE.
La voix, V , se forme en r'aprochant les dents
sans les joindre entierement, & allongeant les
deux levres en dehors, les aprochant aussi l'u-
ne de l'autre sans les joindre tout-à-fait, V.
MONSIEUR JOURDAIN.
V, V. Il n'y a rien de plus veritable, V.
MAISTRE DE PHILOSOPHIE.
Vos deux levres s'allongent comme si vous
faisiez la moüe : D'où vient que si vous la vou-
lez faire à quelqu'un , & vous moquer de luy ,
vous ne sçauriez luy dire que V.

La leçon d'orthographe du *Bourgeois gentilhomme.* Fac-similé de l'édition originale de Claude Barbin, 1673, cliché BN.

lettres apparemment inutiles, et tout d'abord la *__lisibilité.__* Si, à partir du XIIIe siècle, on a mis un *h* à l'initiale des mots *vile, vit, vis,* c'est que cette consonne supplémentaire permettait de distinguer *vile* « huile » de *vile* « ville », *vit* « 8 » de *vit* « il vit » ou *vis* « porte » de *vis* « visage ». De même, le *p* ajouté à *lou,* tout en rappelant son origine latine LUPU(M), permettait d'éviter la confusion avec *lon* « l'on », qu'une écriture *__manuscrite__* rapide et négligée ne distinguait pas de *lou* « loup ».

C'est aussi pour améliorer la lisibilité que les hampes et les jambages des lettres s'allongent : *un, malin* s'écrivent *ung, maling ;* le *s* final du pluriel après *e* (prononcé *é*) s'écrit *-ez* (les *bontez*) ; le *i* final devient *y* (*luy, celuy, vray*), etc.

Meilleure lisibilité, mais aussi *__besoin de distinguer__* par des formes écrites différentes des mots différents. On peut ainsi justifier, par exemple, l'incohérence de *dix* (avec un *x* calqué sur *six*) par le besoin de distinguer *dix* « 10 » de *dis,* du verbe *dire.* De même, *doigt* « doigt » ne se confond plus, à l'écrit, avec *doit* du verbe « devoir », ni *sain* avec *sein, saint, ceing* ou *cin(q).*

Réformateurs et traditionalistes

Depuis lors, la forme écrite des mots s'est encore modifiée, tiraillée entre les étymologistes amoureux du passé, qui éloignaient de plus en plus l'orthographe de la prononciation, et les phonéticiens, qui voulaient au contraire l'en rapprocher. (*Cf. encadré,* p. 255.)

Nous avons aujourd'hui la fallacieuse impression que cette orthographe à laquelle personne n'ose plus toucher est fixée depuis très longtemps. L'illusion est entretenue par les ouvrages des auteurs classiques, que le XIXe siècle a réédités en leur donnant notre orthographe moderne. Or, il suffit de consulter, par exemple, la première édition du *Bourgeois gentilhomme,* pour constater la présence d'un *s* dans *maistre,* pour vérifier que *luy* et *vray* y figurent avec un *y* final et que *savoir* s'écrit encore avec l'ancienne graphie *sçavoir.* (*Cf. encadré* « Extrait du texte original du *Bourgeois gentilhomme* », p. 256.)

Les chausse-trap(p)es * de notre orthographe

Le résultat ? Une orthographe si difficile que l'écrivain le plus chevronné, l'universitaire le plus savant n'est jamais sûr de lui. A tout moment, il peut être amené à consulter son dictionnaire pour vérifier :

— des ACCENTS : *zone* mais *cône, traiter* mais *traîner, avènement* mais *événement...*

— des CONSONNES DOUBLES : *siffler* mais *persifler, charrue* mais *chariot, savonner* mais *époumoner, rognonnade* mais *oignonade...*

— des TERMINAISONS : *quincaillier* mais *écailler...*

— des TRAITS D'UNION : *tout à fait* mais *c'est-à-dire, contrepoison* mais *contre-plaqué...*

— des PLURIELS DE NOMS COMPOSÉS : des *gardes-pêche* **, mais des *garde-robes* et des *garde-manger...*

— les subtiles DINSTINCTIONS entre des mots comme *le fabricant* et *en fabriquant,* des expressions comme *un travail fatigant* et *un homme se fatiguant,* des dérivés tels que *blocage* (de *bloquer*) et *truquage* (de *truquer*), etc.

— et aussi peut-être les PIÈGES bien connus depuis la dictée de Mérimée des *cuisseaux* (de veau) et des *cuissots* (de chevreuil), ou encore les *coquemars bosselés* et les *chlamydes défraîchies* récemment soumis à la sagacité des candidats aux championnats d'orthographe, en 1986.

N.B. Est-il nécessaire d'avouer que, pour écrire cette page, il m'a fallu vérifier tous les mots — de *chausse-trap(p)es* à *chlamydes* — dans un dictionnaire (et quelquefois dans deux) ?

---

* L'orthographe de **chausse-trap(p)e** est encore controversée du fait d'un récent changement d'avis de l'Académie (*cf.* note p. 305) qui avait pourtant décidé en commission, le 30 novembre 1961, que ce mot s'orthographierait avec **-pp-** dans la 9ᵉ édition de son Dictionnaire (1986 et suiv.). Aujourd'hui, on trouve **chausse-trape** dans le *Petit Larousse,* le *Petit Robert,* le *Lexis* et le *Dictionnaire des difficultés de la langue française* (Larousse). On laisse le choix entre **chausse-trape** et **chausse-trappe** dans les dictionnaires *Quillet-Flammarion* et *Bordas* ainsi que dans *Le Bon Usage* de Grevisse (Duculot). Seul Hanse, dans le *Nouveau dictionnaire des difficultés du français moderne* (Duculot), recommande d'écrire **chausse-trappe.**

** Il s'agit, bien entendu, des gardiens, car, pour les bateaux, on écrirait des *garde-pêche* (sans *s*).

La fascination de l'orthographe

Malgré ses complications inutiles — et peut-être aussi parfois à cause d'elles — on ne peut aujourd'hui que constater la fascination qu'exerce notre orthographe sur tous les Français : les gens cultivés, les gens peu scolarisés, les patoisants à la recherche d'une graphie pour leur langue, les amoureux du français, les représentants des grandes institutions culturelles et politiques. Rien de rationnel dans tout cela, mais un attachement quasi sentimental, un peu comme on tient aux châteaux de la Loire, à la Sainte-Chapelle ou à la tour Eiffel. Dans ces conditions, on comprend que, malgré les excellentes raisons invoquées par les réformateurs, depuis le XVIe siècle jusqu'à nos jours, aucun projet de réforme n'ait réellement abouti, sinon à des simplifications ponctuelles laissant toujours subsister des exceptions qui, comme chacun sait, confirment la règle. Les nouveaux partisans d'une réforme [247] progressive, comme Nina Catach et son équipe, ou de la suppression totale de l'orthographe, comme Claire Blanche-Benveniste et André Chervel [248], sauront-ils convaincre ceux qui écrivent le français tous les jours que « les conventions orthographiques actuelles sont contraires aux intérêts des usagers [249] » ?

La tentative « alfonic » d'André Martinet

Ce n'est pas une réforme de l'orthographe que propose André Martinet avec *alfonic* [250], mais un outil facilitant l'enseignement de l'écriture et de la lecture du français aux jeunes écoliers. En utilisant le système graphique alfonic, les enfants peuvent partir de ce qu'ils connaissent : leur propre prononciation.

S'appuyant sur les résultats des diverses enquêtes phonologiques ayant permis d'établir le système des sons de base commun à la majorité des usages du français, André Martinet a mis au point un système graphique n'utilisant que des caractères disponibles sur les claviers de machines à écrire françaises et permettant de repousser à un stade ultérieur l'apprentissage de notre difficile orthographe.

En s'écartant le moins possible des habitudes françaises, à chaque phonème du français a été attribuée une lettre de l'alphabet, éventuellement modifiée par un diacritique (accent, tréma, etc.). C'est ainsi que le tréma ajouté aux voyelles *e, a, o* et *œ* permet de

noter les quatre voyelles nasales : **ë** de *bain,* **ä** de *banc,* **ö** de *bon* et **œ̈**
de *brun ;* l'accent circonflexe, de distinguer entre la voyelle fermée
de *paume* (en alfonic **pôm**) de la voyelle ouverte de *pomme* (en
alfonic **pom,** sans accent) ; l'accent grave, de distinguer entre la
voyelle finale ouverte de *près* (en alfonic **prè**) de la voyelle finale
fermée de *pré* (en alfonic **pre,** sans accent).

Le système phonologique reçoit ainsi, en alfonic, des correspondances graphiques terme à terme :

Voyelles orales			Voyelles nasales		Consonnes			
i	u	w	ë	(œ̈)	p	f	t	s	h	c
e	(œ̇)	ô	ä	ö	b	v	d	z	j	g
è	œ	o			m		n			ğ
a	(â)								
						y	l	r	

On constate que **w** représente la voyelle traditionnellement
notée par le groupement *ou* de l'orthographe, tandis que **h** représente ce que l'orthographe note par *ch.* Les lettres **c** et **g** sont toujours les équivalents des sons que ces consonnes ont dans les mots
cou et *goût* (en alfonic **cw** et **gw**).

Enfin, **y** note toujours le son que l'on entend à la fin du mot
abeille (en alfonic **abey**), tandis que celui que l'on entend à la fin de
montagne est rendu par la succession **ny** (en alfonic **mötany**), et
celui qui termine le mot *camping* par **ğ** (en alfonic **cäpiğ**).

Cet outil a été proposé à des enfants de grande maternelle
(cinq ans) par des enseignants, sous la direction de Jeanne Martinet, avec des résultats tout à fait étonnants. Les enfants ont très
vite appris à écrire et à rédiger tout seuls de longues histoires en
alfonic. Ils ont pris goût à cet exercice qui, de plus, a paradoxalement développé chez eux une extrême curiosité pour les bizarreries
de l'orthographe, dont les aberrations deviennent alors l'occasion
d'une sorte de jeu et non plus la source d'une inhibition.

LE SENS DES MOTS

L'analyse du sens

A moins de parler pour ne rien dire — et encore —, il y a toujours un sens derrière les mots que l'on prononce, et le sens, comme la forme, peut s'analyser. On vient de voir que la forme des mots, qu'elle soit écrite ou phonique, peut se décomposer en ses éléments constitutifs. Ainsi, la forme graphique de *botte* s'analyse en cinq lettres, et sa forme phonique en trois phonèmes /b ɔ t/. Mais comment peut-on analyser le sens de *botte* ?

Les définitions des dictionnaires donnent des descriptions plutôt que des analyses : par exemple, on trouve pour *botte* : « chaussure (de cuir ou de caoutchouc) qui enferme le pied et la jambe et parfois la cuisse » *(Petit Robert),* ou « chaussure de cuir ou de caoutchouc qui se prolonge au-delà du pied jusqu'au genou » *(Petit Larousse).* Dans ces deux descriptions, il est question de cuir et de caoutchouc, mais ce ne sont pas des traits de sens inhérents à la *botte,* puisque, aussi bien, elle peut être en plastique ou en toile. En revanche, on ne peut plus parler de *botte* si la chaussure s'arrête au pied. Donc, le trait de sens « montant au-dessus du pied » est un trait qui caractérise en propre la *botte,* parmi les autres types de chaussures.

75 mots pour la chaussure

C'est en rapprochant les divers termes qui expriment la notion de chaussure en français qu'on peut tenter d'analyser en ses divers éléments le sens de chacun d'eux. Une récente étude [251] a permis de relever 75 mots différents pour exprimer cette notion. (*Cf. encadré*, p. 263.)

On a vu qu'un trait de sens essentiel de la *botte* est « montant au-dessus du pied ». La *cuissarde,* la *bottine* sont aussi des sortes de *bottes,* mais il s'y ajoute un trait de sens supplémentaire : « montant jusqu'à la cuisse » pour la *cuissarde,* et « qui s'arrête à la cheville » pour la *bottine.* Dans tous ces types de chaussure, la matière (cuir, caoutchouc, toile) n'intervient pas dans le choix des termes.

Tel n'est pas le cas pour *galoche* ou *sabot,* qui ne peuvent s'appliquer qu'à des chaussures à semelles de bois. Le rapprochement de *galoche* ou *sabot* avec *tennis* ou *basket* fait ressortir ce trait de sens. Ces deux derniers termes renvoient à des chaussures à semelle souple et dessus de toile, et se différencient l'un de l'autre en ce que la *basket* monte jusqu'à la cheville tandis que la *tennis* découvre le cou-de-pied.

On pourrait tenter de poursuivre l'analyse et d'établir le « système » des mots désignant la chaussure, en regroupant dans un tableau, comme on l'a fait pour les voyelles et les consonnes, les unités lexicales partageant au moins un trait de sens avec le reste du système. On voit bien comment *cuissarde, botte, bottine, boot* peuvent être réunis par leur trait commun « montant au-dessus du pied », de même que *galoche* et *sabot* par le trait commun « à semelle de bois », etc.

Malheureusement, il restera en dehors du tableau de nombreuses unités ne partageant aucun trait de sens avec les autres, sinon ceux qui composent la notion générale de chaussure : « pièce d'habillement, se portant aux pieds et munie d'une semelle ». Ainsi, la *santiag* réunit un faisceau de traits de sens inséparables et formant un tout : le trait « se prolongeant au-delà du pied » va de pair avec « en cuir », avec « à bout effilé » et avec « à talon en biseau ». Ce trait de sens complexe ne peut pas être divisé, car il faut réunir toutes ces composantes pour définir une *santiag.*

Cette situation de la *santiag* (mais aussi de la *mule du pape,* de la *poulaine* ou de *l'espadrille*) rappelle celle des phonèmes /l/ ou /r/ du français, qui ne partagent aucun trait pertinent avec les autres unités du système phonologique. (*Cf. r, l,* et *ill* font bande à part, p. 232.)

Ce qui différencie le système lexical du système phonologique tient en particulier au fait que les liens qui unissent les unités lexicales — qui sont des traits de *sens* au lieu d'être des traits

75 MOTS POUR DÉSIGNER LES CHAUSSURES

La richesse du lexique français est proverbiale dans la désignation de l'argent, mais elle devrait l'être tout autant dans le domaine de la chaussure, comme on peut le constater par cette liste, qui n'est évidemment pas exhaustive.

après-ski	babouche	bain de mer	ballerine	basket
bateau	boot	bootee	botte	bottillon
bottine	botton	brodequin	camarguaise	Céline
Chanel	charentaise	Charles IX	chausson	chausson de lisière
chausson de pointe		chaussure	Church	clap-clap
Clarks	cothurne	creeper	croquenot	cuissarde
Derby	Doc Martens	écrase-merde	escafignon	escarpin
espadrille	galoche	gégène	godasse	godillot
grolle	Knep	Lamballe	méduse	mocassin
moon-boot	mule	mule du pape	Nike (roots)	nu-pieds
Oxford	pantoufle	pataugas	péniche	pigache
pompe	poulaine	rangers	ribouis	richelieu
sabot	Salomé	sandale	sandalette	santiag
savate	snow-boot	socque	sorlot	soulier
spartiate	tatane	tennis	tongue	trotteur
Weston				

articulatoires — sont beaucoup plus nombreux pour le lexique et, de ce fait, difficiles à réunir sur un même tableau. De plus, chaque trait de sens n'affecte qu'un petit nombre d'unités (sur les milliers de la langue), tandis qu'en phonologie un petit nombre de traits articulatoires pertinents réunit un grand nombre de phonèmes (qui, en outre, se comptent par dizaines et non par dizaines de milliers). A supposer que l'on tente de représenter les unités lexicales sur un tableau, ce qui apparaîtra le plus clairement, ce sera le petit nombre de traits communs et l'abondance des cases vides.

Quels sens derrière les mots ?

On aura probablement remarqué que, si une grande partie du système phonologique (ce que nous avons appelé les sons de base du français) est partagée et acceptée, malgré quelques divergences, par l'ensemble des usagers du français, le sens des mots fait beaucoup plus rarement l'objet d'un consensus aussi général.

Dans les deux dictionnaires cités plus haut, il est dit que la botte « s'arrête au genou » chez l'un (le *Petit Larousse*), et qu'elle peut « se prolonger jusqu'à la cuisse » chez l'autre (le *Petit Robert*). Autrement dit, le *Petit Robert* inclut la cuissarde dans les *bottes*, tandis que le *Petit Larousse* semble apparemment l'en exclure. Chacun met donc derrière les mots des sens légèrement différents. On conçoit, dans ces conditions, qu'un même mot puisse, au cours du temps, changer de sens, tout comme il change de forme.

Les sens « un peu » oubliés

On peut, en cherchant bien, trouver des mots n'ayant pratiquement pas changé de sens depuis le latin [252]. Tel est le cas de *barbe*, *bœuf*, *eau*, *fleur*, *fondre*, *mer*, *miel*, *nuire*, *rire*, *sain*, *saluer*, *sauver*, *tel*, *tonner*, *venin*, *vie*, *vieux*, *vouloir*, etc. Mais, le plus souvent, derrière les mots français se cachent des sens oubliés.

Qui, en dehors des spécialistes de l'étymologie, a conscience de la présence de « deux » dans *diviser*, de « trois » dans *trancher*, de « quatre » dans *écarter*, *écarteler*, *équarrir*, *quartier*, *cahier*..., de « cinq » dans *esquinter*, de « dix » dans *décimer* ? (*Cf.* encadré, p. 265.)

Qui pense à « vert » dans *verger* (du latin VIRIDIARIUM) ? Qui reconnaît « œuvrer », c'est-à-dire « travailler », dans *jour ouvrable* (lat. OPERARE) ?

Qui retrouve « eau » dans *évier* ? Enfin, peut-on se douter que derrière *haschisch* se cache un « assassin » ?

Pourquoi favoriser 4, 22, 31 ou 400 ?

Faire de l'étymologie, c'est tenter de retrouver l'histoire des mots, en partant de leur forme et de leur sens présents. Si on ne sait pas que la place située devant l'Hôtel de Ville de Paris descendait à l'origine jusqu'aux berges de la Seine, et que c'était là, sur la grève, que les ouvriers sans travail se réunissaient en attendant d'être embauchés, on ne peut pas comprendre le lien entre le bord de l'eau et le fait de ne pas travailler, dans l'expression *faire la grève*.

Pourquoi dit-on *se mettre sur son trente et un*, et non *sur son vingt et un* ou *son quarante et un* ? Là, les avis sont partagés,

POURQUOI SOIXANTE-DIX... ?

A Paris, et en France généralement, *soixante-dix* et la suite ont supplanté les formes traditionnelles *septante, nonante,* qui sont normales en Belgique et en Suisse, ainsi que *huitante* ou *octante,* qui y sont plus rares.

Pour expliquer ces innovations — *septante* était encore fréquent à Paris au XVIIIe siècle —, André Martinet (*cf.* « Soixante-dix et la suite... », *Interlinguistica, Festschrift zum Geburtstag von Mario Wandruszka,* Tübingen, Niemeyer, 1971) rappelle comment ces formes sont apprises par l'enfant : non pas comme des mots ordinaires, mais en comptant les unités une par une. L'enfant qui sait compter... *huit, neuf, dix, onze...,* lorsqu'il arrive à *soixante-neuf,* peut se laisser entraîner à dire *soixante-dix* au lieu de *septante.* Les parents l'ont d'abord corrigé, jusqu'au jour où ni les enfants ni même les adultes n'ont plus corrigé *soixante-dix* en *septante.* C'est ainsi que *soixante-dix* a fini par s'imposer. Le français n'est d'ailleurs pas la seule langue à connaître de pareilles aberrations. On sait que le danois connaît des complications du même type, pour les nombres à partir de *cinquante,* qui se dit : « deux vingtaines, plus la moitié de la troisième vingtaine ».

Il faut aussi se rappeler qu'autrefois beaucoup de gens simples, dans leurs comptes, allaient jusqu'à vingt, puis faisaient une encoche dans une baguette, encoche qui correspondait à « un vingt ». (*Cf.* aussi l'anglais *score* « vingtaine », dont le sens primitif est « encoche ».) Ils recommençaient alors à compter de *un* jusqu'à *deux vingts* (deux encoches), puis de *un* jusqu'à *trois vingts,* de *un* jusqu'à *quatre vingts..., quinze vingts,* et ainsi de suite. C'est ainsi qu'on peut comprendre la présence du -*s* de pluriel dans le substantif *vingt.*

Au-delà de *soixante-dix-neuf,* on tombait sur *soixante vingts,* qui faisait conflit avec le fréquent *quatre-vingts* pour la même valeur, et c'est finalement ce dernier qui l'a emporté.

2, 3, 4... 10, UN PEU DISSIMULÉS

Sous leur forme actuelle se devinent, plus ou moins nettement :

dans *disséquer,* l'idée de 2 (lat. DIS-SECARE)
dans *trancher,* l'idée de 3 (lat. TRES)
dans *équarrir, écarteler,* l'idée de 4 (lat. QUATTUOR)
dans *esquinter,* l'idée de 5 (lat. QUINQUE)
dans *sieste,* l'idée de 6 [lat. SEXTA « sixième » (heure)]
dans *semaine,* l'idée de 7 (lat. SEPTEM « sept »)
dans *octobre,* l'idée de 8 [lat. OCTO(BER) « huitième » (mois romain)]
dans *novembre,* l'idée de 9 [lat. NOVEM(BER) « neuvième » (mois romain)]
dans *décimer,* l'idée de 10 (lat. DECEM « dix »).

mais il se pourrait bien que la solution se trouve dans la déformation en *trente et un* du mot *trentain,* qui désignait autrefois une étoffe de qualité supérieure (dont la chaîne était faite de trente fois cent fils). Mettre son *trentain* devait être réservé aux grandes occasions, comme on se met aujourd'hui sur son *trente et un.*

L'expression *faire le diable à quatre* remonte au XVe siècle. En ce temps-là, les représentations théâtrales mettaient en scène des saints, mais aussi des démons, qui faisaient des diableries. Il y avait de « petites diableries », jouées à deux diables, et de « grandes diableries », à quatre diables, qui menaient grand tapage pour évoquer les tourments de l'enfer. On ne se doute pas, en employant l'expression *faire le diable à quatre,* qu'on évoque réellement des démons.

Faire les quatre cents coups ne se dit que depuis le XVIIe siècle, plus précisément depuis 1622, date à laquelle, au siège de Montauban, Louis XIII avait fait tirer 400 coups de canon afin de montrer aux assiégés, en quelque sorte, sa force de dissuasion. Ce fut, d'ailleurs, sans succès. Depuis, l'expression s'est perpétuée, en acquérant plus récemment un sens moins militaire mais tout aussi tapageur.

L'origine de l'expression : *vingt-deux !* pour « attention, voici les autorités ! » est beaucoup plus incroyable. C'est ainsi, dit-on, que les premiers typographes avaient pris l'habitude de prévenir leurs collègues de l'arrivée du chef d'atelier par un signal codé, que ce dernier ne pouvait pas comprendre. En effet, si *vingt-deux* correspond à « chef », c'est que ce mot est composé d'un *c* (troisième lettre de l'alphabet), d'un *h* (huitième lettre), d'un *e* (cinquième lettre) et d'un *f* (sixième lettre) : 3 + 8 + 5 + 6 = 22 !

Se non è vero, è ben trovato !

Les mots et le monde

Ces quelques exemples montrent à quel point la partie significative des mots et des phrases est liée à la réalité du monde, des gens, des mentalités et de l'histoire. Pour en tenter l'analyse, le linguiste doit se faire à la fois historien, sociologue, psychologue et parfois même détective. Chaque mot a son histoire et déborde largement, hors de la langue proprement dite, sur le monde qui nous entoure.

Les centaines de milliers de mots français ne peuvent évidemment pas faire l'objet d'une présentation, même succincte, dans ces quelques pages. Fidèle au principe adopté tout au long de ce livre, j'ai donc choisi de présenter seulement deux séries de mots qui, par leur histoire, ont un point commun : celui d'avoir pour origine un nom propre (nom de famille pour les uns, et nom géographique pour les autres) avant de devenir un substantif, un verbe ou un adjectif de la langue française.

Eugène Poubelle, par exemple, était préfet de la Seine, et c'est lui qui, à la fin du XIXe siècle, imposa aux Parisiens de mettre leurs ordures dans des boîtes, que depuis nous appelons des *poubelles*. Les grammairiens, dans leur jargon, disent que *poubelle* et *lavallière*, comme *savarin* ou *guillotine*, sont des **antonomases**.

Parmi les exemples tirés des noms de lieux, on a le verbe *limoger* formé sur Limoges, parce que c'est dans cette ville qu'avaient été envoyés, au début de la guerre de 14-18, quelques genéraux incapables [253].

Béchamel, Guillotin, Praslin et Cie

Jetons un coup d'œil rapide sur les mots dont l'origine est le nom d'un personnage historique. Nous y trouvons tout d'abord un grand nombre de noms de plantes : *bégonia, bougainvillée, camélia, dahlia, fuchsia, gardénia, hortensia, magnolia*, ainsi que *nicotine*, substance extraite du tabac ou « herbe à Nicot ».

Un autre grand groupe concerne les unités de mesure utilisées en physique, et dont les noms ont généralement été formés à partir de ceux de savants : *ampère, joule, newton, watt*, etc.

D'autres mots sont du domaine :
— de l'architecture : *mansarde, mausolée, vespasienne* ;
— de la cuisine : *béchamel, frangipane, parmentier, praline, sandwich, savarin* ;
— de la technique : *bakélite, cardan, macadam, montgolfière, quinquet, rustine* ;
— de la vie sociale : *barème, belote, boycotter, gallup* ;
— des armes : *browning, chassepot, colt, lebel*, et aussi *guillotine*.

Quelques termes sont difficiles à classer : *guillemets, lapalissade*, etc.

On retrouvera, regroupés dans un « cimetière imaginaire » les noms des personnages dont la langue française perpétue tous les jours le souvenir. Des « notices nécrologiques » permettront de comprendre les raisons de leur passage du « cimetière » au dictionnaire. (*Cf. encadré* Notices « nécrologiques », ci-dessous.)

NOTICES « NÉCROLOGIQUES »

Ces notices rappelleront à ceux qui l'auraient oublié pour quelle raison telle personnalité a légué son nom à la langue française [254].

AL-KHOWARIZMI dit ALGORISMI (780-850), mathématicien d'origine persane, inventeur de l'algèbre et introducteur en Europe des chiffres « arabes » et de la numération décimale, appelée à l'époque : *algorithme*.

AMPÈRE (André Marie) (1775-1836), physicien français, donna son nom à l'unité d'intensité électrique *(ampère)*.

BAEKELAND (Leo Hendrick) (1863-1944), chimiste belge qui découvrit la *bakélite*.

BARRÊME (François) (1640-1703), mathématicien français, auteur de « Les comptes faits du grand commerce » dont on a tiré le mot : *barème*.

BÉCHAMEL (Louis de) (1630-1703), financier et gourmet célèbre (sauce *béchamel*).

BÉGON (Michel) (XVIIIe), intendant de Saint-Domingue *(bégonia)*.

BELOT (F.) (XXe), mit au point la règle d'un jeu hollandais : la *belote*.

BLOOMER (Amélia) (1818-1894), mit à la mode des vêtements pour enfants *(bloomers)*.

BOUGAINVILLE (Louis Antoine, comte de) (1729-1811), navigateur français, rapporta de ses voyages les *bougainvillées* ou *bougainvilliers*.

BOYCOTT (Charles) (1832-1897), propriétaire irlandais mis en quarantaine par ses fermiers, premier exemple d'un *boycott*.

BRAILLE (Louis) (1809-1852), professeur et organiste français, inventeur d'un système d'écriture pour les aveugles : le *braille*.

BROWNING (John) (1855-1926), inventeur américain d'un pistolet automatique *(browning)*.

CALEPINO (Ambrogio) (1435-1511), religieux et lexicographe italien, auteur d'un *Dictionnaire de la langue latine* (*calepin,* aujourd'hui carnet de notes).

CAMELLI (XVIIIe), missionnaire jésuite qui rapporta d'Asie le *camellia* ou *camélia*.

CARDANO (Gerolamo) (1501-1576), mathématicien italien, inventeur d'un système de suspension (à la *cardan*) rendant les boussoles insensibles aux mouvements des navires.

CHASSEPOT (Antoine Alphonse) (1833-1905), armurier français qui mit au point le fusil *(chassepot)* utilisé pendant la guerre de 1870.

COLT (Samuel) (1814-1862), inventeur américain d'un pistolet à barillet, le *colt*.

COULOMB (Charles Augustin de) (1736-1806), physicien français, donna son nom à l'unité de quantité d'électricité : le *coulomb*.

CURIE (Pierre et Marie) (1859-1906 et 1867-1934), physiciens français, donnèrent leur nom à l'unité d'activité ionisante : le *curie*.

DAHL (XVIIIe), botaniste suédois qui, en 1789, rapporta du Mexique le *dahlia*.

FARADAY (Michael) (1791-1867), physicien anglais, donna son nom à l'unité de capacité électrique : le *farad*.

FRANGIPANI (XVIIe), marquis italien, inventeur du parfum utilisé dans la composition des gâteaux à la *frangipane*.

FUCHS (Leonhart) (1501-1566), botaniste bavarois auquel le botaniste français Plumier dédia la plante qu'il nomma *fuchsia*.

GALLUP (George Horace) (1901-1984), journaliste et statisticien américain, fondateur d'un Institut de sondage d'opinion, d'où le nom de *gallup*.

GARDEN (Alexander) (XVIIIe), botaniste écossais, donna son nom au *gardénia*.

GODILLOT (Alexis) (1816-1893), fournisseur en 1870 des chaussures militaires, les *godillots* (devenus ensuite *godasses*).

GUILLEMET ou GUILLAUME, imprimeur, proposa de mettre les citations entre *guillemets*.

GUILLOTIN (Joseph) (1738-1814), médecin et homme politique français, fit accepter l'usage de la *guillotine* pour abréger les souffrances des condamnés.

HERTZ (Heinrich) (1857-1894), physicien allemand (*hertz,* unité de fréquence).

HORTENSE, femme du célèbre horloger Lepaute (XVIIIe) ; c'est à elle que le botaniste anglais Commerson dédia une variété d'hydrangea, l'*hortensia*.

JOULE (James) (1818-1889), physicien anglais (*joule,* unité d'énergie).

LA PALICE (Jacques de Chabannes, seigneur de) (1470-1525), maréchal de France, objet d'une chanson se terminant par ce vers : « Un quart d'heure avant sa mort, il était encore en vie », première *lapalissade*.

LA VALLIÈRE (Louise Françoise de) (1644-1710), maîtresse de Louis XIV, avait lancé la mode des cravates à grand nœud, les *lavallières*.

LEBEL (Nicolas) (1838-1891), officier français qui participa à la mise au point du fusil *(lebel)* utilisé pendant la Grande Guerre.

McADAM (John Loudon) (1756-1836), ingénieur écossais, inventeur d'un système de revêtement pour les routes, dit *macadam*.

MAGNOL (Pierre) (1638-1715), médecin et botaniste français que Linné voulut honorer en donnant son nom à un arbre d'Amérique : le *magnolia*.

MANSART (François) (1598-1666), architecte français, généralisa la construction des combles dits en *mansarde*.

MASSICOT (Guillaume) (1797-1870), inventeur d'une machine à couper le papier *(massicot)*.

MAUSOLE (377-353 avant J.-C.), satrape de Carie (Asie Mineure) dont le somptueux tombeau était l'une des sept merveilles du monde : le *Mausolée*.

MICHELIN (André) (1853-1931), industriel français, créateur de la première voiture de chemin de fer automotrice montée sur pneus : la *micheline*.

MONTGOLFIER (Joseph et Étienne) (1740-1810 et 1745-1799), industriels français, inventeurs des premiers aérostats à air chaud : les *montgolfières.*

MORSE (Samuel Finley) (1791-1872), peintre et physicien américain, inventeur du télégraphe et de l'alphabet *morse.*

NEWTON (Isaac) (1642-1727), physicien anglais (*newton,* unité de force).

NICOT (Jean) (1530-1600), ambassadeur français au Portugal, introduisit en France l' « herbe à Nicot », c'est-à-dire le tabac, dont on extrait la *nicotine.*

OHM (Georg Simon) (1789-1854), physicien allemand (*ohm,* unité de résistance électrique).

PARMENTIER (Antoine) (1737-1813), agronome français, généralisa la culture et la consommation des pommes de terre en proposant des recettes *(parmentier).*

PASCAL (Blaise) (1623-1662), écrivain et savant français, donna son nom à l'unité de pression : le *pascal* (et aussi aujourd'hui au billet de 500 francs).

PASTEUR (Louis) (1822-1895), chimiste et biologiste français spécialisé dans l'étude de la fermentation et de la *pasteurisation.*

POUBELLE (Eugène René) (1831-1907), préfet de la Seine, il imposa aux Parisiens de déposer leurs ordures dans des caisses : les *poubelles.*

PRASLIN (Gabriel de CHOISEUL, duc de PLESSIS-) (1805-1847), maréchal de France dont le cuisinier mit au point la recette des *pralines.*

PULLMAN (George Mortimer) (1831-1897), industriel américain, mit au point les premières voitures-couchettes qu'on baptisa *pullman.*

QUINQUET (Antoine) (1745-1803), pharmacien français, perfectionna la lampe à huile inventée par Argand en y ajoutant un verre de lampe (le *quinquet).*

RAGLAN (Fitzroy James, comte de) (1788-1855), général anglais qui mit à la mode une sorte de manteau *(raglan)* aux manches montées sur le col.

RUSTIN (XXᵉ), industriel français, inventeur d'une méthode de réparation des chambres à air grâce à des *rustines.*

SANDWICH (John Montagu, comte de) (1718-1792), amiral anglais, très joueur, qui se faisait servir à sa table de jeu de la viande entre deux tranches de pain *(sandwich).*

SAVARIN (Anthelme BRILLAT-) (1755-1826), magistrat et gastronome français, auteur de nombreuses recettes de cuisine, dont celle du *savarin.*

SHRAPNEL (Henry) (1761-1842), général et inventeur anglais du *shrapnel,* obus rempli de balles.

SILHOUETTE (Étienne de) (1709-1767), contrôleur général des Finances, extrêmement impopulaire, caricaturé en quelques maigres traits : *silhouette.*

VESPASIEN (Titus Flavius) (9-79), empereur romain qui inaugura la construction des premiers urinoirs publics : les *vespasiennes.*

VOLTA (Alessandro, comte) (1745-1827), physicien italien (le *volt,* unité de force électromotrice).

WATT (James) (1736-1819), ingénieur écossais (le *watt,* unité de puissance).

Corbillard, mayonnaise, cravate et Cie

Les mots de la langue dont l'origine est un nom de lieu ou un nom de peuple ont été placés sur des cartes de géographie. En raison de l'abondance de ces mots en France et dans le bassin méditerranéen, tous les noms de vins, d'alcools et de fromages ont été exclus de la liste et cette région a été reportée sur une carte à part.

Comme les Français passent pour être nuls en géographie, il est peut-être amusant de mettre à l'épreuve cette idée reçue. En lisant les mots de la langue disposés à l'emplacement de leur lieu d'origine, il doit être aisé de retrouver le nom géographique correspondant, à condition évidemment de penser aux altérations éventuelles, qui peuvent être dues aux éléments de dérivation, à l'évolution phonétique ou tout simplement aux déformations qu'un mot peut subir en voyageant. (*Cf. cartes,* p. 272-275.)

Des mots venus des quatre coins de la Terre

Tous ces mots passés du manuel de géographie au manuel de français ne se laissent pas toujours découvrir du premier coup d'œil.

Si *apache, charleston* (Amérique du Nord), *indigo, madras, malabar* (Inde) ou *bougie* (Algérie) sont tout à fait transparents, il faut déjà penser aux faits de dérivation pour *limousine* (à partir de *Limousin*), pour *corbillard* (à partir de *Corbeil*), *baïonnette* (à partir de *Bayonne*) ou *mousseline* (à partir de *Mossoul,* ville d'Iraq où l'on fabriquait cette étoffe).

Il faut être un peu versé dans la phonétique historique du français pour reconnaître dans *beige* le résultat de l'évolution de *Bétique,* province du sud-est de l'Espagne, dont la laine était réputée. Ajoutons que le sens premier de *beige* était « couleur de la laine naturelle ». Le même effort de transposition doit être fait pour comprendre que *pêche* (le fruit) vient de *persica* (« de Perse ») ou que *coing* vient de *Cydonea* (ville de Crète où poussait cette sorte de pomme).

Enfin, *satin* et *kaolin* sont des transpositions « à la française » des noms de villes chinoises *Tsia-Toung* et *Kao-ling,* comme *chicotin* est l'altération de *socotrin,* dérivé de *Socotra,* petite île au sud-est de la mer Rouge, et d'où venait cette variété d'aloès.

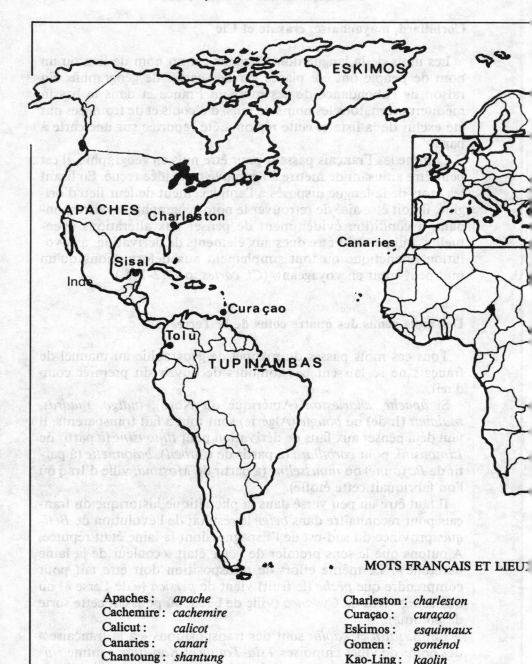

ESKIMOS

APACHES

Charleston

Canaries

Sisal

Inde

Curaçao

Tolu

TUPINAMBAS

MOTS FRANÇAIS ET LIEU

Apaches :	*apache*	Charleston :	*charleston*
Cachemire :	*cachemire*	Curaçao :	*curaçao*
Calicut :	*calicot*	Eskimos :	*esquimaux*
Canaries :	*canari*	Gomen :	*goménol*
Chantoung :	*shantung*	Kao-Ling :	*kaolin*
	d'Inde :	*dinde*	

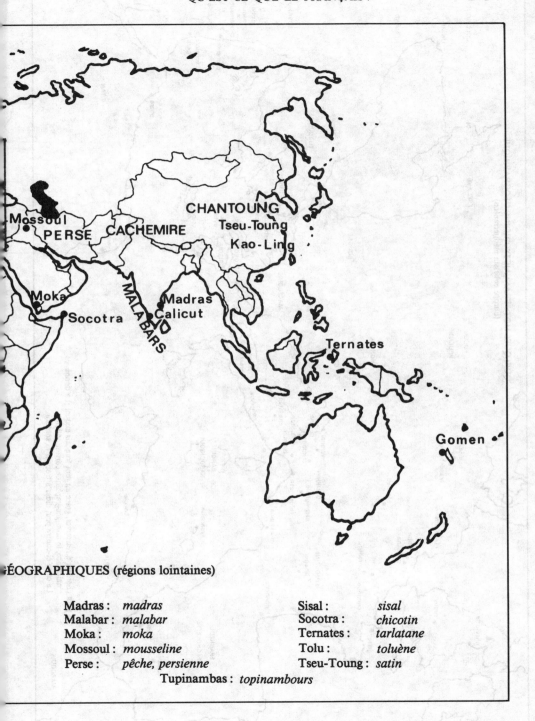

GÉOGRAPHIQUES (régions lointaines)

Madras :	*madras*		Sisal :	*sisal*
Malabar :	*malabar*		Socotra :	*chicotin*
Moka :	*moka*		Ternates :	*tarlatane*
Mossoul :	*mousseline*		Tolu :	*toluène*
Perse :	*pêche, persienne*		Tseu-Toung :	*satin*
	Tupinambas :	*topinambours*		

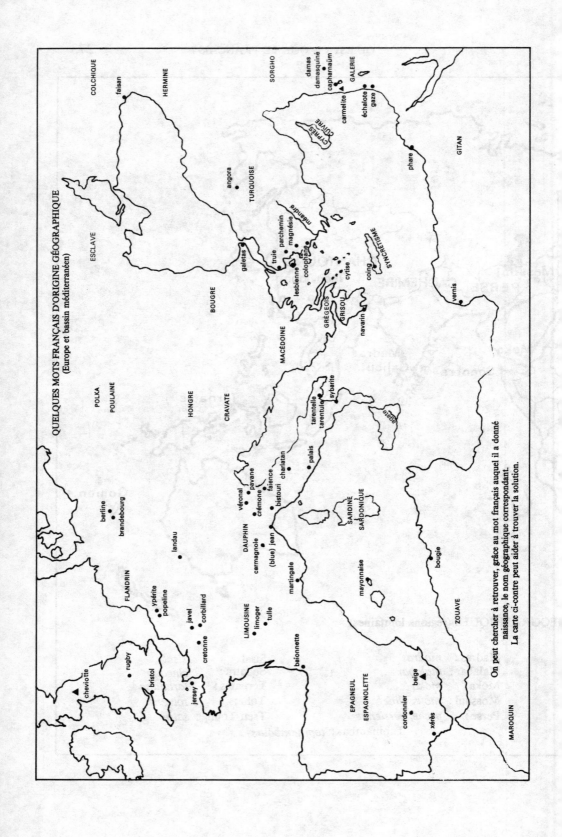

QUELQUES MOTS FRANÇAIS D'ORIGINE GÉOGRAPHIQUE
(Europe et bassin méditerranéen)

On peut chercher à retrouver, grâce au mot français auquel il a donné
naissance, le nom géographique correspondant.
La carte ci-contre peut aider à trouver la solution.

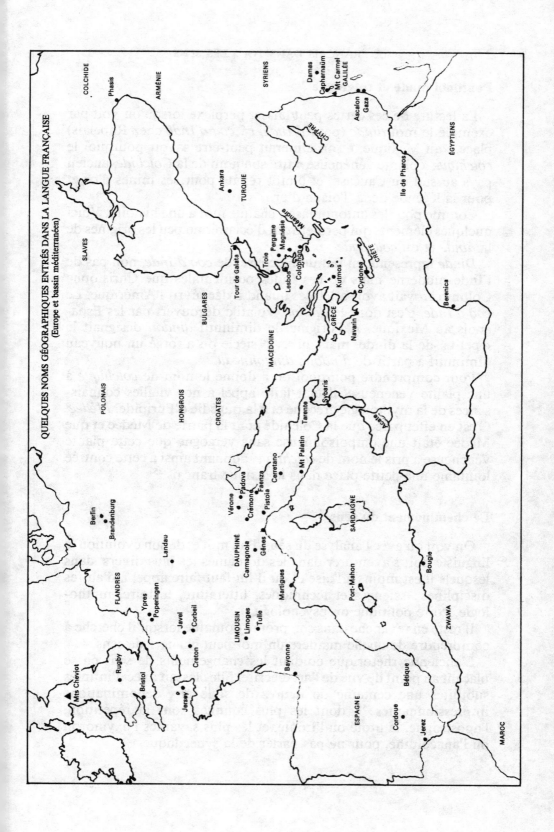

QUELQUES NOMS GÉOGRAPHIQUES ENTRÉS DANS LA LANGUE FRANÇAISE
(Europe et bassin méditerranéen)

Pourquoi dinde et colchique ?

La lecture de ces cartes peut laisser perplexe lorsqu'on voit par exemple le mot *dinde* (pour *d'Inde, cf. coq d'Inde* chez Rabelais) placé... au Mexique, et on aimerait peut-être savoir pourquoi le *colchique* « plante vénéneuse » tire son nom de la *Colchide,* ancien pays au sud du Caucase, et plutôt réputé pour ses mines d'or et pour la légende de la Toison d'or.

Comme pour les antonomases, chaque mot a une histoire. Voici quelques éléments qui permettront d'éclairer un peu les origines de la *dinde* et du *colchique.*

Dinde représente en fait un raccourci de *coq d'Inde,* non pas de l'Inde moderne mais de ces Indes occidentales que Christophe Colomb croyait avoir atteintes quand il découvrit l'Amérique. Le *coq d'Inde,* c'est donc le *dindon,* volatile découvert par les Espagnols au Mexique. A l'origine, le diminutif *dindon* désignait le « petit » de la dinde, mais au XVIIe siècle on a forgé un nouveau diminutif à partir de *dindon : dindonneau.*

Pour comprendre pourquoi on a donné le nom de *colchique* à une plante vénéneuse, il faut faire appel à nos vieilles connaissances de la mythologie grecque et à la tragédie d'Euripide, *Médée.* C'est en effet parce que la Colchide était la patrie de Médée et que Médée était une empoisonneuse sans vergogne que cette plante vénéneuse a pris le nom de *colchique,* donnant ainsi à cette contrée lointaine une petite place dans le lexique français [254].

Le cheminement du sens

On voit qu'avec l'analyse du sens d'un mot et de son évolution le linguiste doit s'aventurer dans les domaines les plus divers, dans lesquels il est moins à l'aise et où il lui faut faire appel à d'autres disciplines : sciences et techniques, littérature, histoire, mythologie, voire politique ou psychologie.

Il reste en revanche dans son propre domaine lorsqu'il cherche à comprendre de quelle manière un mot peut changer de sens.

L'ancienne rhétorique étudiait les changements de sens en se plaçant au point de vue de l'art d'écrire. Elle classait avec d'infinies subtilités une centaine de figures de style aux dénominations impressionnantes [255], dont les plus connues sont la répétition, l'apostrophe, la litote ou l'ironie, et les plus savantes l'oxymoron ou l'anacoluthe, pour ne pas parler de la synecdoque.

Est-il vraiment nécessaire de rappeler que la litote consiste à dire moins pour faire entendre plus *(Va, je ne te hais point),* que l'oxymoron assemble des mots apparemment contradictoires *(cette obscure clarté)* et que l'anacoluthe marque une rupture dans la construction d'une phrase *(Il dit, et déracine un chêne)* ?

Comme il s'agit ici, non de l'art d'écrire, mais de la structure et du fonctionnement de la langue, seuls nous intéressent les procédés qui peuvent affecter le sens des mots pour l'ensemble de la communauté française : par exemple, le passage du sens de la *feuille* de l'arbre à celui de la *feuille* de papier, ou de l'*orange* (le fruit) à la couleur *orange* est général pour tous ceux qui parlent français.

On voit bien comment on passe de l'un à l'autre de ces termes : par comparaison, par analogie, ou par **métaphore,** c'est-à-dire en employant une image qui devient si évidente qu'elle s'impose à tous. Personne ne pense plus au fruit si on parle d'une robe *orange* ou de chaussures *marron.* Ce faisant, en passant du fruit à sa couleur on fait une **métonymie,** et on se rend au contraire coupable de **catachrèse** en utilisant une image fondée, à l'origine, sur une erreur, mais qu'on ne perçoit plus comme telle : un *pavé en bois,* un *verre en plastique, saupoudrer de sucre* (car *saupoudrer* signifie proprement « poudrer avec du sel »).

C'est au fond le plus souvent par déplacements successifs de sens, par succession d'images que se fait l'évolution du sens. Rappelons, par exemple, les évolutions de sens du mot *bureau* : à l'origine, le *bureau* était une pièce de *bure,* sorte d'étoffe qui se plaçait sur un meuble. Par images successives, le même terme a désigné le meuble lui-même (on a pris la partie pour le tout = **synecdoque**), puis la pièce dans laquelle se trouve le meuble, puis les gens qui travaillent ensemble dans cette pièce *(tout le bureau s'est mis en grève),* puis enfin la notion abstraite d'une organisation *(le bureau de l'Assemblée)* ou d'un service (le *Deuxième Bureau*).

Qu'on les nomme métaphore, métonymie, synecdoque ou même catachrèse, peu importe, ce qui nous intéresse ici, c'est qu'il s'agit de phénomènes d'innovation intégrés à la langue. Les synecdoques grâce auxquelles on parle de la *Corbeille* pour la *Bourse,* du *petit écran* pour la *télévision,* des *salles obscures* pour le *cinéma* entrent dans la langue à partir du moment où tout le monde les emploie.

L'invention individuelle et la langue de tous

Le propre du poète est d'innover, mais ses trouvailles restent le plus souvent quelque chose qui le caractérise et qui reste exceptionnel. Il utilise à sa manière toute personnelle les potentialités de la langue et il produit de l'art. Il enrichit ainsi la littérature et il illustre sa langue. Il n'agit pas réellement sur elle. *Vêtu de probité candide et de lin blanc,* ou *ce toit tranquille où picoraient des focs* sont des phrases qui appartiennent au domaine de la littérature et de l'art. Elles ne passent pas dans le langage courant. Ce sont des créations poétiques, qui restent le plus souvent enchâssées dans des poèmes et qui n'en sortent pas. Mais il suffit qu'une image soit reprise par d'autres écrivains ou par d'autres locuteurs pour qu'elle prenne sa place dans la langue de tous. On dit que Rabelais a été le premier à utiliser *quintessence* avec le nouveau sens de « ce qu'il y a de meilleur dans une idée ou dans un objet ». Rappelons que, depuis le XIVe siècle, c'était un terme d'alchimie désignant une cinquième essence, c'est-à-dire un cinquième élément venant s'ajouter à l'air, à l'eau, à la terre et au feu. Et aujourd'hui, c'est le sens inauguré par Rabelais qui demeure le seul vivant.

6.

OÙ VA LE FRANÇAIS ?

Les mouvements actuels

LES MOUVEMENTS DANS LE VOCABULAIRE

Les nouveautés dans le vocabulaire

Dans une langue, ce qui change le plus vite, c'est le vocabulaire. Il suffit qu'une personnalité utilise un mot un peu oublié, ou en invente un — mais cela arrive moins souvent car rares sont ceux qui osent —, pour que chacun ait envie de le commenter, augmentant du même coup sa fréquence d'emploi. Tout le monde se rappelle le *volapük,* la *chienlit* et le *quarteron* remis à la mode par le général de Gaulle, ou le *remue-méninges* inventé en 1965 par Louis Armand pour remplacer *brain-storming,* et qui est presque passé dans la langue courante. La physionomie de la masse d'unités lexicales en usage à une époque donnée dépend du succès de certaines d'entre elles et de l'équilibre qui s'établit entre le vocabulaire connu et le vocabulaire employé par l'ensemble des membres de la communauté.

L'inventaire des mots effectivement utilisés

La masse des mots existants est très difficile à évaluer, à moins de se restreindre à l'inventaire des mots utilisés, par exemple, par un seul auteur dans l'un de ses ouvrages ou dans l'ensemble de ses œuvres. Les chiffres auxquels on aboutit alors peuvent surprendre par leur modestie.

Pour la langue parlée, on sait qu'il suffit des quelque 1 500 mots du « français élémentaire » ou, plus raisonnablement, des 3 500 mots du « français fondamental » [256] pour tenir une conversation courante. Ces estimations ont été obtenues grâce à des études effectuées dans les années 50 à partir de textes oraux dits par des personnes de tous niveaux culturels : sur les 300 000 mots recueillis, il y avait seulement 8 000 mots différents, dont 2 700 n'apparaissaient qu'une seule fois.

Si l'on choisit une population homogène et cultivée, ces chiffres sont seulement un peu plus élevés. Il y a vingt ans, un professeur de phonétique américain [257] avait enregistré ses entretiens avec cinquante personnalités parisiennes (cadres, professions libérales, universitaires), qui lui avaient fourni un corpus total de 68 000 mots, dont seuls 3 500 étaient différents. Et cela pour l'ensemble des vingt-cinq heures d'enregistrement avec ses cinquante interlocuteurs. Chacun de ces derniers avait en fait utilisé moins de 2 000 mots différents au cours d'une demi-heure d'entretien.

Cela ne signifie évidemment pas que chacun ne connaissait que 2 000 mots. Il y a les mots qu'on emploie et les mots disponibles, les mots qui apparaissent dans le discours et les mots qui pourraient s'y manifester. La disproportion entre les deux est considérable : 5 000 à 6 000 d'un côté, des centaines de milliers de l'autre. Entre ce minimum et ce maximum, il y a tout un monde de possibilités pour ceux qui veulent parler et écrire en français. Et comme, d'autre part, le vocabulaire s'enrichit tous les jours de nouvelles unités lexicales créées par les besoins de la communication, il n'est pas exagéré de qualifier d'inépuisable le trésor lexical dans lequel on peut puiser.

C'est d'ailleurs bien le terme de *trésor* qu'ont employé ceux qui, depuis 1960, ont mis en chantier la plus vaste opération de collecte lexicographique jamais entreprise. Le *Trésor de la Langue Française,* dictionnaire historique de la langue française des XIXe et XXe siècles, dont le premier volume a paru en 1971, repose sur l'analyse de 90 millions d'exemples pris dans un millier d'ouvrages littéraires et techniques des deux derniers siècles.

Trésor général des langues et parlers français

Sur les seize volumes prévus, de 1 400 pages chacun, douze sont maintenant publiés. En prolongement de ce travail, c'est dans le cadre de l'Institut national de la langue française, à Nancy, que se poursuit actuellement un nouveau programme dans le Centre de documentation, le *Trésor général des langues et parlers français,* qui a déjà recensé sur ordinateur 260 millions de mots, à partir de 2 300 ouvrages écrits : si l'on additionne les 175 000 mots différents tirés des œuvres littéraires des XIXe et XXe siècles avec les 500 000 termes techniques et qu'on y ajoute les quelques centaines de milliers de néologismes enregistrés depuis 1960, on arrive aujourd'hui à un total stupéfiant de plus de 1 200 000 mots différents [258]. Devant ces chiffres qui donnent un peu le vertige, on ne peut que renvoyer à ces inventaires pour plus de précision.

Des mots nouveaux de deux types

De crainte de nous noyer dans cette immensité lexicale, essayons seulement d'observer comment se renouvelle aujourd'hui le vocabulaire, dans quels domaines et par quels procédés [259].

En dehors des apports des poètes et des écrivains, qui créent sans complexe, mais dont les innovations restent le plus souvent une marque de leur personnalité, on peut constater que le renouvellement du vocabulaire se fait dans deux directions : d'un côté, il y a les nouveautés de la technique, qui entraînent de nouvelles dénominations, de l'autre, il y a les besoins expressifs des usagers dans leurs conversations quotidiennes. Les créations du premier type sont le plus souvent concertées, systématisées, canalisées ; les secondes prennent naissance de façon plus ou moins spontanée, individuelle et désordonnée, et elles se répandent selon les caprices de la mode ou les nécessités du moment.

Différentes par leur motivation, ces innovations lexicales se manifestent également par des procédés de formation particuliers.

Walkman ou baladeur ?

D'une manière générale, la terminologie technique est actuellement souvent caractérisée par des emprunts purs et simples à l'anglais, le mot étant introduit en même temps que la chose. C'est tout le problème du *tuner,* du *walkman,* du *compact-disc* ou du *video-clip,* etc., pour lesquels les commissions ministérielles de terminologie ont proposé en 1983 [260] respectivement les termes de *syntoniseur, baladeur, disque audionumérique* et *bande vidéo promotionnelle.*

Ce qui apparaît, quatre ans plus tard, c'est que si *baladeur* a eu un certain écho, mais très éphémère, les autres termes n'ont guère été adoptés par les usagers, qui continuent tranquillement à parler de *tuner,* de *clips* (mais moins de *video-clips*) et de *disques compacts* (plus rarement de *compact-discs*). Remarquons que dans ce dernier cas l'emprunt a été parfaitement adapté au type général de formation des mots français, avec le nom précédant son déterminant : *disque compact* comme *disque dur, route nationale* ou *jambon fumé*[260]. On n'est pas en présence d'un phénomène d'aliénation mais plus simplement d'un effet de la loi du moindre effort : les mots de remplacement proposés par la commission étaient plus longs et plus savants, donc plus difficiles à retenir, c'est donc le mot d'emprunt qui s'est maintenu, mais avec l'aménagement et l'intégration aux modes de formation les plus normaux du français. C'est surtout dans ce domaine technique, où ils rendent des services immédiats, que les emprunts sont le plus fréquents.

On a *franchisé* les *croissanteries*

Tirant rationnellement parti des possibilités offertes par la langue française, les scientifiques ont aussi très normalement forgé de nouveaux mots au moyen des préfixes ou des suffixes qu'ils emploient d'habitude pour les mots français (ex. *surgénérateur, radariste, microprocesseur, géostationnaire, antihistaminique*...).

C'est ainsi que de nombreux verbes en -*iser* ont récemment pris naissance, tels que *fidéliser, franchiser, gadgétiser, lyophiliser, médiatiser, publiciser, transistoriser,* augmentant la fréquence d'emploi de ce type de formation.

On remarquera que certains de ces verbes ont été formés à partir de termes anglais. Le mot *gadget* a ainsi donné lieu à toute une série de dérivés dans la plus pure tradition française : *gadgetière, gadgétisation, gadgétophile,* etc. D'un autre côté, par une réaction plus ou moins chauvine en face des *fast foods,* ces restaurants de type américain où l'on mange vite et à des prix modérés, on a vu fleurir des *briocheries,* des *croissanteries,* des *grilladeries,* néologismes créés à partir de mots français.

Le suffixe -*erie* a ainsi acquis un regain de productivité : on trouve aujourd'hui des *bagageries,* des *jardineries* et des *chausseries,* des *sweateries* et des *pulleries* où l'on achète des pull-overs, sans parler de ces *dogueries,* qui ont l'air d'une plaisanterie et où l'on vend des produits pour les chiens.

Dans le domaine des ordinateurs, où pourtant le vocabulaire anglais tient une grande place, ce sont les mots *ordinateur* et *logiciel* qui ont remplacé les termes anglais de *computer* et *software*, encore fréquents il y a dix ans. Le terme *logiciel* a lui-même entraîné toute une série de formations françaises sur le même modèle : *didacticiel, ludiciel, progiciel,* etc. De même, à la suite d'*informatique,* ont été formés *bureautique, distributique, productique, promotique, télématique,* etc.

La langue française montre ainsi sa faculté d'adaptation aux besoins de la technique, en utilisant les ressources qu'elle a en elle pour fournir les unités lexicales nécessaires à l'expression de nouveaux concepts ou de nouveaux appareils.

Parmi les innovations lexicales de ces dernières années, citons aussi le terme *zapping,* qui signifiait à l'origine « changer de chaîne » à la télévision, lorsque passait une publicité. On dit également un *zappeur,* et le verbe *zapper* se conjugue à tous les temps. De plus, aujourd'hui, le sens s'est étendu à n'importe quel changement de programme, qu'il soit publicitaire ou non. Sous leur faux air d'américanismes, ces termes se révèlent, après enquête auprès de collègues anglais et américains, comme des innovations spécifiquement françaises, ou plutôt comme des emprunts d'un type particulier. En effet, le sens de *to zap* « changer de chaîne » existait déjà en anglais en 1987 mais il était alors d'un usage restreint dans la population qui ne connaissait que le sens de « tuer, détruire ». Il s'est en revanche tout de suite généralisé en français avec le seul sens de « changer de chaîne à la télévision », qui est également devenu courant chez les anglophones.

Professeure, professeuse, professoresse ?

Ce sont aussi les tendances propres de la langue française que la Commission de terminologie [261], à la demande d'Yvette Roudy, alors ministre des Droits de la femme, a cherché à utiliser dans son rapport final sur la féminisation des désignations professionnelles présenté en mars 1986. Ce rapport, rédigé par Benoîte Groult, établit que sur 5 000 formations de noms féminins de métiers seuls 15 d'entre eux ne trouvent pas de solution immédiate.

En effet, la solution est évidente pour les formes identiques (dites épicènes) où la féminisation est simple (un ou une *architecte,* un *délégué* / une *déléguée*), ainsi que dans les cas où le masculin est terminé à l'écrit par une consonne (*agent / agente, huissier / huissière, mécanicien / mécanicienne*).

Le suffixe en *-eur* se laisse féminiser en *-euse (monteur / monteuse),* le suffixe *-teur* en *-trice (dessinateur / dessinatrice),* avec quelquefois les deux possibilités *(enquêteuse, enquêtrice).* Certains noms en *-eur* existent déjà au féminin *(danseur / danseuse, vendeur / vendeuse),* mais *professeur, auteur* ou *proviseur* s'emploient seulement au masculin. Plusieurs solutions sont alors envisageables : *professeure* (comme *prieure* ou *meilleure), professeuse* (comme *danseuse* ou *coiffeuse),* ou éventuellement *professoresse* (comme *doctoresse* ou *venderesse),* mais ce dernier suffixe n'est guère productif aujourd'hui.

On voit donc que le refus du féminin n'est pas lié à une impossibilité inhérente à la langue, mais à une résistance qui tient à des préjugés très profondément ancrés chez les usagers. En effet, on refuse la féminisation, surtout si la profession est prestigieuse : *directeur, professeur, chirurgien, docteur* ou *avocat.* On accepte *repasseuse, bouchère* ou même *greffière,* mais on renâcle devant la féminisation de *compositeur, ingénieur* ou *metteur en scène.*

Les femmes elles-mêmes sont en partie responsables de ces réticences : une enquête récente a révélé que 80 % des femmes ayant un diplôme de pharmacie préfèrent se faire appeler *Madame le pharmacien* plutôt que *Madame la pharmacienne.* Les dénominations de *doctoresse, avocate* ou *directrice* sont également mal acceptées.

Si l'on tient à féminiser les noms de professions, il faudra sans doute attendre que l'évolution se fasse dans les esprits, comme elle s'est déjà faite au Canada, où *professeure* et *auteure* ne choquent plus personne.

Les jeunes et leur vocabulaire

Alors que les créations de type technique, sans s'embarrasser de l'origine française ou étrangère du terme de base, suivent les règles de formation habituelles du français et s'organisent en séries qui se laissent systématiser sans difficulté, les créations lexicales de type expressif se reconnaissent à d'autres caractéristiques.

Prenant son origine dans le parler des jeunes, un nouveau vocabulaire semble depuis quelques années vouloir peu à peu faire son chemin dans l'ensemble de la population. Les premiers à avoir pris conscience d'un décalage devenu insistant entre le langage des jeunes et celui de leurs aînés ont été les journalistes : dans *20 ans, Lire, Le Nouvel Observateur, L'Express* ou *Le Quotidien de Paris*, ils ont, dès le début des années 80, présenté des listes de mots nouveaux, avec commentaires et explications.

Assurer et craindre

A cette lecture, les « vieux » (entendez les plus de 25-30 ans) ont appris le sens de certains mots, fréquemment entendus chez les plus jeunes, qui leur était demeuré obscur jusque-là. Ils ont aussi eu la surprise de découvrir les sens nouveaux que les jeunes donnaient à des mots aussi anciens que *assurer, craindre, méchant* ou *bonjour*. Ils ont ainsi appris que si on pouvait encore *assurer* sa voiture en s'adressant à une compagnie d'assurances, on pouvait aussi *assurer* tout court, ce qui n'a plus rien à voir avec les primes d'assurances.

Dans le langage des jeunes, *assurer* est le contraire de *craindre* : d'une personne compétente dans un domaine donné, les jeunes disent qu'elle *assure* mais, plus subtilement — et plus inexplicablement — ils diront de cette personne qu'elle *craint* si, prétendant être compétente (c'est-à-dire prétendant *assurer*), elle ne l'est pas vraiment. Autrement dit, si on veut *assurer*, mieux vaut être *un bon*, sinon on risque de *craindre* : dans l'univers des jeunes, il est bien pire de *craindre* que de ne pas *assurer* (... si vous me suivez toujours).

Les hésitations des parents

Aujourd'hui, l'emploi d'*assurer* avec ce sens s'est un peu répandu dans l'ensemble de la population, et le monde de la publicité et des médias l'a adopté, mais *craindre* ne semble pas avoir eu le même succès et reste une façon de s'exprimer propre aux jeunes.

Leurs aînés ont de plus en plus conscience de l'existence de ces nouveautés lexicales. Très souvent, les auteurs contemporains éprouvent le besoin d'ajouter un glossaire aux livres et articles où ils parlent des jeunes, montrant ainsi qu'il s'agit pour eux d'un vocabulaire qu'ils reconnaissent mais qui ne leur est pas familier.

Le livre de Christiane Collange, *Moi, ta mère*, paru en 1985, est un bon exemple de l'attitude que peuvent avoir des parents devant ces innovations. Cet ouvrage consacré aux enfants qui, arrivés à l'âge adulte, ne quittent pas le domicile de leurs parents contient en appendice un lexique d'une cinquantaine de mots tels que *assurer, buller, cool, dégager, être trop*, etc. Ces termes sont aussi parfois employés dans le cours du livre, mais ils sont alors soulignés par des italiques, signe matériel que l'auteur ne les prend pas à son propre compte.

Les ratés dans la communication

Le sens donné, dans l'ouvrage précédent, au terme *assurer* est « faire de l'effet, se faire remarquer ». Il diffère un peu de celui que j'ai signalé plus haut et qui figure dans le lexique que j'ai rédigé pour *Les Mouvements de mode expliqués aux parents* (1984) [262]. Il ne faudrait pas en conclure que l'un de ces ouvrages ait tort. Ces divergences illustrent seulement l'une des caractéristiques les plus remarquables de ce nouveau vocabulaire : sa polysémie. Les mots ont plusieurs sens à la fois et même quelquefois des sens contradictoires [263].

Poussée à l'extrême, cette polysémie pourrait devenir dangereuse pour la communication. On ne sait pas toujours comment interpréter *c'était trop* ou *il est trop*, qui exprime le fait d'avoir été impressionné, soit en bien, soit en mal. Avec les expressions : *Passion !* ou *Tu m'étonnes !*, la situation devient plus gênante pour les parents, qui se ridiculisent un peu aux yeux de leurs enfants en prenant naïvement ces expressions au pied de la lettre. En fait, *Passion !* ne signifie pas, comme vous pourriez le croire, « C'est passionnant ! » mais doit être pris ironiquement et donc avec un sens inverse ; de la même façon, *Tu m'étonnes !* équivaut à peu près à « Je m'y attendais ! » ; *Tu peux être plus flou ?* signifie « Je ne comprends rien à ce que tu me dis, explique-toi plus clairement ». Et si vous n'êtes pas au courant de la règle du jeu, vous risquez de vous *planter* !

Les va-et-vient de l'évolution lexicale

L'aventure de l'expression *Bonjour...*, reprise dans un slogan publicitaire sur les méfaits de l'alcool, peut illustrer les hésitations de l'évolution lexicale lorsqu'une expression est interprétée différemment selon les usagers. A l'origine, les jeunes employaient cette expression seulement de façon ironique, pour indiquer plutôt « au revoir, adieu » que « bonjour » : « J'ai perdu mon portefeuille avec mon billet de train. Bonjour les vacances ! »

Depuis le passage très remarqué du spot publicitaire sur les méfaits de l'alcool et où il n'y a aucune ironie dans « ... trois verres... bonjour les dégâts ! », tous les téléspectateurs se sont mis à employer cette expression le plus sérieusement du monde, et, par un effet de boomerang, il arrive maintenant que les jeunes l'emploient aussi sans ironie. Ceux qui mènent le mouvement ne sont donc pas toujours les jeunes.

Méfiez-vous des formes négatives

Il existe bien d'autres mots pour lesquels il vaut mieux être au courant des déviations de sens. Si on vous fait remarquer que vous avez une *méchante* veste, prenez-le pour un compliment, et si on vous annonce que *ça va faire très mal*, attendez-vous à un succès torrentiel. Si on vous répond *un peu*, cela signifie « beaucoup », et si on dit de votre fils qu'en informatique, *c'est la bête*, réjouissez-vous, cela laisse supposer que c'est un « champion ».

S'agit-il d'une sorte de révolte contre les générations précédentes, qui avaient la naïveté de prendre les mots au pied de la lettre ?

Dans le même esprit, des formes négatives ont vu le jour, qui ne signifient pas exactement le contraire de l'adjectif devant lequel on met la négation : *pas évident* n'est pas le contraire de *évident* mais plutôt le contraire de *facile* ; *pas aidé* se dit de quelqu'un d'un peu « demeuré » ou de « pas très beau » ; *pas possible* qualifie ce qui est « surprenant » (indifféremment dans le bon ou le mauvais sens). On dira *c'était pas triste* pour une réunion riche en mouvements et en péripéties.

Nouveaux sens dissimulés sous d'anciennes formes

Les procédés de renouvellement du sens décrits ci-dessus semblent être très fréquents dans le monde des jeunes. Cette façon de s'exprimer a l'avantage (ou l'inconvénient, selon le côté où l'on se trouve) de fonctionner comme un langage secret mais, si j'ose dire, doublement secret, puisqu'il a l'air d'un langage tout à fait ordinaire. Ainsi, une fille *d'enfer* n'a rien d'infernal, elle est seulement très belle ou très intelligente ; une personne *glauque* est plutôt « bizarre et équivoque », ce qui entraîne évidemment très loin du sens premier (généralement inconnu) de *glauque* : « de couleur verte tirant sur le bleu ». Ces innovations subreptices peuvent naturellement rester longtemps inaperçues des non-initiés et créer des situations confuses ou conflictuelles, en augmentant les difficultés du dialogue entre les générations.

Les changements de forme

En revanche, les créations qui s'appuient sur des changements de forme sautent aux yeux (si l'on peut dire) et provoquent des réactions immédiates. On trouve ainsi *galérer*, dont le sens n'est pas absolument transparent, mais où l'on reconnaît *galère*, ce qui permet d'entrevoir qu'il s'agit « d'effectuer des déplacements », ou de « faire des efforts considérables, sans aboutir à rien ». De même, le passage à la forme pronominale dans *s'éclater* (pour une personne) exclut le sens de « exploser, voler en éclats », sans toutefois laisser deviner qu'il s'agit en fait de « prendre un grand plaisir ». Il faudra aussi dorénavant se méfier de l'adjectif *éclatant*, qui peut prendre, lui aussi, le sens de « qui procure du plaisir ».

Quant aux abréviations, *accro, ado, appart, caric, cata, deb, doc, oc, p'tit dej, pro* ou *pub*, elles sont inoffensives tant qu'elles ne créent pas d'ambiguïté. Mais est-ce toujours le cas ? On peut mettre un moment avant de comprendre que les abréviations données ci-dessus sont celles de : *accroché, adolescent, appartement, caricature, catastrophe, débile, documentation, O.K., petit déjeuner, professionnel* et *publicité*.

Récemment, une équipe de télévision qui tournait un film sur les *micro-ordinateurs* a connu quelques jolis malentendus, entre le *micro* (nouvelle abréviation de *micro-ordinateur*) et l'ancien *micro* (abréviation de *microphone*).

Le verlan

Il faut aussi dire un mot du verlan, qui a récemment été remis à la mode parmi les jeunes et qui a laissé des traces dans la vie quotidienne grâce à quelques chansons à succès comme *Laisse béton* et à des films comme *Les Ripoux*. Aujourd'hui, ce procédé de modification de la forme des mots a moins de succès. Il consistait à inverser les syllabes d'un mot (de préférence de moins de trois syllabes), mais les jeunes spécialistes n'entérinaient pas n'importe quelle innovation. Seuls étaient acceptés, au bout d'un certain temps, ceux qui avaient fait la preuve de leur efficacité. *Ripou* pour « pourri », *laisse béton* pour « laisse tomber », *zomblou* pour « blouson », *tromé* pour « métro », *meuf* pour « femme », etc., ont eu leur heure de gloire.

Formes codées et langue générale

Le verlan n'est pas une nouveauté. C'est un procédé de travestissement bien connu qui, jusqu'à une époque assez récente, était réservé aux argots de certaines professions : le *largonji* des *loucherbems* (ou *louchébems*), par exemple, était un code permettant aux bouchers de La Villette de communiquer entre eux. La clé du code en est simple et le procédé efficace puisque, sous *loucherbem*, le non-initié ne reconnaît pas le mot *boucher* : la consonne initiale *b* est remplacée par *l* et reparaît à la fin du mot, qui s'agrandit d'une syllabe supplémentaire, avec un suffixe parasite pour compliquer un peu les choses [264].

De même, le mot *largonji* est une forme modifiée de *jargon*, où le *j* initial est remplacé par un *l* et où il reparaît à la fin du mot sous sa forme alphabétique *-ji*. Ce processus n'est plus guère productif, mais certaines formes se sont fixées et sont passées dans la langue générale. Tel est le cas de *loufoque*, forme largonji de *fou* (*louf*), avec un suffixe *-oque* qui le rend méconnaissable. La forme a été abrégée en *louf*, d'où ultérieurement *louftingue*. On entend encore *en loucedé* ou *en loucedoque* pour « en douce » [265].

Les argots et l'argot [266]

Les quelques exemples d'argot qui précèdent portent sur un lexique déguisé, dont les règles de formation sont en théorie adaptables à tous les mots de la langue. Il existe bien d'autres argots, aux procédés de formation moins systématiques, qui sont des langages secrets souvent propres à une corporation. Le plus connu de ces argots est celui des malfaiteurs, qui a laissé des traces dans la langue générale : *abasourdir, amadouer, boniment, cambrioleur, drille, dupe, godiche, matois, polisson* ou *trimer* sont tous des mots d'origine argotique, qui ont ensuite perdu leur caractère secret. Le *cambrioleur* est un voleur en chambre ; le *camelot*, à la fois un mendiant et un marchand ambulant ; *amadouer*, c'est proprement frotter avec de l'amadou, comme le faisaient les mendiants de la cour des Miracles, qui s'en passaient sur le visage pour avoir l'air malade ; *matois*, c'est l'homme passible de la *mathe*, c'est-à-dire du gibet ; *trimer* fait partie du vocabulaire des mendiants itinérants et signifie à l'origine « marcher [267] ».

Aujourd'hui, on confond souvent sous le terme d'**argot** trois types de lexique différents :

— l'ancien **argot des voleurs**, dont on vient de citer quelques expressions passées dans la langue commune ;

— les différents **argots modernes**, qui sont des façons de parler propres à certaines professions ou à certains groupes (argot des polytechniciens, des normaliens, des prisons, etc.) et qui sont en même temps des signaux permettant aux initiés de se reconnaître ;

— le **vocabulaire non conventionnel** contemporain, qui ne respecte pas les conventions sociales traditionnelles.

Le vocabulaire non conventionnel

Voulant se restreindre à l'étude de cette dernière catégorie, Jacques Cellard et Alain Rey ont préféré éviter toute ambiguïté en intitulant leur ouvrage *Dictionnaire du français non conventionnel* (Paris, Hachette, 1980). Les auteurs font remarquer dans leur avant-propos l'existence d'un vocabulaire en effet fort peu conventionnel, employé en public par beaucoup de personnages qui, à un titre ou à un autre, peuvent être considérés comme des représentants autorisés de la langue française : le professeur Louis Leprince-Ringuet intitulant l'un de ses ouvrages *Le Grand Merdier*, le président de l'Assemblée nationale s'exclamant : *J'en ai marre de ce chahut*, le Premier ministre Raymond Barre déclarant qu'il va *aller au charbon*, l'académicien Maurice Genevoix avouant : *Nous avons été baisés,* tandis que son collègue Jean d'Ormesson précisait que *l'assassin l'aura dans le cul,* tous deux à la télévision au cours de l'émission littéraire « Apostrophes ». Ajoutons aussi entre autres, et plus récemment, le directeur de journal, Serge July, déclarant à TF1, le 13 mai 1987, que Barbie *avait fait beaucoup de conneries.*

Ces quelques exemples montrent que bon nombre de termes qualifiés il y a peu d'années de « grossiers », qu'on remplaçait dans les textes par des points de suspension et qui étaient imprononçables en public, ont aujourd'hui acquis droit de cité et font partie du vocabulaire qu'un étranger se doit de connaître s'il veut comprendre le français.

Aux oubliettes ou dans le dictionnaire ?

Il est trop tôt pour dresser le bilan des innovations citées dans ce chapitre. Certaines d'entre elles auront le sort de toutes les modes : elles se démoderont. Pour d'autres, ce qui apparaît comme l'exception aujourd'hui pourrait bien demain devenir la norme. L'histoire des langues nous en a donné d'innombrables exemples.

De tout temps, les jeunes ont eu une façon de parler un peu différente de celle de leurs aînés, mais, en prenant de l'âge, ils se conformaient plus tard à l'usage établi. Ce qui est nouveau aujourd'hui, c'est que l'adaptation se fait en sens inverse, et que la génération la plus âgée, avec plus ou moins de réticences, adopte une partie du vocabulaire des plus jeunes.

Les hésitations que l'on constate dans le sens à attribuer à chacun des mots ou des expressions rendent cependant ce vocabulaire fragile et vulnérable : une langue où les mots veulent dire une chose et son contraire ne peut fonctionner que si ces mots sont l'exception. Dans un tel cas, après une période de flottement, l'usage ne peut que se fixer sur l'un des divers sens acceptés.

Les cas où l'évolution du sens d'un mot aboutit à son contraire ne sont pas rares dans l'histoire des langues : rappelons, par exemple, que *rien* vient du latin REM, qui signifiait « quelque chose », et que *école* vient du mot grec SCHOLE, dont le sens primitif était « repos, loisir ».

LES MOUVEMENTS DANS LA GRAMMAIRE

L'évolution des formes grammaticales

On vient de voir avec quelle facilité les mots du lexique changent de forme et de sens. Les éléments grammaticaux (articles, prépositions, conjonctions, etc.) ont des évolutions beaucoup plus lentes, qui se laissent appréhender moins aisément. Il en est de même des procédés syntaxiques [268], qui permettent, à partir d'énoncés constitués de mots *successifs,* de reconstituer le sens *global* du message.

La grammaire offre en effet une plus grande résistance aux pressions de la société et de la mode. Les unités grammaticales sont en nombre considérablement plus réduit et forment réellement un système, ce qui signifie que toute modification d'un élément de la structure risque d'entraîner, à plus ou moins brève échéance, une modification des unités voisines. Les changements s'y produisent donc de façon beaucoup plus insidieuse que dans le lexique. Il a probablement fallu des générations, et peut-être des siècles, pour que naissent les adverbes en *-ment* du français, à partir du substantif latin MENS « esprit, manière » ou qu'apparaisse un nouveau futur. (*Cf.* p. 65 et 67-68.) De même, la double négation *ne... pas, ne... point,* n'est devenue réellement obligatoire qu'au XVIIᵉ siècle. (*Cf.,* p. 93.)

Il est donc nécessaire d'observer dans tous ses détails la langue d'aujourd'hui afin de déceler les moindres indices qui pourraient se révéler, dans quelques années ou quelques générations, comme les signes avant-coureurs d'évolutions plus considérables [269].

Une évolution très avancée : le passé simple

La télévision vient de retransmettre une émission enregistrée en 1951, où André Gide, évoquant le souvenir d'un très grand pianiste, emploie le passé simple pour en parler. Or l'emploi de ce temps dans la langue parlée était déjà rare il y a une trentaine d'années. Aujourd'hui, il paraît presque impossible. En effet, si on trouve encore des usages contemporains des formes de passé simple à l'écrit, où il reste le temps de la narration, on ne l'entend plus dans la conversation. On écrit encore *il tomba à la renverse, ils vécurent très heureux, il vint me chercher* ou *elle recousit son bouton,* mais personne n'emploie plus ces formules dans une conversation : cela paraîtrait maniéré, peu naturel.

On peut essayer d'imaginer comment les choses ont pu commencer : devant la variété des formes du passé simple, qui sont différentes selon les groupes de verbes, les usagers ont sans doute préféré éviter les pièges de ce temps difficile (je chant*ai*, je reç*us*, je tin*s*, je cous*is*), en le remplaçant progressivement par le passé composé, aux formes plus régulières *(j'ai chanté, j'ai reçu, j'ai tenu, j'ai cousu)* [270]. En effet, le passé composé utilise des auxiliaires très fréquents et un participe passé appris très tôt par l'enfant. Désormais, on ne marquera plus la différence de sens entre un passé révolu (le passé simple) et un passé dont les effets se poursuivent (le passé composé). On confondra *ils mangèrent* et *ils ont mangé.*

Le processus d'élimination du passé simple dans la langue parlée est presque arrivé à son terme dans toutes les régions françaises, à l'exception peut-être de celles où les dialectes locaux ont unifié par analogie les formes de ce temps. Dans les dialectes de l'ouest, par exemple, le passé simple a pris la même terminaison *-i* pour la majorité des verbes (je *mangis,* je *tombis,* etc.). C'est probablement la raison pour laquelle on peut encore aujourd'hui entendre quelques attestations de passé simple dans le français parlé dans ces régions.

A l'écrit, le passé simple se maintient encore dans les récits, mais on le rencontre rarement ailleurs. Les linguistes l'évitent le plus souvent, de crainte que cet emploi de formes rares ne distraie le lecteur, en détournant son intérêt, du fond, sur la forme.

Une émission de télévision, au début de 1987, vient de confirmer cette hypothèse : un écrivain s'y est exprimé en employant plusieurs passés simples et imparfaits du subjonctif, au demeurant parfaitement appropriés. L'effet produit sur ses interlocuteurs a été tel qu'un brouhaha s'en est suivi, indiquant bien que leur attention avait été accaparée par la *manière* dont l'auteur s'était exprimé, en les empêchant pendant quelques instants de suivre ce qu'il disait [271].

Un îlot de résistance : le récit

Il existe peu d'études sur l'emploi des temps en français parlé, mais vous pouvez vous-même faire l'expérience : demandez à plusieurs personnes de votre entourage de vous raconter une expérience vécue (cérémonie, événement, accident...) et un film ou un roman. Il est probable que l'expérience vécue sera racontée au passé composé et que le récit de la fiction (le film ou le roman) le sera au présent [272]. Le passé simple, s'il s'en trouve, fera figure d'exception. Mais il y a fort à parier que vous n'en entendrez aucun.

Avec *lequel*, rien ne va plus

Dans la langue parlée d'aujourd'hui, une autre partie de la grammaire mérite notre attention : les pronoms relatifs ne sont plus ce qu'ils étaient, ou presque plus, car leur choix se restreint. Seuls les relatifs simples *qui, que* et *quoi* sont réellement fréquents. Le relatif *dont* se fait rare et, quand il est utilisé — il ne l'est que par des personnes très scolarisées —, c'est souvent avec une certaine maladresse [273]. Par une espèce d'hypercorrection, elles disent fréquemment des phrases comme *c'est de lui dont je te parle* ou *c'est de l'âme dont il s'occupe,* sans se rendre compte que dans *dont,* il y a déjà *de* (= « de qui »). Elles pourraient dire, plus simplement, soit *c'est lui dont je te parle,* soit *c'est de lui que je te parle.*

Les formes longues *lequel, auquel, duquel,* etc., ne sont pas en meilleure posture. C'est auprès de personnes très cultivées — car les autres ne les emploient pas du tout — qu'ont été relevées les quelques phrases suivantes. Elles ont été prononcées par des écrivains au cours de l'émission « Apostrophes », par des professeurs d'université, par des personnalités politiques ou par de jeunes intellectuels :

— *ils reçoivent* des *télégrammes de vingt mots dans* le*quel on leur dit...*
— une *légende révolutionnaire* au*quel je tiens...*
— *d'une carrière politique dans* le*quel on cherche à obtenir...*
— des *fictions sur* le*quel...*
— la *seule raison pour* les*quelles ils n'ont pas été...*
— *toutes* les *raisons pour* la*quelle...*

Vous avez certainement observé l'absence d'accord de la forme du relatif avec son antécédent. Cela pourrait passer pour un lapsus aisément rectifiable. Or, il est au contraire remarquable que personne en général ne s'en rend compte, ni les auteurs, qui se reprennent très rarement, ni leurs interlocuteurs, qui ne le relèvent pas. Personnellement, il m'est arrivé de demander à des intimes qui venaient de faire des lapsus de ce type s'ils s'en étaient rendu compte : leur réponse était toujours négative.

Les « nouveautés » grammaticales

Ce qui précède pourrait faire penser — mais à tort — que l'évolution grammaticale, aussi lentement qu'elle se fasse, est toujours dirigée vers une élimination, vers la perte d'une distinction. En réalité, il faut bien reconnaître que lorsqu'une distinction se perd, c'est qu'elle n'était plus indispensable à la communication. Dans la phrase *des fictions sur lequel...,* on ne perd rien à ce que le pluriel ne figure pas dans le relatif *lequel* puisqu'il avait déjà été indiqué dans *des (fictions)*. Sa présence dans le relatif est une redondance dont on peut faire l'économie. L'accord du relatif, dans ce cas, sert seulement à rappeler une information déjà donnée, et sa perte n'est pas catastrophique.

Au contraire, lorsque de nouveaux besoins se font sentir pour exprimer une nouvelle notion ou éviter une ambiguïté, la langue s'arrange pour pouvoir les satisfaire, soit en créant une nouvelle unité, soit en ajoutant un sens nouveau à une unité préexistante. Lorsque les présentateurs de la télévision ou de la radio parlent *depuis* la Bourse, *depuis* le Canada ou *depuis* une voiture [274], ce sont eux qui ont raison contre le « bon usage ». En effet, en « bon français », il faudrait réserver la préposition *depuis* uniquement aux compléments de temps et ne pas l'employer avec des compléments de lieu. Mais, *parler de la Bourse, du Canada* ou *d'une voiture* serait ambigu et pourrait favoriser le sens « au sujet de », et non pas le sens « à partir de ».

Ce que certains nomment une « faute de français » devient dans cette optique un enrichissement de la langue, puisque cela permet de s'exprimer plus clairement.

LES MOUVEMENTS DANS LA PRONONCIATION

Avec des *pâtes, humble* sera la *fête* dans le *living*

Ces quatre mots, *fête, humble, pâte* et *living* peuvent constituer un procédé mnémotechnique rappelant les mouvements phonologiques actuellement en cours : les trois premiers témoignent de processus d'élimination de trois voyelles tandis que le dernier atteste l'intégration d'une nouvelle consonne dans le système (*living, parking, jogging, lifting,* etc.).

Si l'on devait classer ces changements phonologiques dans un esprit de prospective, c'est *fête* qu'il faudrait placer en tête car c'est la longueur de la voyelle *ê* qui devrait être la première à disparaître. Ils sont en effet de plus en plus nombreux, ceux qui n'allongent plus la voyelle de *fête* pour la distinguer de celle de *faite*.

Humble perd également du terrain. Le processus d'élimination est particulièrement avancé à Paris, où jeunes et moins jeunes n'éprouvent aucune gêne à confondre cette voyelle avec celle de *simple,* et qui ne voient aucune incongruité à dire *l'ours brin* pour « l'ours brun ». Il est vrai que le danger d'incompréhension est faible dans ce contexte. Dans des cas plus périlleux, l'adjectif *marron* a depuis longtemps pris le relais de *brun*. Cette confusion des voyelles de *brin* et de *brun*, qui est générale dans la région parisienne, n'a pas gagné le reste du pays (*cf. carte des voyelles nasales,* p. 176), car la province ne se laisse pas contaminer sans résistance.

Pâte sera probablement le dernier à céder. La distinction entre *pâte* et *patte* se perd plus lentement que les deux autres, bien qu'elle soit pratiquement inconnue des jeunes de nombreuses régions [275].

Paris, c'est les provinciaux

C'est en cherchant à établir les points de départ des mouvements qui agitent le système phonologique commun que l'on peut éclairer plus précisément le rôle joué par Paris dans l'évolution générale du français.

Depuis le XIIe siècle, où il fallait être né à Paris pour « bien parler » (*cf.* p. 85), la capitale est restée le modèle du « bon usage ». Aujourd'hui, s'il faut encore parler de l'influence de Paris, c'est dans un sens un peu différent, car ce ne sont pas toujours les tendances propres au système parisien traditionnel qui finissent par l'emporter. En effet, l'opposition *brin/brun* et l'opposition *patte/pâte* sont toutes deux en voie d'élimination, mais la première était le propre des provinciaux tandis que l'opposition des deux *a* a toujours été au contraire très ancrée dans les habitudes parisiennes. A l'heure actuelle, dans le bouillon de culture que représente Paris, les provinciaux ont effectivement tendance à perdre la voyelle de *humble* qui leur était familière, mais, en même temps, les Parisiens de souche se laissent contaminer par les provinciaux pour ne garder que le *a* de *patte,* qu'ils ne distinguent plus du *â* de *pâte.*

D'une manière générale, c'est là où le système linguistique est le plus fragile qu'il cédera, et peu importe que le trait abandonné soit traditionnellement parisien ou non.

La répartition des sons dans les mots

Avec l'élimination déjà avancée de trois voyelles et l'introduction progressive d'une nouvelle consonne empruntée à l'anglais (la consonne finale de *living*), c'est tout le système phonologique du français qui se trouve affecté, c'est-à-dire l'inventaire des unités phoniques à la disposition des usagers pour prononcer tous les mots du français.

Outre les évolutions en cours tendant à modifier le nombre de ces unités, on observe aussi des changements dans la prononciation de certains mots. Sans passer en revue tous les mots concernés, on peut signaler deux grands « retours » :

— le « retour » de certaines consonnes. Les jeunes sont de plus en plus nombreux à articuler le *p* de *sculpter* ou de *dompter*. Le mot *cheptel* prononcé à la façon traditionnelle, c'est-à-dire sans faire entendre le *p,* et le mot *cric* prononcé sans consonne finale pose-raient aujourd'hui des problèmes de compréhension à la plupart des moins de soixante ans. De plus, *baril* et *nombril* semblent bien avoir récupéré la plupart du temps leur consonne finale ;

— le « retour » d'une voyelle, naguère souvent muette. Tel est le cas du *e* de première syllabe de *belote, semelle* ou *menu,* qui s'entend de plus en plus fréquemment, surtout chez les jeunes, même si le mot précédent se termine par une voyelle.

L'accentuation et l'intonation

Cette prononciation régularisée du *e* dit « muet » pourrait être mise en relation avec la tendance de plus en plus répandue à accentuer la première syllabe des mots [276]. Cette accentuation a surtout été observée chez les personnes habituées à parler en public. Comme ce sont celles que l'on entend le plus souvent sur les ondes, elles ne peuvent pas manquer d'influencer le reste de la population.

En outre, la caractéristique selon laquelle tous les mots français étaient accentués sur la dernière syllabe n'est plus vraie aujourd'hui, où, en dehors de l'accent « didactique » de première syllabe, seule la dernière syllabe d'un groupe de souffle peut accu-ser un certain relief.

Il faudrait aussi dire un mot des types d'intonation qui s'enten-dent avec une grande fréquence chez les jeunes. Il s'agit d'une modulation montante de la voix à la fin des phrases ou des groupes de mots, particulièrement sensible dans les mots terminés par une consonne : dans *grande, troupe,* mais aussi dans *but* ou *bac.* On y entend de plus en plus souvent une espèce d'écho vocalique, qui peut être interprété comme une meilleure façon de faire entendre la consonne finale. Comme le phénomène est général et concerne aussi bien les mots terminés par une consonne que par un *e* final, il ne peut se confondre avec la prononciation méridionale du *e* « muet ».

L'influence de l'écrit

Toutes ces observations conduisent à une constatation assez inattendue : malgré la grande désaffection des jeunes pour ce qui est écrit — tous les parents le constatent et tous les professeurs le déplorent —, ces jeunes, qui lisent de moins en moins, ont une prononciation qui est de plus en plus influencée par l'écrit, puisqu'ils prononcent des lettres écrites qui autrefois restaient muettes. Cette influence de l'orthographe sur la prononciation n'est pas récente [277], mais elle se comprenait mieux à une époque où la lecture n'était pas encore concurrencée par la culture audio-visuelle des nouveaux médias.

Doit-on voir dans le goût des jeunes pour l'ordinateur, qui fait appel à l'expression écrite, une brèche par laquelle la langue écrite est en train de reprendre de l'importance ?

LES FACTEURS DE LA DYNAMIQUE

Freins et accélérateurs

Parlée depuis des siècles, par des gens différents, et aux quatre coins du monde, la langue française a fait la preuve d'une réelle faculté d'adaptation aux nouveaux besoins de la communication. Si elle montre aujourd'hui à la fois le charme discret de ses rides et la mobilité de son expression, et si elle manifeste tour à tour son inertie et ses facultés de renouvellement, c'est en raison de cette dualité déjà signalée dans le préambule et qu'on a pu percevoir en filigrane tout au long de l'ouvrage : d'un côté, il y a l'école, les institutions, l'Académie française, la langue écrite, qui agissent comme des facteurs de stabilité, de régularisation et d'unification ; de l'autre, a pu se développer toute une dynamique issue des besoins changeants de la société contemporaine, qui fait au contraire du français une langue qui se diversifie et se renouvelle et qui n'hésite plus à transgresser les règles.

Parmi les différentes forces qui agissent sur la langue française en devenir, j'ai choisi d'insister sur deux tendances extrêmes : la tradition, symbolisée par l'Académie française, et le mouvement, dont l'expression la plus avancée semble être celle de la publicité.

L'Académie française et son dictionnaire

Le premier fascicule de la neuvième édition du *Dictionnaire de l'Académie* a enfin vu le jour en 1986, cinquante et un ans après la parution de la huitième édition. Cette neuvième édition, dont la publication devrait être achevée, à raison d'un fascicule par an, vers l'an 2000, comportera environ 45 000 entrées, soit 10 000 de plus que l'édition de 1935.

A observer quelques-unes des nouvelles entrées *(accordéoniste, acétone, activiste, actualiser, aérogare, aéroport...),* on prend la mesure du retard traditionnel avec lequel les mots sont acceptés dans le dictionnaire du bon usage, ce bon usage défini dans la préface comme « celui qui est consacré par les gens les plus éclairés [278] ». Mais cela est dans l'ordre des choses et n'est pas fait pour étonner.

Ce qui est plus inattendu, c'est de découvrir, au fil des pages de ce premier fascicule, des entrées comme celles-ci :

— *arsouille* n. Pop. Mauvais garçon aux mœurs crapuleuses ;
— *badigoinces* n. f. pl. Argot. Lèvres, et par ext. bouche ou mâchoires ;
— *baffe* n. f. Pop. Gifle ;
— *bagnole* n. f. Pop. Voiture automobile ;
— *balèze* adj. Argot. Costaud, d'une carrure impressionnante ;
— *balle* n. f. (Toujours au pluriel.) Argot. Valeur d'un franc.

Comment interpréter la présence de ce vocabulaire peu académique, même avec la mention *argot* ou *populaire,* dans ce dictionnaire ? Faut-il comprendre qu'il est suffisamment entré dans l'usage — et le bon usage — pour avoir le droit d'y figurer ? L'Académie serait-elle véritablement, comme le dit Maurice Druon dans la préface, « plus accueillante qu'on ne le prétend » ? Mais alors, sur quels critères se fonde-t-elle pour effectuer sa sélection ? Peut-on en outre mettre sur le même plan *balèze,* réellement connu de tous, et *badigoinces,* d'un usage à tout le moins confidentiel ?

Nouveautés orthographiques

Pour la langue écrite, on trouve dans ce premier fascicule quelques modifications orthographiques de certains mots, et les futurs candidats aux prochains championnats de l'orthographe feront bien de prendre connaissance des nouvelles latitudes désormais acceptées par l'Académie. Eux qui ont sans doute retenu avec difficulté l'emploi incompréhensible, dans *afféterie, allégement* ou *allégrement,* d'un accent aigu là où la prononciation demanderait un accent grave, apprendront sans doute avec soulagement que, dorénavant, le bon usage admet également *affèterie, allègement* et *allègrement* avec un accent grave. Le verbe *assener,* dont la seule orthographe correcte était jusqu'ici sans accent sur le premier *e,* connaît aujourd'hui une deuxième forme : *asséner,* avec un accent aigu. Mais il faudra encore attendre des années pour avoir la confirmation écrite du sort réservé aux accents aigus de *crémerie* et d'*événement* *...

Les vrais arbitres de l'usage

... ou, plus exactement, personne n'attendra les décisions de l'Académie, qui depuis longtemps n'est plus réellement la référence obligatoire. Qui consulte l'édition de 1935, sinon les historiens de la langue ? Et comment vérifier le sens ou l'existence d'un terme plus récent si on ne peut pour le moment disposer que des mots des deux premiers fascicules (de *a* à *chaînage*) ?

C'est vers d'autres autorités qu'ont pris l'habitude de se tourner tous ceux qui désirent connaître le bon usage. Il y a longtemps que le dictionnaire de l'Académie a été remplacé par des dictionnaires usuels comme le *Petit Robert* ou le *Petit Larousse,* constamment remis à jour, et par les nombreux ouvrages [279] où sont répertoriées les difficultés de la langue française. L'Académie française, de son côté, reste une abstraction et un symbole.

La langue et l'État

Il est un domaine qui tient une grande place dans la vie moderne : celui de la terminologie scientifique ou technique, où il ne s'agit plus du « bon usage » mais de mettre au point la dénomination précise de nouvelles notions et de nouveaux appareils. La responsabilité en incombe en France au Commissariat général de la langue française qui, depuis 1984, regroupe différents orga-

---

* On sait maintenant de façon définitive (?) que *crémerie* et *événement* garderont leur orthographe actuelle car, au moment où nous mettons sous presse, paraît le fascicule II du *Dictionnaire de l'Académie française* avec *l'avertissement* suivant : « L'Académie, dans ses séances des 12 et 19 mars 1987, ayant constaté que les modifications orthographiques qu'elle avait consenties en 1975 n'étaient pas entrées dans l'usage, a décidé de les rejeter dans leur ensemble. »

nismes de terminologie et cherche à coordonner les diverses banques de vocabulaire existantes [280].

Aujourd'hui, c'est le plus souvent par le terme anglais que l'on prend connaissance d'une technologie nouvelle : parmi beaucoup d'autres, des termes comme *scanner* ou *tuner* sont entrés dans la langue en même temps que les inventions qu'ils désignent. Devant l'invasion insistante de mots anglais, qui pourrait laisser supposer que toute innovation scientifique est d'origine étrangère, ou que la langue française n'est pas capable de donner un nom aux différents progrès de la technique, le gouvernement a voulu réagir. Des commissions de terminologie ont été chargées de proposer des mots français pour désigner ces nouveautés techniques.

De ce fait, les problèmes de terminologie technique sortent du domaine strictement linguistique, et le français devient un enjeu politique. Des mesures de protection ont aussi été prises par l'État, qui a fait voter, le 31 décembre 1975, la loi Bas-Lauriol [281] relative à l'obligation de rédiger en français toutes les notices accompagnant les produits commerciaux. Cette loi ne touchait que les services de répression des fraudes. Plus récemment, en 1985, un élargissement de la législation linguistique a été préparé par le gouvernement socialiste, mais aucun nouveau projet de loi n'a finalement été déposé [282].

Il est vrai que l'opinion publique est toujours hostile à ce genre de mesures, qu'elle ressent comme une atteinte à la liberté individuelle, cette liberté qu'elle accepte pourtant d'aliéner, aussi bien dans son respect pour une orthographe contraignante que dans sa propension à adopter inconsidérément les mots à la mode au moment où ils passent.

La communication de masse

Si, malgré les freins que lui opposent les institutions, les mouvements de la langue paraissent s'accélérer de nos jours, c'est que d'autres forces agissent en sens inverse : le développement de la communication de masse et l'épanouissement des techniques audiovisuelles. Tout message télévisé ou radiodiffusé est entendu au même moment par plusieurs millions de personnes, qui seront tentées tout naturellement à leur tour d'utiliser le mot ou l'expression qu'elles viennent d'entendre. Par la voix des hommes politiques, des journalistes, des gens du spectacle mais aussi par l'intermédiaire de la publicité, des tournures de phrases se propagent, des formes anciennes reprennent vie, des modes lexicales font leur apparition et se développent.

Dans ce siècle où l'image s'impose de plus en plus, l'oral garde toutefois une place importante dans la communication de masse. Il y a, par exemple, ces « petites phrases » que les hommes politiques lancent, que les journalistes reprennent parce qu'elles servent de points d'ancrage à leurs commentaires, et qui finissent par pénétrer dans tous les foyers. Il y a aussi les manières de parler des présentateurs de la radio et de la télévision, qui, à force d'être entendues, deviennent contagieuses et se répandent dans le public.

C'est encore par le biais des médias que le vocabulaire abstrait à coloration philosophico-psychanalytique contamine le reste de la population : des verbes comme *interpeller, s'investir, assumer, privilégier, poser problème, sécuriser, responsabiliser* ont vu leur fréquence moyenne s'enfler ces dernières années, et les adjectifs *fiable, gratifiant, mature, performant, obsolète* ou *incontournable* ponctuer les conversations familières. Ce vocabulaire ne caractérise plus en propre les seuls intellectuels, dont les formulations inutilement compliquées ont été tournées en dérision par Claire Brétécher dans des albums de bandes dessinées. Il a gagné de proche en proche les journaux et les magazines et il commence à envahir le roman contemporain. En 1987, il est même pratiquement devenu le personnage le plus intéressant d'un roman de Jean Dutourd, *Le Séminaire de Bordeaux.*

Innovation ou barbarisme ?

On peut concevoir que ce vocabulaire, faussement ou vraiment intellectuel, puisse porter sur les nerfs ou faire sourire par son caractère répétitif ou prétentieux, mais, sur le plan du fonctionnement de la langue, il n'a rien pour choquer les amateurs de français. Pourquoi ne pas créer le verbe *privilégier,* alors que *privilégié* n'a jamais fait sourciller personne ? Pourquoi ne pas former *fiable* sur le verbe *se fier* puisque cet adjectif faisait défaut en français ? Pourquoi ne pas redonner vie à *obsolète,* vieux mot de la langue française, même s'il nous revient après un détour par l'anglais ? Pourquoi enfin ne pas utiliser — tout à fait correctement — les ressources de la dérivation pour former *incontournable* sur *contourner, taciturnité* sur *taciturne* et *cohabitateur* sur *cohabitation* ?

Les pessimistes diront que certaines de ces formes sont des barbarismes, puisqu'elles ne sont pas dans le dictionnaire, mais on pourrait plus sereinement les considérer comme des indices de la bonne santé d'une langue capable de se renouveler en puisant dans ses propres ressources. Ces formes nouvelles, quand elles répondent à un véritable besoin, ont toutes les chances de devenir des formes usuelles, que personne n'a de difficulté à retenir parce qu'elles sont tout à fait en conformité avec les règles de formation des mots français. Et rien ne les empêchera finalement de contribuer à enrichir le fonds lexical du français.

La publicité et la langue

On ne peut pas quitter le domaine de la création linguistique sans faire une place de choix à la publicité, car c'est surtout dans les messages publicitaires que l'on remarque de nos jours des nouveautés dans le vocabulaire ou la syntaxe. On peut même avancer que les publicitaires sont aujourd'hui les seuls, avec les poètes — mais lit-on beaucoup les poètes ? —, à utiliser sans complexes les possibilités du français et à oser innover.

Le public se laisse sans peine séduire par les mots nouveaux que lui présente la publicité, car ces mots l'amusent. Néanmoins, en vertu de l'idée reçue selon laquelle tout mot qui ne figure pas dans le dictionnaire n'est pas français, il commencera par critiquer la nouveauté... pour finalement l'adopter lorsqu'il l'aura entendue de façon répétée.

Il faut croire que ce qui frappe dans le message publicitaire, c'est précisément la forme linguistique dans laquelle il est formulé, puisqu'il arrive parfois que l'accroche publicitaire soit si bien trouvée que tout le monde retient la formule et oublie le nom du produit.

En passant, en l'espace de quelques décennies, de la *réclame* à la *publicité*, puis à la *pub,* ce nouveau mode de communication a développé tout un art d'informer et de convaincre, qui associe l'image, le son et la parole. La réclame n'avait que des détracteurs, qui la méprisaient ; la pub a aujourd'hui ses admirateurs, ses amateurs éclairés, et même ses inconditionnels.

La « *langue de pub* » : en tête du peloton

Soucieux d'utiliser au mieux toutes les possibilités de l'instrument de communication qu'est la langue, le monde de la publicité semble vraiment avoir pris les devants pour oser se libérer du carcan où des siècles de bon usage l'avaient enfermé.

Il suffit, pour s'en convaincre, de relire ce qu'écrivait Etiemble, il y a vingt ans, dans un article intitulé : « La Langue et la publicité [283] ». On retrouve dans ce texte les traits qui marquent la langue d'aujourd'hui, mais qui, à l'époque, ne caractérisaient que celle de la publicité : en dehors de la « siglomanie », aujourd'hui moins envahissante, on y trouve des abréviations, des constructions syntaxiques inhabituelles et des emprunts à l'anglais.

Les sigles que citait Etiemble [284] en 1966, *B.Z.F., T.C.F.* ou *K2R*, attestent que la vie des sigles est souvent éphémère, bien que *K2R* désigne toujours un détachant bien connu. Aujourd'hui la publicité n'abuse pas des sigles, cependant nous utilisons, sans toujours savoir quels mots ils recouvrent : *T.U.C., Z.U.P., R.E.R.* (depuis 1970), *P.C.V.*, C.N.C.L.,* ou, plus récemment, *P.A.F.,* sans oublier des sigles anglais devenus des mots français tout à fait usuels comme *radar* ou *laser.* (*Cf. encadré,* p. 310.)

Parmi les abréviations, Etiemble citait : *astap, OK d'ac.* ou *formid,* aujourd'hui tout à fait dépassées et même, disons le mot, ringardes. De nos jours, la liste des nouvelles abréviations n'en finirait pas : trois heures du *mat,* le *petit dej, l'appart,* le *pro,* la *sécu,* etc. J'ai aussi entendu tout récemment *dem,* pour « démission », *comm* pour « commission » et *provoc* pour « provocation ».

Parmi les constructions syntaxiques inhabituelles citées par Etiemble, il y avait : *magasin pilote, initiative O.R.T.F., tarif étudiant.* Ce procédé de formation par juxtaposition s'est aujourd'hui tellement généralisé que seuls les puristes les plus sourcilleux sont choqués par la *pause café,* le *problème vaisselle,* la *fiche cuisine* ou le *match retour.* Voici quelques autres exemples, cueillis au hasard dans les pages de publicité des magazines de cette semaine : *stratégie jeunesse, cuisson progrès, responsable formation, problème peau, directeur médias.*

En fait, ce type de formation ne date pas d'hier : *hôtel-Dieu* remonte au Moyen Age et *timbre-poste* au XIXe siècle. Plus

---

* *P.C.V.* n'est pas vraiment un sigle puisque ces lettres correspondent à (taxe à) **Per***Ce***V**oir.

LES SIGLES ET LEUR SIGNIFICATION

Dans E.D.F. ou S.V.P., on n'éprouve aucune difficulté à retrouver *Électricité de France* et *S'il vous plaît,* à partir des initiales de ces sigles. Dans d'autres cas, on comprend le sens du sigle sans pouvoir pour autant préciser les mots qui le composent.

La liste ci-dessous regroupe des sigles très usuels, comme *Cedex,* mais dont la traduction n'est pas évidente et quelquefois même absolument inconnue.

Amusez-vous à tester vos connaissances.

ADN	AFNOR	ANPE	ASSEDIC	CAP	CEA
CEDEX	CEE	CERN	CES	CHU	CIA
CNCL	CNES	CNIT	CNPF	CNRS	CRS
ECU	FIAT	HLM	IBM	IFOP	INSEE
LASER	MIDEM	NASA	OPEP	OTAN	OVNI
PAF	QHS	RADAR	RER	SACEM	SIDA
SIMCA	SMIC	SOFRES	TUC	UHF	UHT
UNEDIC	UNESCO	UNICEF	URSSAF	VHF	ZUP

Acide désoxyribonucléique ; Association française de normalisation ; Agence nationale pour l'emploi ; Association pour l'emploi dans l'industrie et le commerce ; Certificat d'aptitude professionnelle ; Commissariat à l'énergie atomique ; Courrier d'entreprise à distribution exceptionnelle ; Communauté économique européenne ; Centre européen de recherches nucléaires ; Collège d'enseignement secondaire ; Centre hospitalier universitaire ; Central intelligence agency ; Commission nationale de la communication et des libertés ; Centre national d'études spatiales ; Centre national des industries et des techniques ; Conseil national du patronat français ; Centre national de la recherche scientifique ; Compagnie républicaine de sécurité ; European currency unit ; Fabbrica italiana automobili Torino ; Habitation à loyer modéré ; International business machines corporation ; Institut français d'opinion publique ; Institut national de la statistique et des études économiques ; Light amplification by stimulated emission of radiation ; Marché international du disque et de l'édition musicale ; National aeronautics and space administration ; Organisation des pays exportateurs de pétrole ; Organisation du traité de l'Atlantique Nord ; Objet volant non identifié ; Paysage audiovisuel français ; Quartier de haute sécurité ; Radio detecting and ranging system ; Réseau express régional ; Société des auteurs, compositeurs et éditeurs de musique ; Syndrome d'immuno-déficience acquise ; Société industrielle de mécanique et de carrosserie ; Salaire minimum interprofessionnel de croissance ; Société française d'enquêtes par sondage ; Travaux d'utilité collective ; Ultra high frequency ; Ultra haute température ; Union nationale pour l'emploi dans l'industrie et le commerce ; United nations educational, scientific and cultural organization ; United nations international children's emergency fund ; Union pour le recouvrement des cotisations de la Sécurité sociale et des Allocations familiales ; Very high frequency ; Zone à urbaniser en priorité.

récents, *cousu main* et *assurance vieillesse* ont déjà un air classique.

Des formations plus osées

C'est aussi dans les textes publicitaires que l'on trouve le plus
d'exemples de formations syntaxiques — certains diront sans
doute de déformations — empruntées aux usages des jeunes. On a
vu (p. 287) que les jeunes emploient le verbe *assurer* ou le verbe
craindre de façon absolue, sans complément. Ils n'hésitent pas non
plus à dire qu'ils sont *branchés cinéma* ou qu'un tel est *accro
informatique,* sans employer de préposition. Ainsi, des verbes
naguère uniquement transitifs (on *assurait* quelque chose ou
quelqu'un) ou intransitifs (on pensait *à* quelque chose ou *à*
quelqu'un) perdent leur rigidité d'emploi. Aujourd'hui, on vous
conseille de *penser conserves,* on vous invite à *voyager vacances,* on
vous propose de *parler polaroïd,* de vous *habiller confortable* ou de
ne pas *bronzer idiot.* Certaines de ces formules sont encore piquan-
tes par leur nouveauté, mais les jeunes et les publicitaires ont
maintenant entraîné les autres sur le chemin de la liberté syntaxi-
que. Il est maintenant courant d'entendre par exemple *aimer* ou
adorer employés sans rappel du pronom complément : *(la mer),
j'adore !*
  Ici encore, le procédé en lui-même n'est pas nouveau. Il existe
dans la langue la plus académique beaucoup de verbes qui, à un
moment de leur histoire, ont acquis la possibilité d'être à la fois
transitifs et intransitifs [285] : *il réfléchit, il réfléchit la lumière, il
réfléchit à son avenir.* C'est uniquement parce que le processus est
en cours pour un grand nombre de verbes en même temps qu'il
frappe les esprits.
  La publicité devient souvent le véhicule de formes qui commencent par attirer l'attention parce qu'elles sont inusitées. Multipliées
et amplifiées par l'affiche, la presse, la radio et par la télévision,
elles deviennent insensiblement familières sans que le public s'en
rende compte. Si elles répondent à un besoin, ces innovations passent alors sans difficulté dans la langue commune.

La publicité joue avec la langue

On a vu la facilité avec laquelle la langue française se prête aux jeux de mots, et la publicité l'a vite compris. Voici, pêle-mêle, quelques exemples de publicité tirant parti de cette qualité : *une moquette qui a une réputation sans taches* (sans accent circonflexe et au pluriel, bien entendu), *nougâtez-vous* (où l'accent circonflexe est indispensable), *ceints et saufs* (qu'il faut lire pour repérer le jeu de mots), *Synthol, protégez-nous* (où un liquide antiseptique prend des airs d'ange gardien), ou encore *Mettez-vous Martell en tête* et *Hennessy soit-il* (où des marques de cognac se faufilent tant bien que mal dans des locutions familières).

Allo tobus ?

Il y a quelques années, c'est toute une campagne publicitaire qui a été centrée sur le jeu de mots. Il s'agissait pour la société Darty de faire connaître la création de 27 centres de service après-vente dans la région parisienne et de donner leurs numéros de téléphone. Rien de plus rébarbatif qu'une succession de chiffres, car rien ne ressemble plus à un numéro de téléphone qu'un autre numéro de téléphone. Sur les flancs et sur l'arrière des autobus parisiens ont alors fleuri des inscriptions inattendues, qui attiraient l'attention : *Allo bélisque ? Non, ici l'un des 27 services après-vente Darty.* Les autres accroches étaient variées : *Allo tobus, Allo strogoth, Allo péra, Allo tarie, Allo rizon,* etc.

Les gens amusés regardaient avec plus d'attention et se surprenaient alors eux-mêmes à se torturer l'esprit pour en trouver d'autres.

Les retombées « culturelles » de la publicité

Le but des publicitaires n'était évidemment pas de rappeler à la mémoire tous les mots français commençant par le phonème /o/, ou d'éduquer les foules, mais ce procédé publicitaire a néanmoins eu l'avantage de faire appel à l'intelligence du lecteur, à sa souplesse d'esprit et bien entendu à sa connaissance de la langue. Tel était aussi le cas de cette publicité de la maison Perrier en 1963, peut-être un peu risquée parce que non immédiate : *Ferrier, c'est pou !* Il fallait en effet penser à une contrepèterie pour la comprendre.

Une publicité récente des bas Dim joue aussi sur la langue en tirant parti de la situation précaire des deux *a* du français à l'heure actuelle (*cf.* p. 228 et 299), en lançant pour des sous-vêtements pour hommes l'accroche suivante : *Dim : très mâle, très bien !*

Une autre campagne, pour les jeans *Lee,* parce qu'elle est tout entière fondée sur des calembours, peut être considérée comme typiquement française : *On n'est bien que dans son Lee, Passons nos journées au fond d'un Lee, Mettons-nous au Lee,* ou *Mon Lee est toujours bien fait.*

... mais les tabous demeurent

Toutes ces publicités qui jouent avec la langue peuvent, selon l'expression à la mode ces jours-ci, apporter un « mieux-disant culturel », en ce sens qu'elles évoquent d'autres mots de la langue tout en tenant l'esprit du lecteur ou de l'auditeur en éveil.

D'autres publicités ont pu au contraire déclencher des réactions de rejet, comme cela a été le cas pour une campagne d'affichage organisée en 1985 par le ministère des Transports, qui avait retenu les accroches suivantes : — *On roule cool* — *On se calme, on se calme* — *On n'est pas aux pièces* — *Poussez pas, on n'est pas des bœufs.*

Jugeant probablement qu'il n'était pas souhaitable de donner un surcroît de vitalité à des expressions qui, selon elle, n'étaient que trop répandues, l'Académie française était allée jusqu'à écrire au président de la République pour demander de faire cesser ce scandale. Ce vocabulaire existe, soit, mais il n'était pas question qu'une organisation publique aidât à sa diffusion. Et les affiches ont été retirées.

Toujours en 1985, le directeur d'un magasin de Tours avait refusé la proposition de son agence publicitaire qui n'était pas jugée convenable, parce qu'elle contenait le mot *con.* La formule s'est alors assagie : « Ce serait *fou* d'attendre une année de plus. »

Les jeunes et les moins jeunes

On aura reconnu dans les accroches du ministère des Transports, *on roule cool* et *on se calme, on se calme,* des expressions venues du monde des jeunes. Et ce n'est pas un hasard si les jeunes raffolent de la publicité, qui parle un langage qu'ils comprennent, parce que c'est le leur. Voici, au hasard : *Bonjour les dégâts !, ça va fort, elle assure* en Rodier, quatre nouveaux chocos pour *s'éclater* au goûter, L'Inde, *c'est géant !,* La 708 ça *fait très mal !* Toutes ces phrases rappellent ce qui a été décrit plus haut comme la façon de parler des jeunes, et qui commence à pénétrer dans d'autres couches d'âge.

Le cheminement semble simple à suivre : nés chez les jeunes, ces mots et ces tournures syntaxiques sont repris par la publicité, qui les répand sur les murs, dans les magazines et sur les ondes. Ils commencent par choquer les moins jeunes, qui pourtant les entendaient déjà chez leurs enfants. Mais leur fréquence d'apparition en fait peu à peu des expressions familières. Ainsi mis en condition, les adultes ne sont alors pas loin d'être prêts à les adopter à leur tour.

Et maintenant ?

Certains craignent peut-être qu'à force d'innovations ou d'abréviations, on ne se comprenne plus. En fait, dès que le danger d'ambiguïté devient trop grand, la langue réagit en éliminant l'un des sens : *deb* était l'abréviation de *débutante* dans les années 60 de ce siècle, mais aujourd'hui, cette abréviation renvoie à *débile,* et le mot *débutante* a repris sa forme longue. Il est trop tôt pour savoir si *micro* dans le sens de « micro-ordinateur » pourra supplanter *micro* dans le sens de « microphone », car le processus est en cours.

L'exemple plus ancien de *radio,* resté l'abréviation à la fois de *radiographie* et de *radiophonie,* devrait rappeler que les abréviations ne sont pas toujours dangereuses pour la compréhension.

D'un autre côté, le spectre du *franglais* terrifie encore les gardiens de la pureté de la langue, qui refusent des verbes comme *sponsoriser* ou *nominer.* Mais ceux qui organisent par exemple des courses de voiliers et pour qui *sponsoriser* ne recouvre pas exactement le même sens que *commanditer, parrainer* ou *patronner,* résistent aux suggestions des puristes et, avec un rien de mauvaise conscience, continuent à parler de *sponsors* au lieu de *parrains,* parce que le *sponsor* apporte toujours une aide financière tandis que le *parrain* peut n'être qu'honorifique.

De même, bien qu'on leur demande de remplacer *nominer,* emprunté à l'anglais, par *nommer,* français bon teint, les usagers rechignent à les employer l'un pour l'autre car ils se rendent bien compte qu'avec *nommer* ils n'expriment pas le même sens qu'avec *nominer.* En effet, *nominer* est tout autre chose que *nommer,* car ce verbe désigne une opération préalable de sélection, antérieure à l'opération de choix qui aboutit à ce que les Français désignent comme la *nomination.* Si on veut être précis, on dira que les *nominés* sont les concurrents sélectionnés, parmi lesquels le vainqueur sera *nommé.* Malgré leur désir de se conformer aux prescriptions, les présentateurs et les commentateurs de la remise des Césars en 1987 ont d'ailleurs eu du mal à éviter *nominer,* meilleur que *nommer* parce que plus restrictif, pour désigner les candidats faisant partie de la première sélection.

LA LANGUE FRANÇAISE EN MOUVEMENT

Au terme de ce voyage à travers le français, toujours recommencé, nous retrouvons ainsi la dualité que nous avons signalée au départ.

L'Académie française, gardienne des traditions, et la publicité, qui entraîne les usagers sur des terrains plus aventureux, ne constituent en fait que deux tendances extrêmes qui ne devraient pas masquer les autres facteurs de l'économie linguistique.

Plus ou moins consciemment, chacun d'entre nous se laisse prendre tour à tour aux fascinations de deux courants opposés : celui de la *tradition,* qui conduit à se mouvoir avec délices dans le carcan des règles et des interdits qu'impose le « bon usage », et aussi à se passionner pour les championnats de l'orthographe ; et celui de la *modernité,* qui pousse à enfreindre les règles et à innover hors des sentiers permis.

Dans un monde où tout va vite, et où toutes les langues sont soumises aux nouvelles conditions de la communication de masse, la langue française, comme les autres langues, entre dans une nouvelle ère de son histoire : elle s'adaptera ou elle périra.

Les signes perceptibles des mouvements qui la parcourent nous avertissent discrètement qu'elle est déjà sur la bonne voie.

NOTES
BIBLIOGRAPHIQUES

1. Veikko VÄÄNÄNEN, *Introduction au latin vulgaire*, Paris, Klincksieck, 1963, p. 4-6 et 57.
2. Nicole GUEUNIER, Émile GENOUVRIER et Abdelhamid KHOMSI, *Les Français devant la norme,* Paris, Champion, 1978, p. 167-173.
3. Ferdinand BRUNOT, *Histoire de la langue française,* Paris, Colin, 1966, tome I, p. 166.
4. André MARTINET, *Des steppes aux océans. L'indo-européen et les « Indo-Européens »,* Paris, Payot, 1986 ; ainsi que Thomas V. GAMKRELIDZE et V.V. IVANOV, *Indoevropejskij jazyk i Indoevropejcy,* Univ. de Tbilisi (U.R.S.S.), 1986 (trad. anglaise : *Indo-European and the Indo-Europeans,* Berlin, Mouton, 1987).
5. Paul VIALLANEIX et Jean EHRARD (sous la dir.), *Nos ancêtres les Gaulois,* Actes du colloque international de Clermont-Ferrand, 1982, en particulier l'article de Christian AMALVI « Vercingétorix dans l'enseignement primaire, 1830-1940 », p. 349-355.
6. a. Pierre CHAUNU, *La France,* Paris, Robert Laffont, 1982, p. 65 et s.
   b. Gabriel CAMPS, *La préhistoire,* Paris, Perrin, 1982, p. 342 et s.
   c. Jean GUILLAUME, *La France d'avant la France,* Paris, Hachette, 1980.
7. André MARTINET, « Nos ancêtres les Gaulois », *Drailles* 5/6, Nîmes, 1986, p. 58.
8. Ferdinand LOT, *La Gaule,* Paris, Fayard, 1947, p. 77.
9. MARTINET, *Des steppes...* (Réf. 4), p. 92-93.
10. François FALC'HUN, *Perspectives nouvelles sur l'histoire de la langue bretonne,* Paris, P.U.F., 1963, p. 530.
11. René GOSCINNY et Albert UDERZO, *Astérix le Gaulois,* Paris, Dargaud, 1965.
12. Georges DOTTIN, *La langue gauloise, grammaire, textes et glossaire,* Genève, Slatkine Reprints, 1980, p. 70.
13. J.J. HATT, *Histoire de la Gaule romaine,* Paris, Payot, 1970, p. 191.
14. Oscar BLOCH et Walther von WARTBURG, *Dictionnaire étymologique de la langue française,* Paris, P.U.F., 1950.
15. Jacqueline PICOCHE, *Nouveau dictionnaire étymologique du français,* Paris, Hachette-Tchou, 1971, p. 416.

16. Emile Thevenot, *Les Gallo-Romains*, Paris, P.U.F., Qsj n° 314, 1948, p. 51. et *Histoire des Gaulois*, Paris, P.U.F., Qsj n° 206, 1946, p. 86.

17. Alfred Fierro-Domenech, *Le pré carré*, Paris, Robert Laffont, 1986, p. 215.

18. a. Eric Vial, *Les noms de villes et de villages*, Paris, Belin, 1983, p. 76 ;
    b. Francis Gourvil, *Langue et littérature bretonnes*, Paris, P.U.F., Qsj n° 527, 1952, p. 13.
    c. Fernand Braudel, *L'identité de la France — Les hommes et les choses*, Paris, Arthaud-Flammarion, 1986, p. 87.

19. Lot, *La Gaule* (Réf. 8), p. 37-61. Ernest Nègre, *Les noms de lieux en France*, Paris, Colin, 1963, p. 49-50. Auguste Vincent, *Toponymie de la France*, Brionne, Montfort, 1984, p. 108-113.

20. Père Gy, « Histoire de la liturgie en Occident jusqu'au concile de Trente », *Principes de la liturgie* (sous la dir. de Martimort), Paris, ch. III, p. 57.

21. M. Arondel, J. Bouillon, J. Le Goff et J. Rudel, *Rome et le Moyen Age jusqu'en 1328*, Paris, Bordas, 1966, p. 51.

22. Pierre Bec, *La langue occitane*, Paris, P.U.F., Qsj n° 1059, 1963, p. 18-21.

23. M. Arondel..., *Rome...* (Réf. 21), p. 123.

24. Chaunu, *La France* (Réf. 6-a), p. 91.

25. Fierro-Domenech, *Le pré carré* (Réf. 17), p. 34.

26. Walther von Wartburg, *La fragmentation linguistique de la Romania*, Paris, Klincksieck, 1967, p. 81-96.

27. Chaunu, *La France* (Réf. 6-a), p. 77.

28. Louis Guinet, *Les emprunts gallo-romans au germanique*, Paris, Klincksieck, 1982, p. 197.

29. André Martinet, Phonologies en contact dans le domaine du gallo-roman septentrional, *Festschrift für Johann Knobloch*, Innsbrucker Beiträge zur Kulturwissenschaft, Innsbruck, 1985, p. 247-251.

30. Guinet, *Les emprunts...* (Réf. 28), p. 203-205.

31. Guinet, *Les emprunts...* (Réf. 28), p. 26.

32. Jules Marouzeau, *La prononciation du latin*, Paris, Belles-Lettres, 1955, p. 23-24.

33. Walther von Wartburg, *Évolution et structure de la langue française*, Berne, Francke, éd. 1962, p. 60.

34. Väänänen, *Introduction...* (Réf. 1), p. 57.

35. *Cf.* par exemple dans André Martinet et Henriette Walter, *Dictionnaire de la prononciation française dans son usage réel*, Genève, Droz, 1973, p. 435-458.

36. Henriette Walter, *La dynamique des phonèmes dans le lexique français, contemporain*, Genève, Droz, 1976, p. 450-451.

37. Charles Rostaing, *Les noms de lieux*, Paris, P.U.F., Qsj n° 176, 1969, p. 71-72 et Nègre, *Les noms de lieux en France*, Paris, P.U.F., 1963, p. 102.

38. Camille Jullian, *Histoire de la Gaule*, Paris, Robert Laffont, 1971, p. 147 (édition abrégée).

39. Henriette Walter, « Toponymie, histoire et linguistique : l'invasion franque en Gaule », *Actes* du XIIIᵉ Colloque International de Linguistique Fonctionnelle (Corfou, 1986), Paris, SILF, 1987.

40. HATT, *Histoire...* (Réf. 13), p. 191.
41. THÉVENOT, *Les Gallo-Romains* (Réf. 16), p. 94-95.
42. THÉVENOT, *Les Gallo-Romains* (Réf. 16), p. 121.
43. ARONDEL,... *Rome...* (Réf. 21), p. 123.
44. THÉVENOT, *Histoire...* (Réf. 16), p. 37.
45. THÉVENOT, *Les Gallo-Romains* (Réf. 16), p. 119.
46. Charles CAMPROUX, *Les langues romanes,* Paris, P.U.F., Qsj n° 1562, 1974, p. 64.
47. Pierre MIQUEL, *Histoire de la France,* Paris, Fayard, 1976, p. 51.
48. MIQUEL, *Histoire...* (Réf. 47), p. 53.
49. BRUNOT, *Histoire...* (Réf. 3), I, p. 142.
50. BRUNOT, *Histoire...* (Réf. 3), I, p. 136.
51. MIQUEL, *Histoire...* (Réf. 47), p. 60 et 62.
52. BRUNOT, *Histoire...* (Réf. 3), I, p. 139-141.
53. Frédéric DIEZ, *Anciens glossaires romans,* Paris, Klincksieck, 1876, p. 163.
54. DIEZ, *Anciens glossaires...* (Réf. 53), p. 64-117.
55. BLOCH et WARTBURG, *Dictionnaire...* (Réf. 14), p. 256.
56. Alphonse JUILLAND, *Dictionnaire inverse de la langue française,* Londres-La Haye-Paris, Mouton, 1965, p. 16-37.
57. Par exemple :
    a. Ferdinand BRUNOT, *Histoire de la langue française,* Paris, Armand Colin, rééd. 1966, 23 vol.
    b. Mildred K. POPE, *From Latin to Modern French...,* Manchester, University Press, 1934 (rééd. 1966).
    c. Marcel COHEN, *Histoire d'une langue : le français,* Paris, éd. sociales, 1967.
    d. WARTBURG, *Évolution...* (Réf. 33).
    e. Edouard et J. BOURCIEZ, *Phonétique française,* Paris, Klincksieck, 1967.
58. Par exemple :
    a. Jacques CHAURAND, *Histoire de la langue française,* Paris, P.U.F., Qsj n° 167, 1969 (rééd. 1977).
    b. Jacques ALLIERES, *Formation de la langue française,* Paris, P.U.F., Qsj n° 1907, 1982.
59. POPE, *From Latin...* (Réf. 57-b), § 383, p. 154.
60. WARTBURG, *Évolution...* (Réf. 33), p. 73.
61. VIAL, *Les noms de ville...* (Réf. 18-a), p. 213.
62. Paul BACQUET, *Etymologie anglaise,* Paris, PUF, Qsj n° 1652, 1976, p. 30.
63. BRUNOT, *Histoire...* (Réf. 3), I, p. 385, note 2.
64. BRUNOT, *Histoire...* (Réf. 3), I, p. 391.
65. Paul BACQUET, *Le vocabulaire anglais,* Paris, P.U.F., Qsj n° 1574, 1974, p. 88, 101-112.
66. BRUNOT, *Histoire...* (Réf. 3), I, p. 286-287. VIAL, *Les noms de villes...* (Réf. 18-a), p. 215-219.
67. George D. PAINTER, *Marcel Proust,* Paris, Mercure de France, 1966, tome II, p. 25 et 110.
68. Marcel COHEN, *Histoire...* (Réf. 57-c), p. 85.
69. BRUNOT, *Histoire...* (Réf. 3), I, p. 180-181, note 6.

70. WARTBURG, *Évolution...* (Réf. 33), p. 89-93.
71. Philippe WOLFF, *Les origines linguistiques de l'Europe occidentale,* Paris, Hachette, 1970, p. 154.
72. Jacques MONFRIN, « Les parlers en France », dans *La France et les Français,* sous la dir. de Michel FRANÇOIS, Paris, N.R.F., Encyclopédie de la Pléiade, p. 765.
73. WARTBURG, *Évolution...* (Réf. 33), p. 121.
74. BRUNOT, *Histoire...* (Réf. 3), II, p. 61, 42 et 58 ; WARTBURG, *Évolution...* (Réf. 33), p. 148.
75. Louis MEIGRET, *Le tretté de la grammere françoeze,* Paris, 1550, Genève, Slatkine Reprints, 1970.
76. MARTINET et WALTER, *Dictionnaire...* (Réf. 35), p. 430.
77. Charles THUROT, *De la prononciation française depuis le commencement du xvIᵉ siècle...,* Paris, 1881-1883 et Genève, Slatkine Reprints, 1966, II, p. 11 et 12.
78. Marcel COHEN, *Histoire...* (Réf. 57-c), p. 189.
79. Marcel COHEN, *Histoire...* (Réf. 57-c), p. 225.
80. Albert DAUZAT, *Phonétique et grammaire historiques de la langue française,* Paris, Larousse, 1950, p. 73-75.
81. THUROT, *De la prononciation...* (Réf. 77), I, p. 162-174.
82. Albert DAUZAT, *Le génie de la langue française,* Paris, Payot, 1947, p. 21-22.
83. THUROT, *De la prononciation...* (Réf. 77), II, p. 271-273.
84. Guy RAYNAUD DE LAGE, *Manuel pratique d'ancien français,* Paris, Picard, éd. 1970, p. 98 et 191 ;
DAUZAT, *Phonétique et grammaire...* (Réf. 80), p. 228, note 2.
BRUNOT, *Histoire...* (Réf. 3), II, p. 379-380.
85. BRUNOT, *Histoire...* (Réf. 3), II, p. 209-212 et 232-239 ; Pierre GUIRAUD, *Les Mots étrangers,* Paris, P.U.F., 1965, Qsj nᵒ 1166, p. 26, 31-33, 37 et 41 ainsi que p. 9-20 pour l'arabe.
86. Claude FAVRE DE VAUGELAS, *Remarques sur la langue française utiles à ceux qui veulent bien parler et bien écrire,* Paris, 1647, réédit. Paris, Champ Libre, 1981, p. 10, 19 et 33.
87. Marcel COHEN, *Histoire...* (Réf. 57-c), p. 195.
88. Ernest BOUVIER, *Des perfectionnements que reçut la langue française au xvIIᵉ siècle et des influences auxquelles il faut les attribuer,* Bruxelles, 1853 ; Slatkine Reprints, 1970, p. 58.
89. Thomas CORNEILLE, *Dictionnaire des Arts et des Sciences,* Paris, 1694.
90. BRUNOT, *Histoire...* (Réf. 3), IV, p. 105.
91. BRUNOT, *Histoire...* (Réf. 3), IV, ch. VII, p. 119-126.
92. BRUNOT, *Histoire...* (Réf. 3), IV, p. 107.
93. Marcel COHEN, *Histoire...* (Réf. 57-c), p. 204.
94. VAUGELAS, *Remarques...* (Réf. 86), p. 170.
95. BRUNOT, *Histoire...* (Réf. 3), IV, p. 177-178.
96. WARTBURG, *Évolution...* (Réf. 33), p. 187.
97. WARTBURG, *Évolution...* (Réf. 33), p. 183.
98. Jean DUCHÉ, *Mémoires de Madame la langue française,* Paris, Olivier Orban, 1985, p. 107.
99. CHAURAND, *Histoire...* (Réf. 58-a), p. 83-86.

100. Jean ORIEUX, *La Fontaine*, Paris, Flammarion, 1976, p. 243.
101. Augustin GAZIER, *Lettres à Grégoire sur les patois de France, 1790-1794*, Paris, 1880, p. 5-10 et 289-314.
102. BRAUDEL, *L'identité...* (Réf. 18-c), II, p. 161.
103. Marcel COHEN, *Histoire...* (Réf. 57-c), p. 239.
104. GAZIER, *Lettres...* (Réf. 101), p. 309.
105. André MARTINET, *Économie des changements phonétiques*, Berne, Francke, 1955.
106. Gile VAUDELIN, *Nouvelle manière d'écrire comme on parle en France*, Paris, 1713 et *Instructions crétiennes mises en ortografe naturelle pour faciliter au peuple la lecture de la Science du Salut*, Paris, 1715.
107. VAUDELIN, *Nouvelle...* (Réf. 106), p. 22.
108. VAUGELAS, *Remarques...* (Réf. 86), p. 108-109.
109. N.N. CONDEESCU, *Traité d'histoire de la langue française*, Bucarest, 1975, p. 334-335.
110. DAUZAT, *Phonétique...* (Réf. 80), p. 146, note 1. et Pierre GUIRAUD, *Le moyen français*, Paris, P.U.F., Qsj nº 1086, 1963, p. 111.
111. DUCHÉ, *Mémoires...* (Réf. 98), p. 12.
112. DAUZAT, *Phonétique...* (Réf. 80), p. 146.
113. Jean-Pierre SEGUIN, *La langue française au XVIIIᵉ siècle*, Paris, Bordas, 1972, p. 186-214.
114. Eugène de MONTBRET, *Mélanges sur les langues, dialectes et patois*, Paris, 1831.
115. Jean STEFANINI, *Un provincialiste marseillais, l'abbé Féraud (1725-1807)*, Aix-en-Provence, Ophrys, 1969, série 67, p. 192-194.
116. Auguste BRUN *Recherches historiques sur l'introduction du français dans les provinces du Midi*, Paris, 1923, Slatkine reprints 1973.
117. MIQUEL, *Histoire...* (Réf. 47), p. 433.
118. André CHERVEL, *... et il fallut apprendre à écrire à tous les petits Français*, Paris, Payot, 1977.
119. BRUNOT, *Histoire...* (Réf. 3), XI, p. 565.
120. BRUNOT, *Histoire...* (Réf. 3), XI, p. 537.
121. BRUNOT, *Histoire...* (Réf. 3), X, p. 723, note 1.
122. Henriette WALTER, *Enquête phonologique et variétés régionales du français*, Paris, P.U.F., 1982.
123. Jean EGEN, *Les tilleuls de Lautenbach*, Paris, Stock, 1979.
124. Albert DAUZAT, *Dictionnaire étymologique*, Paris, Larousse, 1938, rééd. 1946, p. 775.
125. Dominique et Michel FRÉMY, *Quid*, Paris, Robert Laffont, 1988, p. 1508 a.
126. Gérard MERMET, *Francoscopie*, Paris, Larousse, 1985, p. 355, 356 et 363.
127. Georges PASTRE, *Le français télé...visé*, Paris, Bellefond, 1986.
128. Anne LEFEBVRE, « Les voyelles moyennes dans le français de la radio et de la télévision », *La linguistique* 24/I, Paris, P.U.F., 1988, et « Le parler de la radio-télévision : comment sont perçues les voyelles moyennes », *Diversité du français* (sous la dir. d'Henriette WALTER), SILF, EPHE (4ᵉ section), Paris, Laboratoire de phonologie, 1982, p. 13-14.
129. *Revue des patois gallo-romans*, tome V, suppl. 1893, p. 5.

130. Jacques ALLIÈRES, *Manuel pratique de basque,* Paris, Picard, 1979, p. 105.

131. *Grand atlas de la France,* Paris, Sélection du Reader's Digest, 1969, p. 97.

132. GOURVIL, *Langue...* (Réf. 18-b), p. 106-107.

133. Yves LE GALLO, « De Joseph Loth au G.R.E.L.B. », *La Bretagne linguistique, Trav. du groupe de rech. sur l'économie de la Bretagne,* Univ. de Bretagne occidentale, Brest, Vol. I, 1985, p. 12.

134. Jean LE DU, « Pourquoi avons-nous créé le G.R.E.L.B. ? », *La Bretagne linguistique...* (Réf. 133), vol. I, 1985, p. 27.

135. Jean MARKALE, *Identité de la Bretagne,* Paris, éd. Entente, 1985, p. 131.

136. Willem PEE, *Bulletin du comité flamand de France,* tome XVI, 1958, cité dans *Le guide de Flandre et Artois mystérieux,* Paris, Tchou, 1975, p. 79-81.

137. Fernand CARTON, Les parlers ruraux de la région Nord-Picardie : situation sociolinguistique, *International Journal of the Sociology of Language,* 29 New York, 1981, p. 15-28.

138. Nicole ROUSSEAU, *La situation linguistique à Hilbersheim (Moselle),* Berne-Francfort-Las Vegas, Peter Lang, 1979, 130 p. et notamment ch. IV, p. 37-53.

139. Cette même personne avait servi d'informatrice pour le français dans Henriette WALTER, *Enquête phonologique...* (Réf. 122), p. 114.

140. Nicole ROUSSEAU, *La situation...* (Réf. 138), p. 56-57.

141. Jules RONJAT en dénombre 19. Cité par Pierre BEC, *La langue occitane* (Réf. 22), p. 24-33.

142. BEC, *La langue occitane* (Réf. 22), p. 15.

143. Robert LAFONT, *Clefs pour l'Occitanie,* Paris, Seghers, 1971, éd. 1977, p. 57.

144. Par exemple, pour la Lozère et la Haute-Loire :
   a. France LAGUEUNIÈRE, « La politique du bilinguisme en société rurale », *La Margeride : la montagne, les hommes,* Paris, Inst. nat. de la rech. agro., 1983, p. 339-366 ;
   b. *Pluralité des parlers de France, Ethnologie française,* III, 3-4, 1973, p. 309-316.
   Pour le Limousin : Henriette WALTER, « L'attachement au parler vernaculaire dans une commune limousine », *Communication au Colloque de la Sté d'Ethnologie française,* Nantes, juin 1983.

145. *Cf.* Pour l'Ouest, Jean-Paul CHAUVEAU, « Mots dialectaux qualifiés de vrais mots... », *Les français régionaux,* (Réf. 163), p. 109. Pour la Beauce, Marie-Rose SIMONI, *ibid.* p. 73.

146. Pour tout ce passage, *cf.* Pierre BEC, *La langue occitane* (Réf. 22), p. 100-119.

147. WARTBURG, *La fragmentation...* (Réf. 26), p. 108.

148. Pierre BEC, *Manuel pratique de philologie romane,* Paris, Picard, 1971, tome II, p. 362.

149. Dany HADJADJ, *Parlers en contact aux confins de l'Auvergne et du Forez,* Univ. de Clermont-Ferrand, 1983, p. 152.

150. Pour le Valais : Rose-Claire SCHÜLE, « Comment meurt un patois », *Actes*

du Colloque de Neuchâtel, 1972, p. 195-207 et 213-215 ; Maurice Casanova, « Rapport », *Actes du Colloque de Neuchâtel* 1972, p. 207-213.

151. André Martinet, *La description phonologique avec application au parler franco-provençal d'Hauteville (Savoie),* Paris-Genève, Droz, 1954, p. 58, § 5-5.

152. Pour la Saintonge, *cf.* Henriette Walter, « Patois ou français régional ? », *Le Français Moderne,* 3/4, oct. 1984, p. 183-190.

153. Pour la Haute-Bretagne, *cf.* Jean-Paul Chauveau, « Mots dialectaux... » (Réf. 145), p. 105.

154. Pour la Picardie, *cf.* Anne Lefebvre, « Les langues du domaine d'oïl », *Parler sa langue, 25 communautés linguistiques de France,* sous la dir. de Geneviève Vermes, Paris, Magnart, 1988.

155. Patrice Brasseur, « Le français dans les îles anglo-normandes », *Les français régionaux* (Réf. 163), p. 100.

156. Bec, *Manuel pratique...* (Réf. 148), II, p. 25.

157. Jean-Paul Chauveau, *Le gallo : une présentation,* Faculté des Lettres de l'univ. de Brest, 1984, 2 vol., vol. II, p. 161-164.

158. Marguerite Gonon, « État d'un parler franco-provençal dans un village forézien en 1974 », *Pluralité...* (Réf. 144-b), p. 283 ; Jean-Baptiste Martin, « État actuel du bilinguisme à Yssingeaux (Haute-Loire), *Pluralité...* (Réf. 144-b), p. 309.

159. Brasseur, « Le français dans les îles anglo-normandes », *Les français régionaux...* (Réf. 163), p. 102.

160. Gérard Taverdet, « Patois et français régional en Bourgogne », *Pluralité...* (Réf. 144-b), p. 320-322.

161. Martinet et Walter, *Dictionnaire...* (Réf. 35).

162. Par exemple :
    a. *Pluralité...* (Réf. 144-b).
    b. *Phonologie des usages du français, Langue française,* n° 60, sous la dir. d'Henriette Walter, Paris, Larousse, 1983.
    c. Henriette Walter, *Enquête phonologique...* (Réf. 122).

163. Gérard Taverdet et Georges Straka (sous la dir.), *Les français régionaux,* Paris, Klincksieck, 1977.

164. Gaston Tuaillon, *Les régionalismes du français parlé à Vourey, village dauphinois,* Paris, Klincksieck, 1983.

165. Claudette Germi et Vincent Lucci, *Mots de Gap, les régionalismes du français parlé dans le Gapençais,* Grenoble, Ellug, 1985.

166. Lucien Salmon, « État du français d'origine dialectale en Lyonnais », *XVIIIᵉ Congrès international de linguistique et philologie romanes,* Trèves (mai 1986), Tübingen, Max Niemeyer, 1987, Tome III.

167. *Cf.* Tuaillon, *Les régionalismes...* (Réf. 164), p. 155 ; Germi et Lucci, *Mots de Gap...* (Réf. 165), p. 76 ; Salmon, « État du français... » (Réf. 166).

168. Gaston Tuaillon, « Réflexions sur le français régional, *Les français régionaux...* (Réf. 163), p. 23.

169. Cité par Tuaillon, *Les régionalismes...* (Réf. 164), p. 53.

170. Marcel Braunschvig, *Notre littérature étudiée dans les textes,* Paris, Armand Colin, 1921, p. 516-517, note 2 ; André Lanly, « Le français régional de Lorraine (romane) », *Pluralité...* (Réf. 144-b), p. 305.

171. Pierre GUIRAUD, *Patois et dialectes français,* Paris, P.U.F., Qsj nº 1172, 1965, rééd. 1973, p. 114-126.

172. Henriette WALTER, « Un sondage lexical en marge de l'enquête phonologique sur les français régionaux », *Actes du XVIIe congrès de linguistique et philologie romanes,* Université d'Aix-en-Provence, 1986, vol. VI, p. 261-268.

173. Henriette WALTER, « Le surcomposé dans les usages actuels du français », *Actants, voix et aspects verbaux,* Université d'Angers, 1981, p. 24-44.

174. René JOLIVET, « L'acceptabilité des formes verbales surcomposées » ; *Le Français Moderne,* 1984, nº 3/4, p. 159-182.

175. Henriette WALTER, « Rien de ce qui est phonique n'est étranger à la phonologie », Vth International Phonology Meeting, *Wiener Linguistische Gazette, Discussion Papers,* Université de Vienne (Autriche), 1984, p. 276-280. 176. Marc BLANCPAIN, « Géo-histoire du français », dans *Une langue : le français aujourd'hui dans le monde,* sous la dir. de Marc BLANCPAIN et André REBOULLET, Paris, Hachette, 1976, p. 95.

177. *Qui-vive International,* le magazine de la langue française, Paris.

178. Gabriel de Broglie, *Le français, pour qu'il vive,* Paris, Gallimard, 1986.

179. Société Internationale de Linguistique Fonctionnelle (S.I.L.F.), École pratique des Hautes Études, 4º section, 45, rue des Écoles, 75005 Paris.

180. BLANCPAIN, « Géo-histoire... » dans *Une langue...* (Réf. 176), p. 94.

181. Albert SALON, « Situation de la langue française par pays », dans *Une langue...* (Réf. 176), p. 301.

182. David HUME, cité par Pierre BURNEY, *Les langues internationales,* Paris, P.U.F., Qsj nº 968, 1962, p. 66.

183. SALON, « Situation de la langue française par pays », dans *Une langue...* (Réf. 176), p. 302.

184. Thierry DE BEAUCÉ, interview de Denise BOMBARDIER, *Le Point,* nº 762, 27/4/1987, p. 158-166.

185. DE BROGLIE, *Le français...* (Réf. 178), p. 29-32.

186. a. Marc BLANCPAIN et André REBOULLET (sous la dir.), *Une langue : le français aujourd'hui dans le monde,* Paris Hachette, 1976.

   b. Albert VALDMAN (sous la dir.), *Le français hors de France,* Paris, Champion, 1979, 688 p.

   c. Auguste VIATTE, *La francophonie,* Paris, Larousse, 1969.

   d. *Le français en France et hors de France,* I, *Annales de la faculté des Lettres et des Sciences humaines de Nice,* nº 7, 1er trim. 1969.

187. Jean-René REIMEN, « Esquisse d'une situation plurilingue, le Luxembourg », *La linguistique,* 1965/2, Paris, P.U.F., p. 89-102.

188. VIATTE, *La francophonie* (Réf. 186-c), p. 40.

189. Jean-Pierre MARTIN, « Le français parlé en vallée d'Aoste et sa situation linguistique par rapport à l'italien », *Le français hors de...* (Réf. 186-b), p. 271-284.

190. C. THOGMARTIN, « Old Mines, Missouri et la survivance du français dans la haute vallée du Mississippi », *Le français hors de...* (Réf. 186-b), p. 111-118. Gérard-J. BRAULT, « Le français en Nouvelle-Angleterre », *Le français hors de...* (Réf. 186-b), p. 75-91.

191. Pradel POMPILUS, « Le fait français en Haïti », (Réf. 186-d), p. 37-42. et « La langue française en Haïti », *Le français hors de...* (Réf. 186-b), p. 119-143.

192. Abdallah NAAMAN, *Le français au Liban — Essai sociolinguistique*, Paris-Beyrouth, éd. Naaman, 1979, p. 64.

193. Sélim ABOU, « Le français au Liban et en Syrie », *Le français hors de...* (Réf. 186-b), p. 293-295.

194. R. BEMANANJARA, « Situation de l'enseignement du français à Madagascar », *Le français hors de...* (Réf. 186-b), p. 528 et 532.

195. Flavien RANAIVO, « La situation du français à Madagascar », *Le français hors de...* (Réf. 186-b), p. 513-516 et *cf.* aussi le récent article d'Annette TAMULY, « Le français à Madagascar, une seconde jeunesse », *Présence francophone*, 29, 1986, p. 79-87.

196. Robert CHAUDENSON, « Le français dans les îles de l'océan Indien (Mascareignes, Seychelles) », *Le français hors...* (Réf. 186-b) p. 567 et 575. Michel CARAYOL et Robert CHAUDENSON, « Diglossie et continuum linguistique à la Réunion », *Les Français devant la norme*, (Réf. 2), p. 177.

197. CHAUDENSON, « Le français dans les îles... », *Le français hors de...* (Réf. 186-b), p. 567-570 (pour l'île Maurice) et p. 595 (pour les Seychelles).

198. Pierre BANDON, « Situation du français dans les trois États d'Indochine », *Le français...* (Réf. 186-b), p. 664, 673 et 675.

199. SALON, « Situation de la langue... », *Une langue...* (Réf. 186-a), p. 269.

200. Maurice PIRON, « Le français de Belgique », *Le français hors de...* (Réf. 186-b), p. 201-221.

201. Jacques POHL, Quelques caractéristiques de la phonologie du français parlé en Belgique », *Phonologie...* (Réf. 162 b), p. 30-41.

202. Albert DOPPAGNE, *Les régionalismes du français*, Paris-Gembloux, Duculot, 1978, p. 50-68.

203. Pierre KNECHT, « Le français en Suisse romande : aspects linguistiques et sociolinguistiques », *Le français hors de...* (Réf. 186-b), p. 249-258 ; Ludmila BOVET, Le français en Suisse romande : caractéristiques et aperçu littéraire, *Présence francophone* n° 29, Québec, Sherbrooke, 1986, p. 7-26.

204. Gilles GAGNÉ, « Essai sur l'origine de la situation linguistique au Québec », *Le français hors de...* (Réf. 186-b), p. 33-59.

205. Jean-Claude VERNEX, *Les Acadiens*, Paris, Entente, 1979, p. 59.

206. Jean-Claude VERNEX, « Espace et appartenance : l'exemple des Acadiens du Nouveau-Brunswick », *Du continent perdu à l'archipel retrouvé*, sous la dir. de Dean R. LOUDER, Christian MORISSONNEAU et Éric WADDELL, Québec, Presses univ. Laval, 1983, p. 163-180.

207. Jean-William LAPIERRE et Muriel ROY, *Les Acadiens*, Paris, P.U.F., Qsj n° 2078, 1983, p. 9 et 32, ainsi que Robert W. RYAN, *Une analyse phonologique d'un parler acadien de la Nouvelle-Écosse (Canada) (Région de la baie Ste-Marie)*, Centre international de recherches sur le bilinguisme, 1981, p. 1-11.

208. VERNEX, *Les Acadiens* (Réf. 205), p. 64.

209. Gaston DULONG et Gaston BERGERON, *Le parler populaire du Québec et de ses régions voisines — Atlas linguistique de l'est du Canada*, Québec, La Documentation québécoise, 1980, vol. I, p. 6-8.

210. Jean-Denis GENDRON, *Tendances phonétiques du français parlé au Canada*, Paris, Klincksieck — Québec, univ. Laval, 1966, p. 120.

211. Alain THOMAS, « L'assibilation en franco-ontarien », *Information-Commu-*

nication, Lab. de phonét. expér. de l'univ. de Toronto, vol. IV, 1985, p. 65-79.

212. Alexander HULL, « Affinités entre les variétés de français », *Le français* (Réf. 186-b), p. 167-168.

213. Pierre R. LÉON (sous la dir.) *Recherches sur la structure phonique du français canadien,* Studia Phonetica n° 1, Montréal-Paris-Bruxelles, Didier, 1968, p. VI.

214. a. Hosea PHILLIPS, « Le français parlé de la Louisiane », *Le français hors de...* (Réf. 186-b), p. 93-110.

   b. John SMITH-THIBODEAUX, *Les francophones de Louisiane,* Paris, Entente, 1977, p. 48-51.

   c. Patrick GRIOLET, *Cadjins et créoles de Louisiane,* Paris, Payot, 1986.

215. Eric WADDELL, « La Louisiane : un poste outre-frontière de l'Amérique française ou un autre pays et une autre culture », *Du continent...* (Réf. 206), p. 196-211 ; Roland J.L. BRETON et Dean R. LOUDER, « La géographie linguistique de l'Acadiana, 1970 », *Du continent...* (Réf. 206), p. 214-234.

216. Gabriel MANESSY, « Le français en Afrique noire : faits et hypothèses », *Le français hors de...* (Réf. 186-b), p. 334.

217. Jean-Pierre CAPRILE, « Situation du français dans l'Empire centre-africain et au Tchad », *Le français hors de...* (Réf. 186-b), p. 496-497.

218. Jean-Pierre MAKOUTA-MBOUTOU, *Le français en Afrique noire (Histoire et méthodes de l'enseignement en français en Afrique noire,* Paris, Bordas, 1973, cité par Gabriel MANESSY, *Le français hors de...* (Réf. 186-b), p. 343.

219. CAPRILE, « Situation du français... », *Le français hors de...* (Réf. 186-b), p. 501.

220. Sully FAÏK, « Le français au Zaïre », *Le français hors de...* (Réf. 186-b), p. 450-451.

221. Louis-Jean CALVET, *Les langues véhiculaires,* Paris, P.U.F., Qsj n° 1916, 1981.

222. MANESSY, « Le français en Afrique noire... », *Le français hors de...* (Réf. 186-b), p. 347.

223. Laurent DUPONCHEL, « Le français en Côte d'Ivoire, au Dahomey et au Togo », *Le français hors de...* (Réf. 186-b), p. 413.

224. CAPRILE, (Réf. 219), p. 493.

225. Pour le Cameroun : Claude HAGÈGE, « A propos du français de l'Adamaoua », *La linguistique,* 1968/1, p. 125 ; Patrick RENAUD, « Le français au Cameroun », *Le français hors de...* (Réf. 186-b), p. 429.

Pour la Côte-d'Ivoire : Gaston CANU, DUPONCHEL et A. LAMY, *Langues négro-africaines et enseignement du français,* Abidjan, 1971, p. 60 ; Brigitte TALLON, « Le français de Moussa », revue *Autrement,* n° 9, 1984.

Pour le Mali : Jacques BLONDÉ, « La situation du français au Mali », *Le français hors de...* (Réf. 186-b), p. 381.

Pour le Niger : Louis-Jean CALVET, Vocabulaire recueilli au cours d'une enquête en 1986.

Pour la République centrafricaine : Luc BOUQUIAUX, « La créolisation du français par le sango véhiculaire, phénomène réciproque », *Le français en France...* (Réf. 186-d), p. 65.

Pour le Rwanda et le Burundi : Spiridion SHYIRAMBERE, « Le français au Rwanda et au Burundi », *Le français hors de...* (Réf. 186-b), p. 485-486.

Pour le Sénégal : Pierre DUMONT, « La situation du français au Sénégal », *Le français hors de...* (Réf. 186-b), p. 368-369.

Pour le Zaïre : Sully FAÏK, « Le français au Zaïre », *Le français hors de...* (Réf. 186-b), p. 455-456 ; François BELORGEY, « Petit lexique kinois », revue *Autrement,* hors série n° 9, 1984.

Un *Dictionnaire du français pour l'Afrique* est actuellement en cours d'élaboration sous la direction de Jacques DAVID, dans le cadre du P.E.R.E.F. (Université Paris-La Sorbonne).

226. A. LANLY, *Le français d'Afrique du Nord. Étude linguistique,* Paris, P.U.F., 1962, p. 13-16.

227. Marcel GIRARD et Christian MORIEUX, « La langue française en Algérie », *Le français hors de...* (Réf. 186-b), p. 315.

228. VIATTE, *La francophonie* (Réf. 186-c), p. 130-134.

229. Zohra RIAHI, « Emploi de l'arabe et du français par les élèves du secondaire », *Cahiers du C.E.R.E.S.,* Tunis, déc. 1970, p. 99-165, notamment p. 107 et 133.

230. Zohra RIAHI, « Le français parlé par les cadres tunisiens », *Revue tunisienne des Sciences sociales*, Tunis, C.E.R.E.S., 1968, p. 1-24.

231. Par exemple, Discussion, dans la *Revue tunisienne des Sciences sociales,* Tunis, C.E.R.E.S., 1968, p. 19-24.

232. Dalila MORSLY, « Diversité phonologique du français parlé en Algérie : Réalisation de /r/ », *Phonologie...* (Réf. 162-b), p. 65-72.

233. Cité par A. LANLY, dans *Le français...* (Réf. 226), p. 38.

234. Henriette WALTER, « La nasale vélaire /ŋ/, un phonème du français ? » *Phonologie...* (Réf. 162-b), p. 14-29.

235. Douglas C. WALKER, On a Phonological Innovation in French, *Journal of the Phonetic Association,* 12, 2, déc. 1982, p. 72-77. *Cf.* aussi Nicol C. SPENCE, *Faux amis* and *faux anglicismes :* problems of classification and definition, Forum for Modern Language Studies, vol. XXIII n° 2, April 1987, p. 169-183.

236. Henriette WALTER, *La phonologie du français,* Paris, P.U.F., 1977, p. 28-56.

237. a. André MARTINET, *La prononciation du français contemporain. Témoignages recueillis en 1941 dans un camp d'officiers prisonniers,* Paris-Genève, Droz, 1945 (rééd. 1971).

b. Henriette WALTER, *Enquête phonologique...* (Réf. 122). Il existe de nombreuses autres enquêtes régionales, *cf.* Henriette et Gérard WALTER, « Orientation bibliographique », *Phonologie...* (Réf. 162-b), p. 109-120.

Pour les évolutions actuelles : Henriette WALTER, « Les changements de prononciation en cours », Actes de la journée d'étude du G.R.E.L.O., Univ. d'Orléans (juin 1986) (à paraître).

238. MARTINET, *La prononciation...* (Réf. 237-a), p. 8-16.

239. Pierre GUIRAUD, *Les mots savants,* Paris, P.U.F., Qsj n° 1325, p. 29-71.

240. Jacqueline PICOCHE, *Précis de lexicologie,* Paris, Nathan, 1977, p. 117-119.

241. Source : Audimat Plus, Sté Médiamétrie, 39, rue du Colisée, Paris.

242. Revue *Lire,* championnats 1985 : n° 117, 118, 119, 120, 122. Championnats 1986 : n° 126, 127, 128, 129, 136.

243. a. Nina CATACH, *L'orthographe*, Paris, P.U.F., Qsj n° 685, 1978 (rééd. 1982), p. 72-95.
   b. Hervé BAZIN, *Plumons l'oiseau*, Paris, Grasset, 1966.

244. MARTINET, *Des steppes...* (Réf. 4), p. 65.

245. Charles BEAULIEUX, *Histoire de l'orthographe*, Paris, Champion, 1927, rééd. 1970, p. 149.

246. a. Nina CATACH, « Notions actuelles d'histoire de l'orthographe », *L'orthographe, Langue française*, n° 20, déc. 1973, p. 3.
   b. Nina CATACH, *L'orthographe* (Réf. 243-a), p. 7-23.
   c. Claire BLANCHE-BENVENISTE et André CHERVEL, *L'orthographe*, Paris, Maspero, 1969, rééd. 1978, p. 45-112.

247. *Cf.* Vincent LUCCI et Yves NAZE, *Enseigner ou supprimer l'orthographe*, Paris, C.E.D.I.C., 1979, p. 110-113 et Jacques CELLARD, *Histoires de mots, II*, Paris, éd. La Découverte-Le Monde, 1986, p. 125.

248. BLANCHE-BENVENISTE et CHERVEL, *L'orthographe* (Réf. 246-c), p. 207-223.

249. André MARTINET, La réforme de l'orthographe française d'un point de vue fonctionnel, *Le français sans fard*, Paris, P.U.F., 1969, p. 62.

250. André et Jeanne MARTINET, Jeanne VILLARD, avec la coll. de D. BOYER et de A. et G. DOMINICI, *Vers l'écrit avec alfonic*, Paris, Hachette, 1983.

251. Henriette WALTER, « Sémantique et axiologie : une application pratique au lexique français », *La linguistique*, 21, 1985, p. 275-295.

252. Arsène DARMESTETER, *La vie des mots*, Paris, Delagrave, 1950, p. 179-186 (liste de près de 300 mots, dont certains sont contestables).

253. Jacqueline PICOCHE, *Nouveau dictionnaire...* (Réf. 15), p. 716-739, et pour algorithme, voir aussi Georges IFRAH, *Les chiffres ou l'histoire d'une invention*, Paris, Robert Laffont, 1985, p. 284.

254. Les dictionnaires étymologiques de : Oscar BLOCH et Walther von WARTBURG (Réf. 14) ; Jacqueline PICOCHE (Réf. 15) ; Albert DAUZAT (Réf. 124).

255. Henri SUHAMY, *Les figures de style*, Paris, P.U.F., Qsj n° 1889, 1981.

256. Georges GOUGENHEIM, *Dictionnaire fondamental*, Paris, Didier, 1958.

257. André MALÉCOT, New Procedures for Descriptive Phonetics, *Papers in Linguistics and Phonetics to the Memory of Pierre Delattre*, La Haye-Paris, Mouton, 1972, p. 1-11.

258. *T.L.F. (Trésor de la Langue Française)*, Revue *Qui-vive International*, n° 5, fév. 1987, p. 88-89 et la brochure *l'Institut National de la langue française*, fév. 1986, Nancy, C.N.R.S., p. 1.

259. *Cf.*, par exemple, Georges MOUNIN, *Clés pour la langue française*, Paris, Seghers, 1975, p. 81-93.

260. *Cf.* « Cent mots nouveaux de Fillioud, pour bien parler l'audiovisuel », journal *Libération*, jeudi 17/2/1983 ; et Loïc DEPECKER et Alain PAGÈS, *Guide des mots nouveaux*, Commissariat général de la langue française, Paris, Nathan, 1985.

261. *Cf.* Benoîte GROULT, « La langue française au féminin », *Médias et langage*, n° 19-20, 1984, et Anne-Marie HOUDEBINE, « Le français au féminin », *La linguistique*, 23, 1987/1, p. 13-34.

262. Hector OBALK, Alain SORAL et Alexandre PASCHE, *Les mouvements de mode*

expliqués aux parents, Paris, Robert Laffont, 1984, avec un lexique établi par Henriette WALTER.

263. Henriette WALTER, « L'innovation lexicale chez les jeunes Parisiens », *La linguistique,* 20, 1984/II, p. 69-94.

264. Pierre GUIRAUD, *L'argot,* Paris, P.U.F., Qsj n° 700, 1958, p. 66-69.

265. Pierre PERRET, *Le petit Perret,* Paris, J.-C. Lattès, 1982, p. 192-193 ; Géo SANDRY et Marcel CARRÈRE, *Dictionnaire de l'argot moderne,* Paris, Dauphin, 1984, p. 143.

266. Auguste le BRETON, *Argotez, argotez, il en restera toujours quelque chose,* Dictionnaire réactualisé, Paris, Carrère, 1987, ainsi que : Denise FRANÇOIS, Les argots, *Le langage,* Paris, N.R.F., La pléiade, sous la dir. d'André MARTINET, 1968, p. 620-646.

267. GUIRAUD, *L'argot* (Réf. 264), p. 36-39.

268. André MARTINET (sous la dir. de) *Grammaire fonctionnelle du français,* Paris, Crédif, Didier, 1979, en particulier la 3ᵉ partie, p. 153-230.

269. On trouvera un panorama des études en cours dans : Nicole GUEUNIER, « La crise du français en France », *La crise des langues* (sous la dir. de Jacques MAURAIS), Québec, Conseil de la langue française, Paris, *Le Robert,* 1985, p. 5-38. De plus, des ouvrages destinés au grand public apportent souvent des observations très justes sur le français contemporain, par exemple : Robert BEAUVAIS, *L'hexagonal tel qu'on le parle,* Paris, Hachette, 1970 ; Robert BEAUVAIS, *Le français kiskose,* Paris, Fayard, 1975 ; Jean THÉVENOT, *La France, ton français fout le camp,* Gembloux, Duculot, 1976 ; Pierre MERLE, *Dictionnaire du français branché,* Paris, Seuil, 1985 ; Pierre DANINOS, *La France prise aux mots,* Paris, Calmann-Lévy, 1986 ; Orlando de RUDDER, *Le français qui se cause,* Paris, Balland, 1986 ; Gilles CAHOREAU et Christophe TISON, *La drogue expliquée aux parents,* Paris, Balland, 1987, avec un glossaire, p. 263-278.

270. André MARTINET, *Évolution des langues et reconstruction,* Les changements linguistiques et les usagers, Paris, P.U.F., 1975, ch. II, p. 11-23.

271. *Cf.* émission « Apostrophes », janvier 1987 avec Yves BERGER, Orlando de RUDDER et Gabriel de BROGLIE.

272. André MARTINET, *cf.* un corpus recueilli en 1960 par Ivanka CINDRIC, cité par André MARTINET dans *Évolution...* (Réf. 270), p. 18., et Søren KOLSTRUP, « Les temps du passé du français oral. Le passé composé, l'imparfait et le présent historique dans les narrations », *Actes du VIIIᵉ Congrès des Romanistes scandinaves,* Odense University Press, 1983, p. 191-200. Une autre enquête faite par Christa HOMBACH, à Rennes, est actuellement en cours.

273. Marguerite DESCAMPS, Synchronie dynamique et « pronoms relatifs » du français oral, *Actes* du 8ᵉ colloque international de linguistique fonctionnelle (Toulouse, 6-11 juillet 1981), *Cahiers du Centre interdisciplinaire des sciences du langage,* n° 4, université Toulouse-Le Mirail, 1982, p. 126-128.

274. Exemples cités par Georges PASTRE, *Le français télé...visé* (Réf. 127), p. 73, et aussi André GOOSSE, *Façons de parler,* Gembloux, Duculot, 1971, p. 101-103.

275. Parmi les travaux récents sur l'ensemble du territoire, voir WALTER, *Enquête phonologique...* (Réf. 122) et Fernand CARTON, Mario ROSSI, Denis AUTESSERRE & Pierre LÉON, *Les accents des Français,* Paris, Hachette, 1983.

276. Vincent LUCCI, *Étude phonétique du français contemporain à travers la variation situationnelle,* Université de Grenoble, 1983, p. 67-103.

277. Vladimir BUBEN, *Influence de l'orthographe sur la prononciation du français moderne,* Bratislava, 1935.

278. Maurice DRUON, préface du fascicule 1 du *Dictionnaire de l'Académie française* (9ᵉ édition), 1987, p. 1.

279. En particulier :

    a. Maurice GREVISSE, *Le bon usage,* Paris-Gembloux, Duculot, 1980.

    b. Joseph HANSE, *Nouveau dictionnaire des difficultés du français moderne,* Paris-Gembloux, Duculot, 1983.

    c. Adolphe V. THOMAS, *Dictionnaire des difficultés de la langue française,* Paris, Larousse, 1956.

280. De BROGLIE, *Le français...* (Réf. 178), p. 199-203.

281. Claude HAGÈGE, *Le français et les siècles,* Paris, Odile Jacob, 1987, p. 122-123, ainsi que Haut Comité de la langue française, *La loi relative à l'emploi de la langue française,* Paris, La documentation française, 1975.

282. De BROGLIE, *Le français...* (Réf. 178), p. 205-209.

283. ETIEMBLE, La langue de la publicité, *Cahiers de la publicité,* août-septembre 1966, p. 105-112.

284. ETIEMBLE, Le français dans la publicité, 1966.

285. GREVISSE, *Le bon usage* (Réf. 279-a), nº 1348, p. 673.

INDEX

I. NOMS PROPRES

Dans cet index ne figurent que les noms propres qui apparaissent dans le corps de l'ouvrage. On y trouvera non seulement des noms propres renvoyant à des personnes réelles ou mythiques mais aussi des noms d'institutions, de documents et de marques commerciales.

Les noms des auteurs d'ouvrages correspondant aux références numérotées se trouvent dans les notes bibliographiques à la fin du livre.

II. LANGUES, POPULATIONS, LIEUX

Dans cet index figurent les noms de langues, de populations et de lieux cités dans l'ouvrage. Les noms ayant fait l'objet d'un commentaire linguistique se trouvent dans l'INDEX DES MOTS.

III. NOTIONS

Cet index regroupe les notions linguistiques illustrées dans l'ouvrage. On trouvera dans l'INDEX DES MOTS les termes ayant fait l'objet d'un commentaire proprement linguistique sur leur forme orale, leur forme écrite ou leur sens.

IV. MOTS

On trouvera ci-dessous les mots ayant reçu une explication sur leur forme orale, leur forme écrite ou leur sens. On ne s'étonnera donc pas d'y trouver aussi les noms de lieux et les noms propres qui ont reçu un commentaire linguistique.

TABLE DES MATIÈRES

1.

D'OÙ VIENT LE FRANÇAIS ?

Dix points de repère pour une histoire du français

2.

DIALECTES ET PATOIS

Les langues régionales

3.

LE FRANÇAIS EN FRANCE
Variétés régionales

4.

LE FRANÇAIS HORS DE FRANCE

Statut du français et diversité internationale

5.

QU'EST-CE QUE LE FRANÇAIS ?
Spécificité et structure

ACHEVÉ D'IMPRIMER
EN FÉVRIER 1996
SUR LES PRESSES DE
L'IMPRIMERIE HÉRISSEY
À ÉVREUX (EURE)
POUR LES ÉDITIONS
ROBERT LAFFONT

Dépôt légal : février 1996
N° d'éditeur : 36855
N° d'imprimeur : 72137
Imprimé en France

Date Due

6/1/97			
28/9:00			
30/5:00			
5/11/0			
7/12:30			
11/6:5			
0/6P			
11/54			
2/7:30			
7/380			
DEC 17 1997			

BRODART, INC.   Cat. No. 23 233   Printed in U.S.A.